国家出版基金项目
NATIONAL PUBLICATION FOUNDATION

中国的民主治理
理论与实践

Democratic Governance in China
Theory and Practice

主编　俞可平

副主编　何增科

民主监督

DEMOCRATIC SUPERVISION

何增科　主编

中央编译出版社
CCTP　Central Compilation & Translation Press

Contents

插表表次

总　序

　　尽管与社会经济迅速发展的进程和人们日益增长的需求相比，我国的政治体制还存在许多严峻的挑战，深化政治体制改革依然是一项极为紧迫的任务，但不能否认，改革开放30多年来中国的政治发展取得了重大的进步。30多年的改革开放进程，是一个包括政治生活、经济生活和文化生活在内的全方位的社会进步过程。然而，坦率地说，与人们对经济改革成就的评价不同，对政治改革的成就充满着争议。典型的争论呈两个极端：一种观点认为，中国的政治改革与经济改革一样，进步迅速，成就巨大；另一种观点则认为，与中国的经济发展不同，中国的政治发展几乎停滞不前，没有多少重大成就。海外一些专家甚至认为，不改革政治只改革经济，正是中国创造经济发展奇迹的原因所在。

　　其实，上述争论在相当程度上是因为观察问题的立场和视角不同，如果从宏观政治框架上看，那么中国的政治变迁确实很少。中共一党执政的政党体制没有变，人民代表大会和人民政协的基本制度没有变，党领导行政、立法、司法的政治格局没有变，马克思主义主导的一元化政治意识形态也没有变。然而，如果换一种视角和立场，从国家治理的角度来观察中国的政治变迁，就会发现截然不同的另一幅景象：中国的政治生活在过去30多年中也同样发生了巨大的变化。例如，从人治开始逐渐走向法治，首次确立了建设法治国家的根本目标，着手建构较为完备的法律体制，政府行为更多地受到法律的约束；从封闭政治逐渐走向透明政治，首次颁布了政务公开的法规，各级党政权力部门逐渐推行政务公开；从管制政府走向服务政府，出台一系列的措施，大幅度减少行政审批事项，同时为公民提供更多的公共服务；从高度集权走向适度分权，中央政府从财政、税收、审批等多个方面向地方政府分权，同时将更多原先政府管制的事务转交给民间组织，开始向社会分权。

毋庸讳言，国家治理更多属于工具理性的范畴。换言之，无论哪一种社会政治体制中，统治者都希望有更高的行政效率、更加稳定的社会环境、更加完善的公共服务，从而有广泛的民意基础。但是，工具理性与价值理性之间并非存在不可跨越的鸿沟，工具理性的改革通常需要价值理性的指导，而且也或迟或早会催生新的价值理性。更进一步说，国家治理的改革虽然是达到既定政治和经济目标的手段，是一种工具理性的改革，但治理改革本身必然体现着某种政治价值，而且势必导致新的政治需求。因此，我一直坚持认为，治理改革是政治改革的重要内容，甚至也是政治体制改革的组成部分。改革开放以来，中国政治生活的进步与变革，主要体现在国家治理领域和社会治理领域的改革和进步。

迄今为止，我一直是增量改革的倡导者和践行者。我在 20 世纪末提出了"增量民主"理论，并且在 21 世纪初主持发起了"中国地方政府改革创新研究与奖励计划"。在社会各界已有广泛影响力的"中国地方政府创新奖"，便是该计划的重要内容，也是以"增量民主"推动社会政治进步的一个重要尝试。从 2000 年开始，我与中共中央编译局比较政治与经济研究中心的同事们一道，利用"中国地方政府创新奖"这个重要平台，对过去十多年中各级政府的改革创新案例进行了搜集、整理、分析和研究，对其中的先进案例进行了奖励、宣传和推广。可以自豪地说，关于中国的民主治理改革和政府创新，我们中央编译局比较政治与经济研究中心拥有最齐全的案例数据库。我们一直希望能够通过某种方式，使我们的案例数据和研究成果能够为更多的学术同行和党政官员分享，这套丛书便是这种努力的一个重要结果。展示在读者面前的这套《中国的民主治理：理论与实践》，按主题共分十卷，分别由"中国地方政府改革创新研究与奖励计划"的骨干成员主持编选。这十卷的目录和主编依次是：《民主选举》（闫健）、《民主决策》（陈家刚）、《民主管理》（龙宁丽）、《民主监督》（何增科）、《党内民主》（靳呈伟）、《法治政府》

（李月军）、《透明政府》（刘承礼）、《效率政府》（陈雪莲）、《服务政府》（徐焕）和《社会管理创新》（周红云）。

丛书各卷的选材主要依据"中国地方政府改革创新研究与奖励计划"的案例和成果，但并非局限于此。除此之外，我们还广泛选取了在相关主题方面的经典案例和代表性研究成果。从这个意义上说，这套丛书是我国在民主治理的实践探索和理论研究方面较为重要的一个成果汇编，读者从中可以大体了解21世纪以来我国治理改革的现实进展和研究现状。所以，作为丛书的主编，我特别希望这套丛书对于党政部门的实践者来说，具有一定的借鉴意义；对于学术部门的研究者来说，则具有一定的史料价值。

俞可平

2013 年端午节于京郊方圆阁

导 论

改革开放以来中国民主监督的进展、问题与对策

何增科

（中央编译局世界发展战略研究部）

　　民主监督是在民主政治体制中作为授权主体的公民与民选代表依法对公共权力及公共官员的监视、督促和制约行为。在走向民主化的国家中，民主监督是指体制内监督机构吸纳公民参与监督和公民利用各种渠道主动监督公共官员和政治权力的行为的总和。"'权力'基本上是指一个行为者或机构影响其他行为者或机构的态度和行为的能力。"[1] 民主监督所要监督的权力是政治权力。"政治权力是一种公共权力，它是在特定的力量对比关系中，政治权力主体为了实现和维护自身的利益而拥有的对政治权力客体的制约能力"。[2]

　　政治权力的扩张性、自利性和腐蚀性等特征使得对政治权力的监督和制约成为必要。[3] 只有受到有效监督和制约的政治权力才能维护和增进公民的

1. 邓正来主编：《布莱克维尔政治学百科全书》，北京：中国政法大学出版社1992年版，第595页。
2. 王浦劬主编：《政治学基础》，北京：北京大学出版社1995年版，第76页。
3. 有兴趣的读者可参阅董云虎：《论权力的制约和监督》，载《人权》，2006年第6期，第18—20页；马宝成：《政治权力制约监督的理论基础与运作机制》，载《国家行政学院学报》2005年增刊，第100—102页。

自由和权利，才能捍卫和促进公共利益。而缺乏监督和制约的政治权力则可能沦落为掌权者谋取自身利益的工具，公民的自由权利和社会公共利益都会成为这种异化的政治权力的牺牲品。民主监督包括对权力的监督和制约两个方面的内容，他们乃是政治学研究的一个重大问题，并受到人们的普遍关注。所谓监督就是监视和督促，制约就是控制和约束。民主监督和制约就是权力的委托人对权力的代理行使者采用各种必要的手段加以监视、督促、控制和约束，使权力的行使过程和结果符合权力委托人的意志和利益。

导论部分侧重于研究自 1978 年改革开放 30 年以来中国在民主监督方面的重要变化和进展，分析中国现有的民主监督制度体系所存在的问题及原因，并就如何加强民主监督和制约提出一些对策性建议。

一、改革开放以来我国民主监督的重要变化和进展

以毛泽东同志为核心的第一代中国共产党人经过长期的武装斗争，于1949 年夺取了国家政权，建立了中华人民共和国。从 1949 年到 1956 年新中国成立初期，国家政权机关建设取得了长足进展，民主监督也受到了重视。1957 年到 1976 年是民主监督受到削弱和领导人个人权力膨胀不受约束最终酿成悲剧的时期。加强党的一元化领导的努力导致权力高度集中的政治体制的逐步建立和巩固。在毛泽东同志大权独揽的情况之下，党内外各种监督制约力量日趋瘫痪。在缺乏对党的最高领导人有效的监督制约情况下，最终酿成了"文化大革命"这样长达十年的全国性大动乱。[1]

改革开放 30 年来，在建立社会主义市场经济体制和建设社会主义民主政

---

1. 有兴趣的读者可参阅于洪生：《民主监督——中国政治运行的调控机制》，北京：中国广播电视出版社 1991 年版；王传利：《审视社会主义中国民主监督制度体系》，载《华北水利水电学院学报（社科版）》，2000 年第 4 期总第 16 卷，第 1—4 页。

治过程中，我国在民主监督方面出现了一系列重要的变化，取得了不少重大的进展。从民主监督的角度来看，这些变化和进展包括：民主监督在基层扎根并稳步向上推进；权力主体从一元走向多元；权力运行方式从神秘封闭走向公开透明；权力运行机制从人治走向法治；民主监督手段从单一走向多样化；政治监督机关和专门监督机构职业化程度不断提高；监督主体从党政系统自我监督走向内外监督相结合。取得这些重要进展的原因在于，党和政府以及整个社会在民主监督制约方面出现了一些新的动向，具体包括：分散权力以制约权力；专门监督以约束权力；倡导法治以制约权力；政务公开以制约权力；网络舆论监督以制约权力；以信息技术制约权力；保障公民权利以制约公共权力；以民间力量制约权力。

（一）权力主体从一元走向多元

改革开放以前，权力高度集中的党的一元化的领导体制使得任何监督制约力量都难有立足之地。改革开放以来，以权力适度分散化为主线的党政分开、政企分开、权力下放、国家和社会分开的努力取得了明显的成效，权力主体从一元走向多元，各种权力主体在博弈中开始相互制约。

1．党政分开取得一定进展

经历 80 年代的党政分开，各级政权机关及其工作人员变得更加专业化，他们所拥有的专业技术知识和信息优势有利于保持自身的相对独立性。90 年代中期以来，建设社会主义法治国家目标的提出，有利于各级人大、政协、政府、法院、检察院依法履行职能维护自身的独立性和专业权威。本身具有很强经济独立性的民营企业家和社会组织领导人进入人大和政协担任人大代表和政协委员，进一步增加了这些机构的相对独立性，为他们发挥作用奠定了基础。各级政权机关趋向专业化和法治化的管理权对各级党委的领导权形

成了一定的制约，尽管这种制约仍是非常有限的。

2．政企分开与私人经济部门的崛起

1978 年开始的经济体制改革和对外开放，一方面通过政企分开致力于增强国有企业的独立性和自主权，另一方面积极吸引外来投资和大力鼓励民营经济的发展。进入 21 世纪后，私人经济部门已经成为国民经济中一个重要组成部分。一项研究表明，到 2005 年中国非公有制经济在国民生产总值中所占比重约在 40% 左右，全部非公有制经济对经济增量的贡献已超过 60%。[1] 私人经济部门的发展壮大限制了政府对微观经济生活的干预权。市场在资源配置中开始发挥基础性作用，政府的资源配置权受到了极大的限制和压缩。私人企业和市场机制正在成为制约政府权力的重要力量。

3．权力下放取得重要进展

为了调动各级地方政府发展经济的积极性，1978 年以来中央政府向地方政府下放了部分经济管理权和立法权，并通过实行财政收入分成制鼓励地方政府发展经济增加自身财政收入。发展导向的各级地方政府成为区域经济发展的强大动力。在处理政府间关系中，地方政府对中央政府逐步形成了一定的制约关系，涉及地方利益的重大决策与地方政府进行谈判、协商逐渐成为中央政府领导人为减少执行阻力而不得不作出的一种现实的选择。

4．国家和社会分开取得一定进展

改革开放的过程也是国家向社会放权的过程，政府的权力逐步从城乡基层社区退出而鼓励基层社区自治。政府按照凡是市场可以调节和社会自治可

1．《中国非公经济规模有多大（一）》，载于中国经济信息网：http://www.cei.gov.cn/loadpage.aspx?Page = showDoc&CategoryAli（访问时间：2008 年 2 月 26 日）。

以解决的事项都要交给市场和社会去办的原则转变自身的职能，全能政府逐步变为有限政府。随着中国经济社会的快速发展，公民自由活动的闲暇时间和自主支配的资源日渐增多。与之相适应，各种民间组织和社区自治组织得到空前发展。据民政部门统计，截止到 2012 年第四季度，在民政部门登记注册的各类民间组织的数量已经达到 491961 个。[1] 此外还有大量未登记的民间组织活跃在社会生活的各个角落。各种民间组织的蓬勃发展进一步增加了政治权力主体的数量，这些新的政治权力主体对国家的高度自主性形成了初步的制约，尽管公民社会的力量仍很弱小。本书所收录的"淮河卫士"通过公众参与促进淮河水系质量改善的案例，就是环境保护类民间组织动员公众参与环境保护监督地方政府和排污企业行为的成功范例。

（二）民主监督扎根基层并稳步向上推进

民主政治包括民主选举、民主决策、民主管理和民主监督四个方面的内容。其中民主选举是民主政治的基础性环节。直接的、自由的和竞争性的选举为公民提供了自主选择和更换各级政治领导人的权利，民众由此成为真正的授权主体和问责主体。因为他们掌握对了对各级领导人进行监督问责使之向人民负责的最重要的手段。选举问责为民众在选举期间对各级领导人进行监督问责提供了重要的机会。选举问责问题解决后，两次选举之间的选举后民主监督问题会相应提上议事日程并成为监督的主要形式。在选举问责未曾得到解决的行政层级，民主监督更多地表现为与体制内的监督相结合的形式。对我们所收集到的民主监督的典型案例的分析发现，民主监督的制度创新更多地集中在农村地区。本书精心选择了 4 个民主监督方面进行制度创新的案

1.《社会服务业统计数据（2012 年 4 季度）》，载于中华人民共和国民政部网站：http: //files2. mca. gov. cn/cws201301/20130128174655517（访问时间：2013 年 4 月 17 日）。

例。浙江省武义县后陈村和广东省蕉岭县部分农村从 2004 年和 2007 年在当地纪委的倡导和支持下先后成立了常设的村务监督机构，武义称之为村务监督委员会，蕉岭称之为村务监事会，他们在对村干部的日常监督特别是财务监督方面发挥了重要的作用。河北省武安县则在村委会直选提升了村委会和村党支部联席会决策制度、财务三审制度等项后选举监督制度，使得民选的村干部和村民得以分享权力参与村务决策和监督工作。浙江省衢州市航埠镇则通过"两监督一赔偿"的制度设计规范了村干部的行权行为，促使村干部严格按照相关法律和规章制度办事。这说明，在选举民主已经确立的基层农村，民主监督的重点转向了后选举治理环节。同时本书收集的案例表明，民主监督的实践也从农村向上延伸，乡镇、区县、地市和省级行政区都出现了民主监督的制度创新案例，这方面的民主监督制度创新案例表现出体制内享有监督权的机构有意识地扩大党员和公民参与自身的监督工作的特点。如盐城市在乡镇党代会闭会期间推行乡镇党代表监督制度，发挥党代表的监督功能。乐清市在人大常委会对政府工作评议过程中引入市民旁听和发言制度。还有一些地方的行政监察部门、审计部门、检察院等专门监督机构引入外部监督者参与行政监督、经济监督和法律监督工作，收到了很好的成效。

（三）强化人大和政协的民主监督以控制权力

人大和政协的地位和作用在改革开放后逐步得到增强。监督权是人大的一项重要职权。在总结全国和地方各级人大及其常委会监督"一府两院"工作的基础上，2006 年 8 月 27 日全国人民代表大会常务委员会通过了《中华人民共和国各级人民代表大会常务委员会监督法》（简称《监督法》）。它为各级人民代表大会常委会行使监督权提供了法律保障，促进了人大监督的规范化、制度化和程序化。各级人大在立法和监督实践中，依据《监督法》，积极探索人大监督与公众参与结合的新形式，不断充实人大监督的内容。本书所

收录的浙江省乐清市"人民听证"制度，就是乐清市人大常委会从 2008 年起
在对政府工作进行评议的过程中邀请公民旁听和发言的一项创新性的制度，
它把人大常委会对政府和法院与检察院的工作监督和公民参与人大常委会监
督结合起来，增强了人大常委会开展工作监督的透明度和公众参与程度，提
高了人大监督的效力。本书所收录的另外一个案例"四川省人大常委会实施
'在线监督省级部门预算执行'"，反映了四川省人大常委会利用联网查询机制
对省级部门进行实时预算监督的良好做法，这种做法落实了人大常委会的预
算监督权，提高了预算监督的效果，值得提倡和推广。改革开放后中国共产
党高度重视发挥民主党派和人民政协的作用，民主监督的职能被确定为政协
三大职能之一，同时也成为民主党派的一项重要任务。各级政协和民主党派
在履行民主监督的职责方面进行了积极的探索。本书收录了扬州市政协和厦
门民主党派在发挥民主监督职能方面所做的有益的探索。扬州市政协通过建
立政协委员所提意见和建议的反馈机制来提高政协民主监督的实效。无锡市
政协从 2008 年起在市委书记的支持下，通过建立民主监督员制度、对政府执
行科学发展情况开展评议、与市纪委建立联动机制，在民主监督方面实现了
从"受命监督"到"主动监督"再到"联合监督"的"三级跳"。[1] 从 1995
年起厦门市民主党派应厦门市监察局的邀请，积极参与该市行风评议工作并
担任评议小组组长或副组长职务，民主党派参与"纠风"强化了来自共产党
外和政府外部的监督，收到了较好的效果。人大、政协、民主党派的民主监督
努力在控制权力使之向人民负责方面发挥了重要的作用。

（四）专门监督与公众参与相结合以约束权力

改革开放以后我国先后恢复了纪检、检察、监察、审计等专门的监督

---

1. 蒋家举、陈建良：《受命监督　主动监督　联合监督——无锡市政协民主监督实现"三级跳"》，载《江苏政协》，
2010 年第 6 期，第 37 页。

机关，并对它们实行双重领导体制以强化这些专职监督机构的独立性和权威性。

中纪委在"文革"后迅速恢复，并从 1982 年起开始实行双重领导体制，改变了以往单一的由同级党委领导的体制。1986 年开始重新组建监察部，1993 年中纪委、监察部合署办公，实行党政统一的监督体制。[1] 合署办公后的纪检监察机构负责党纪政纪监督。同时对地方纪检监察机构实行上级纪检监察机构和同级党委双重领导体制，并逐步对派驻各部门的纪检监察机构实行统一管理。

纪检监察监督在我国现行党政监督制度体系中占据着特别重要的地位，它既是党内监督的专门机关，又是行政监督中最重要的行政监察机关，同时还担负着组织协调如审计、检察等相关职能部门的领导责任，在党政体系内部监督方面拥有广泛的权力。改革开放 30 多年来，各级纪检监察机关认真履行自己的职责，在党纪政纪监督和反腐败方面做了大量工作，为党风政风建设做出了重要贡献。据统计，改革开放以来纪检监察机关共立案 2687424 件，给予党纪政纪处分人数达 2448597 人，有据可查的 10 个年份受处分的县处级以上干部数即高达 69928 人。[2]

审计监督是我国党政监督制度体系中一个重要组成部分。1983 年 9 月，中华人民共和国审计署成立，随后县级以上地方政府也相继设立了审计机关。我国审计机构设在政府内部，属于行政监督的一个重要职能部门。地方各级审计机关实行双重领导体制，在本级行政首长和上一级审计机关的领导下开展审计工作，审计业务以上级审计机关领导为主。审计机关自 1983 年成立以

1. 周位斌：《列宁的民主监督思想探析》，载《学习论坛》，2007 年第 5 期总第 23 卷，第 23—25 页；林崇建、刘静萍：《权力制约机制与党内监督体制改革》，载《理论与现代化》，2001 年第 2 期，第 68—71 页；《中国行政监察制度》，载于中华人民共和国监察部网站：http://www.mos.gov.cn/Template/article/display0.jsp? mid = 2005050（访问时间：2008 年 3 月 3 日）。

2. 这是笔者根据历年来中纪委全会工作报告提供的数据而得来的。有兴趣的读者可参阅监察部网站和新华网"新华资料"栏目有关内容。

来，在财政审计、金融审计、经济责任审计、效益审计等方面都取得了显著的成绩。审计机关每年审计的单位数由 1983 年的 1200 多个增加到 2005 年的 12.5 万多个。2003 年到 2005 年，各级审计机关共审计企业 30345 个，促进上缴财政收入 60 亿元。党政领导干部经济责任审计范围已扩大到地厅级，对省部级党政领导干部经济责任审计正在开展试点工作。1999 年至 2005 年，全国共完成经济责任审计项目 23 万个，审计党政领导干部 21.5 万人，国有企业领导人员 2 万人。从 1999 年到 2005 年通过审计发现并移送司法机关处理的经济犯罪案件达 6800 多件。[1]

我国的检察制度是在列宁关于法律监督的思想指导下，结合我国具体国情而形成的。其具体特征是：它是国家权力机关授权的专门的法律监督机关；我国检察系统实行民主集中制，检察委员会集体讨论决定所有重大案件和重大问题；地方各级人民检察院实行双重领导体制，既对同级人民代表大会负责并报告工作，又受上级人民检察院的领导；检察机关的法律监督对任何人都有效力；对国家机关和国家工作人员的职务犯罪包括贪污贿赂的法律监督是检察机关的重点工作之一，这是事实上的司法弹劾制度；检察监督是一种具有法律约束力的强制性监督。[2] 自 1979 年恢复成立以来到 2012 年底，各级检察机关在我国民主监督和反腐败工作中发挥了极为重要的作用。据统计，改革开放以来，我国各级检察机关共立案侦查贪污贿赂等职务犯罪案件 1195189 件，查处 803042 人，其中县处级以上干部人数为 54236 人，为国家挽回经济损失 1289.1 亿元。[3]

---

1. 审计监督的有关内容改编自《中国审计概述》，载中华人民共和国审计署网站：http://www.audit.gov.cn/cysite/docpage/c340/200301/0109_340_662 - 668.htm（访问时间：2008 年 3 月 4 日）。

2. 于洪生：《民主监督——中国政治运行的调控机制》，北京：中国广播电视出版社 1991 年版，第 97—98 页。

3. 这是笔者根据最高人民检察院 1983、1988、1993、1998、2003、2008、2013 年等年工作报告（总结前五年工作成就）提供的数据计算后得出的。职务犯罪案件数据是一种宽口径统计，包括贪污贿赂等腐败犯罪，同时还包括其他利用职务便利的犯罪行为。有兴趣的读者可登录最高人民检察院网站"工作报告"栏目，2013 年数据来自最高人民检察院网站：《最高人民检察院工作报告》（曹建明 2013 年 3 月 10 日），http://www.spp.gov.cn/ gzbg / 201303/t20130316 - 57131.shtml (访问时间：2013 年 4 月 18 日)。

　　纪检监察机关、审计机关、检察机关等专门监督机关通过聘请人民监督员等形式积极探索人大代表、政协委员、居民代表等参与专门机关的监督工作，保障公众对监督机关工作的知情权、参与权和监督权。这方面的制度创新构成了中国现阶段民主监督的重要内容。本书收录了部分相关的案例。宁波市设立 96178 廉政投诉中心，厦门市监察局聘请民主党派成员作为行风评议代表参与纠风工作，金华市在领导干部经济责任审计过程中通过发布审计公告、召开相关座谈会等机制保障公众对审计监督的知情权和参与权，开阳县人民检察院聘请人民监督员监督"三类案件"。在专门机关的监督工作中引入公众参与这种外部力量，增强了专门机关监督的公信力和具体成效，值得大力倡导。

（五）倡行法治以制约权力

　　针对"文化大革命"时期宪法和法律受到践踏、基本人权缺乏保障所造成的恶果，邓小平反复强调加强社会主义法制的重要性，并推动 1982 年宪法载明了"党必须在宪法和法律范围内活动"的重要原则并多次重申任何人都没有凌驾于法律之上不受法律约束的特权。他还吸取了以往依靠群众运动反腐败的深刻教训，明确指出反腐败还是要靠法制，搞法制靠得住些。90 年代中期以江泽民为核心的第三代中央领导集体将建设社会主义法治国家的目标的提法改变为建设社会主义法治国家的新提法，强调依靠宪法和法律约束党和政府及各级官员的权力保障公民权利的新理念。[1] 进入新世纪后，以胡锦涛为总书记的中央领导集体将依法治国提到了更加重要的位置。2012 年党的十八大以后，以习近平为总书记的中央领导集体强调依宪执政、依宪治国，法

---

1. 可参阅张苏敏、朱永红：《江泽民对邓小平民主监督制约理论的继承和发展》，载《河北法学》，2006 年第 4 期总第 24 卷，第 156—159 页。

治国家建设得到高度重视。中国共产党在先后倡导法制和倡导法治的同时，积极推行法治国家建设工作，取得了很大的成绩。据统计，"从 1979 年到 2007 年 10 月底，全国人大及其常委会共制定了现行有效的法律 220 余件；国务院制定了现行有效的行政法规近 700 件；地方人大及其常委会共制定了现行有效的地方性法规近 7000 余件。"[1] 以宪法为统帅、门类比较齐全的有中国特色的法律体系已经初步形成。进入 90 年代中期以后，司法体制改革开始提上议事日程。随着《法官法》、《检察官法》的颁布实施和司法考试的推行以及大规模的专业培训，法官和检察官队伍的职业化取得了长足的进展。随着法律在人们生活中重要性的日益增加，律师的数量也迅速增长。据介绍，80 年代初中国只有 200 多名律师，到 2011 年时中国的律师从业人员数量猛增到 25 万多人，律师事务所数量达到 1.7 万多家。"十一五"期间代理诉讼案件近 1000 万件，非诉讼法律事务 500 万件，办理法律援助案件近 100 万件。[2] 律师成为一种重要的社会职业，在维护公民权益方面发挥着日益重要的作用。宪法和各种法律的制定和实施对于约束各级党政领导干部权力保障公民权利发挥着越来越重要的作用。

（六）以政务公开制约权力

阳光是最好的防腐剂。公共信息的公开透明对于保障公民的知情权和监督权约束公职人员和公共权力发挥着极为重要的作用。改革开放以来，"中国政务公开经历了一个自下而上、由点到面、由浅入深的渐进过程。"[3] 首先，政

---

1. 《我国法律体系基本形成——凸显中国特色》，载中国人大网：http://www.npc.gov.cn/npc/xinwen/syxw/2008 - 02 - 27/content_13999（访问时间：2008 年 2 月 28 日）。
2. 《中国执业律师总数突破 20 万人》，http://news. xinhuanet. com/society/2011 - 10/18/c_111104（访问时间：2013 年 4 月 18 日）。
3. 《中纪委秘书长就中国政务公开情况答记者问》（2006 年 9 月 26 日），载新浪网：http://news. sina. com. cn/c/ 2006 - 09 - 26/113811108689. shtml（访问时间：2008 年 2 月 29 日）。

务公开的内容不断丰富和发展。80 年代早期一些地方政府部门率先实行"两公开一监督",即办事过程公开、办事结果公开和群众监督。随后办事公开的内容不断丰富,从"两公开"发展到"六公开"甚至"八公开"。90 年代中后期以来,政务公开的内容从办事公开走向立法和决策过程公开。立法和行政重大决策听证会的形式引入国内,一些地方政府还自创了"民主恳谈"会的形式,通过官民协商对话进行公开决策[1]。其次,政务公开的主体日益增多。政务公开的主体从政府行政部门向人大、法院、检察院、公共企事业单位和党组织延伸。90 年代中期以后,检务公开、审判公开先后稳步推开。全国人大和各级地方人大也积极推行"开门立法",利用新闻媒体和互联网公布法律草案,广泛征求社会各界意见。公共企事业单位开始实行办事制度公开和收费价格公开,增加了透明度。党务公开工作也日益受到重视,党政领导干部选拔任用过程的公开性和透明度不断提高,干部任前公示制、考察预告制等做法受到群众好评。第三,政务公开的层级逐步提高。80 年代政务公开主要是基层和地方政府职能部门,限于"村务公开"、"财务公开"、"办事公开"等。90 年代以来,政务公开的层级逐步向上延伸。"目前,全国乡镇政务公开和县级政务公开得到进一步规范和提高,市(地)级行政机关政务公开正在积极推行之中"[2],更高层级的政府机关也在积极探索通过新闻发布会制度、政府网站等多种形式进行政务公开。第四,政务公开的制度建设不断取得新进展。中办、国办 2000 年发布的《关于在乡镇政权机关推行政务公开的通知》和 2005 年发布的《关于进一步推进政务公开的意见》,为规范政务公开行为提供了很好的指导意见。2007 年国务院正式颁布了全国性的《政府信息公开条例》,该法已于 2008 年 5 月 1 日正式生效。这部《政府信息公开

---

1. 浙江省温岭市在乡镇层级首创"民主恳谈"制度,该项目于 2004 年获得了第二届"中国地方政府创新奖",这一项目也为许多地方政府所效仿。
2. 钟纪综:《让权力在群众监督下运行——全国政务公开工作健康发展稳步推进》,载《中国监察》,2004 年第 13 期,第 6 页。

条例》是一个具有里程碑意义的法规，它通过强制政府部门进行信息披露并对公民的知情权受到损害时提出救济措施而极大地增加了政府的透明度[1]，并使各级政府政务公开化所取得的成果用法律的形式加以固定化和长期化。本书所收录的民主监督的典型案例都有政务公开的实践相伴随，这从一个侧面说明，没有政务公开就没有民主监督。

（七）以网络和舆论监督制约权力

公开表达出来的公众舆论会对掌权者形成巨大的压力，促使掌权者约束自己的行为。改革开放以来，中国正在逐步形成一个民间公共领域，新兴的互联网网上论坛、聊天室、博客、微博、微信和各种公众聚会场所如茶馆、咖啡馆等都成为民间公共领域的重要载体或平台，人们在其中对公共事物和政治人物进行自由的、充满激情或理性的讨论、争论、辩论，尽情表达自己的批评、意见和建议。中国的新闻媒体也在重新定位自己，及时、真实反映民情民意、表达民声成为媒体人的崇高职业追求。一些商业化程度较高的新闻媒体或其中的某些栏目也成为民间公域的一个重要组成部分。新闻媒体通过聚焦报道某些重要事件，而影响着公共舆论的形成和改变。一部分知识分子也加入到独立、客观地讨论和评价公共事务和政治事件活动中。所有这一切都使得相对独立于党和政府的民间公共领域和在这一领域形成的公众舆论成为影响和制约公共政策和公共权力的一股重要力量。舆论监督发挥作用离不开各级党委和政府及其职能部门对舆论监督所指向的人物和事件认真负责地调查处理从而对民意作出积极的、善意的回应。这种民间舆论监督和政府积极回应的良性循环在遏制公共权力的滥

1.《中国提出标志性的法规鼓励政府增加透明度》，载人民网：http://english.peopledaily.com.cn/200704/24/eng20070424_369114（访问时间：2007 年 2 月 28 日）。

用和惩治腐败方面发挥着显著的作用。本书附录所提供的"网络监督经典案例回放"反映了 2008 年以来网络舆论监督在各级党委和政府积极回应下发挥效力的一些成功范例。

（八）以信息技术制约权力

从 1993 年以来，我国积极推进电子政务建设，同时努力探索监察监督审计业务的电子化并取得了很大的进展。到 2006 年底，已经有 14 个省（市）建立了省级政务外网，还有 6 个地方在建设政务外网，我国部委、省级和地市级政府网站拥有率超过 90%，县级政府网站拥有率超过 80% 以上，各级政府平均网站拥有率达 85.6%。[1] 另据统计，截至 2012 年底，中国网民数量已达 5.64 亿，手机网民数量为 4.2 亿，微博用户 3.09 亿，互联网普及率为 42.1%，家庭接入网络比例超九成。[2] 以推进审计信息化为目标的"金审"工程从 1999 年启动，到 2005 年完成一期项目建设，先后建成了现场审计实施系统和联网审计实施系统，使审计监督率先实现电子化，电子审计使得远程审计、动态审计成为现实，大大提高了审计效力。本书所收录的深圳市政府"行政审批电子监察系统"案例，将行政监察与信息技术结合起来，"以信息技术制约权力"，提高了行政监察的效率和约束力。目前中央有关部门正在全国范围内积极推广"行政审批电子监察系统"。广东、四川等省人大常委会积极探索实行"在线预算监督"，通过与政府财政部门预算管理系统联网和资源共享，初步实现了对政府各部门预算执行情况的实时监控，提高了人大预算监督的效力。但总起来看，我国目前电子政务建设还处于初级阶段，存在着

---

1. 于施洋：《中国信息化趋势报告（六十六）中国电子政务 2006 进展与 2007 趋势》，载《中国信息界》，2006 年第 13 期，第 11—12 页。
2. 《CNNIC 发布第 31 次〈中国互联网络发展状况统计报告〉》，http://news.xinhuanet.com/tech/2013 - 01/15/c_124233840.htm（访问时间：2013 年 4 月 18 日）。

重复建设、发展不平衡、应用程度不高、资源整合不够等问题。根据联合国 2012 年发布的电子政务调查报告全球排名，我国 2011 年电子政务排名第 78 位[1]，与世界许多国家相比仍然比较落后。

（九）保障权利以制约权力

改革开放 30 多年来，我国在保障党员权利和公民权利方面取得了一系列重要进展，为公民以权利制约权力奠定了良好的基础。首先，初步建立起党员民主权利保障制度。从十二大开始，明确规定了党员的八项权利如选举权、被选举权、批评建议权等，改变了"文革"期间九大、十大党章对党员只有义务要求、没有权利规定的做法。1994 年我们党又制定了《中国共产党党员权利保障条例》，全面系统地阐述了党员民主权利的基本内容，提出了保护党员权利的措施，并具体规定了侵犯党员权利所应承担的责任。为了具体落实党员权利，我们党积极探索开展党员对党的领导干部民主评议、民意测验、民主推荐活动，同时实行党内差额选举，这些都为党员监督党的领导干部提供了有效形式。[2] 近年来，一些地方党组织推行党务公开、电子党务等增强党内事务透明度的努力为党员行使知情权提供了便利条件。本书所收录的盐城市推行乡镇党代表监督制度的案例，反映了一些地方在探索发挥党代表监督权利方面的有益尝试。其次，公民权利的保障工作取得重要进展。1982 年《宪法》将"公民的基本权利和义务"调到了国家机构章节之前，反映了对公民权利认识方面的进步。2004 年的《宪法》修正案中增加了"国家尊重和保护人权"的条款。中国政府也先后签署了《经济、社会和文化权利国际公

---

1. 《联合国发布 2012 电子政务调查报告》，http://news.163.com/12/0327/14/7TKOC7SN00014JB5.html（访问时间：2013 年 4 月 18 日）。
2. 任俊宏：《论改革开放以来党内民主监督》，载《重庆工商学院学报（社会科学版）》，2007 年第 5 期总第 21 卷，第 88—89 页。

约》和《公民权利和政治权利国际公约》。《行政诉讼法》和《国家赔偿法》
的颁布实行为"民告官"和索取国家损害赔偿的行政诉讼提供了法律依据。
《社会团体登记管理条例》等民间组织管理法规的颁行为公民结社和民间组织
的合法活动提供了可操作性的法律依据。国务院修订后颁布的《信访条例》
强化了政府的信访工作责任,为公民通过信访的合法渠道行使批评、建议、
申诉、控告、检举权利提供了一定的法律保障。我国的民主政治建设率先从
基层开始。《村民委员会组织法》的实行为广大农民行使民主选举、民主管
理、民主决策、民主监督等民主权利提供了法律保障。目前已经在全国300
多个乡镇实行的乡镇领导干部"公推直选"为党员和群众行使选举权提供了
制度化的保障。城市居民委员会直选的试点工作也收到了很好的效果。[1]本书
所收录的"公民监督政府:行政监督的活力源——以宁波市为例",反映了宁
波市通过设立投诉热线、投诉办理系统、督查队伍和专责跟踪曝光的媒体专
题栏目保障公民监督政府的权利得到落实的可贵探索。本书所收录的青岛市
建立"多样化民考官"机制的案例,记述了青岛市在官员考核中引入民众评
价因素促进民主化行政的先进做法。这些案例从一个侧面反映了各级地方政
府在保障公民权利以限制政府权力方面所做的努力。

(十) 以民间力量制约公共权力

民间力量是指与国家相对的公民个人或社会组织,后者通过法律维权、
集体行动或强大的舆论压力而展示出自己制约权力的能量和力量。[2]改革开放

---

1. 有兴趣的读者可参阅国务院新闻办:《中国的法治建设》,载新华网:http://www. xinhuanet. com/newscontent/
   2008 - 02/28/content_7687281_2htm (访问时间:2013 年 4 月 18 日)。国务院新闻办:《中国的民主政治建设》,
   载于新华网:http://www. xinhuanet. com/politics/2005 - 10/19/content_3645697. htm (访问时间:2013 年 4 月 18 日)。
2. 有兴趣的读者可参阅陈瑶、周实:《民间力量与民主监督》,载《东北大学学报 (社会科学版)》,2003 年第 3 期
   总第 5 卷,第 205—207 页。

30 年来，随着中国逐步走向市场经济和民主法治，人们的利益意识和权利意识不断增强，公共政策的制定与执行与人们切身利益和权利的关系越来越密切，公民维护自己正当权益的愿望日益强烈。有越来越多的公民个人和他们所结成的各种社会组织努力通过自己的个体或集体行动而对公共权力的运行施加影响。大规模的信访特别是集体上访已经成为公民表达自己意见的一条重要渠道。据统计，从 1992 年到 2004 年全国县以上党政机关受理的信访数量呈持续上升趋势，2005 年以后有所下降，但即便如此，2006 年信访总量仍在 1000 万件（人）次以上。在信访总量中，采取书信形式的占 25%，采取走访形式的占 75% 以上，而在走访中，5 人以上的集体上访的人次约占走访总人次的 70% 以上。[1] 举报在民主监督中也发挥着重要作用。中纪委有关负责人指出，公民信访举报已经成为发现腐败案件线索的一条重要渠道，有的省份检察机关 80% 以上的腐败案件线索是通过公民举报发现的，公民举报在民主监督和反腐败中发挥了重要作用。公民拿起宪法和法律的武器通过行政诉讼维护自己正当权益的行动这些年来越来越多。据最高人民法院公布的数据，从 1990 年实施《行政诉讼法》到 2006 年，我国各级人民法院受理的一审行政诉讼案件数量已经超过 100 多万件，我国"民告官"的胜诉率是 30% 高于国外 20% 的胜诉率。[2] 这些都反映出我国民间力量在民主监督中开始发挥一定的作用。本书所收录的"淮河卫士"通过公众参与监督政府和排污企业改善流域水系质量的案例，反映了环保类民间组织在监督政府促使其行政作为的大胆实践。它从一个侧面说明民间力量特别是民间组织在监督公共权力方面的潜在力量。

　　分析我国民主监督的已有成功实践，可以发现这样几个特点：（1）我国

---

1. 中央党校进修一班第 40 期 A 班社会发展方向第三课题组：《从信访工作中的问题看和谐社会建设难点重点》（张彭发执笔），载《中国城乡桥》，2007 年第 5 期，第 22 页。

2. 娄银生：《孰轻孰重：天平两端的民与官》，载《人民法院报》报社网站：http://rmfyb. chinacourt. org/public/detail. php? id =100071（访问时间：2013 年 4 月 18 日）。

的民主监督呈现出党政机关内部和外部监督相结合、自上而下和自下而上的监督相结合的混合监督的特征。无论村级民主监督还是乡镇党代表监督的实践，其发起者往往是县纪委，其规范化和持续运转都离不开县纪委甚至县委的支持和指导，村民和党代表则积极参与其中。人大的监督往往与公民的参与相结合。政协和民主党派的监督则会和专门监督机构的监督结合起来，呈现出联合监督的特征。纪检监察、审计机构、检察院等专门机构则通过设立人民监督员等多种形式邀请人大代表、政协委员、民主党派成员、公民代表等参与自身的监督工作。我国公民通过行政诉讼、信访等途径对政府的监督行为，公民社会组织对政府的监督行为，新闻和网络舆论对政府的监督行为，作为一种自上而下的监督，其效力的发挥有赖于党和政府的各级领导和有关职能部门积极的、善意的回应，如果得不到后者及时的、负责任的回应，这种监督则难以发挥作用。（2）公民及公民社会组织的主动监督行为呈现出日益积极活跃的态势。信访、群体性行为、网上"爆料"、"民告官"的行政诉讼等公民主动维权和监督政府的行为进入新世纪后日益增多，它反映出公民权利意识的觉醒。不少民间组织从环保问题、预算问题等具体的公共政策问题入手，积极发挥政策倡导和批评监督政府的作用，政府在回应民间组织的诉求过程中逐步与对方建立了对话沟通乃至合作关系。（3）体制内的监督机构日益注重吸纳公民及公民代表参与到自身的监督工作中去。无论是人大在履行监督职责过程中，还是纪检监察、审计机构以及检察机构履行专门监督职能，都日益注重开门监督、公众参与监督，并为此做出不少努力。浙江乐清的"人民听证"制度就是将人大常委会的监督与公众参与的一个成功范例。特邀监察员制度、人民监督员制度则为公民监督或者说社会监督提供了便利的途径。将体制内的自我监督与外部的社会监督结合起来，有助于增强体制内监督机构的公信力，赢得民众的信任和支持。（4）技术监督正在成为机构监督和制度监督的有力补充。信息网络技术在克服人情关系、规范权力运行流程、防止权力滥用方面所发挥的重要作用日益受到重视。"行政审批电子监察系统"、"人大在线监督省级部门预算执行"等项目的实施效果表明，"以技术制约权力"对于"以权力制约权利"、"以权利制约权力"是一个重要的补充。网络舆论监督也是建立在信息网络技术的广泛运用基础上的。（5）当前我国民主监督的重点主要是财政预算监督。村级民主监督中村民最关心的是财务问题。本书所收录的村级民主监督的四个案例无一不和农村财务问题有着密切的关系。人大监督的一个重要的突破口也是预算监督。审计监督和人大在线监督省级部门预算执行等项目也都和预算监督有着密切的关系。预算监督既是群众最关心的问题，操作起来政治敏感性也较低，因此成为民主监督的一个极为重要的内容。近年来，环境污染问题日益受到公众关注，公众参与环境监督逐步发展为民主监督的一项重要内容。

二、我国现行民主监督制度体系存在的问题及原因

改革开放以来，党和政府在建立健全民主监督制度体系、完善民主监督手段方面进行了不懈的努力，取得的成绩是有目共睹的。但正如不少学者所指出的那样，我国在民主监督方面仍存在着"弱监"、"虚监"和"漏监"的问题。

（一）我国现行的民主监督制度体系和手段存在着以下严重的问题

1. 党政监督制度体系强，而社会监督制度体系弱

我国现行的民主监督制度体系可以分为两大部分，即处于党和国家政权系统中的党政监督制度体系和位于党政系统外的社会监督制度体系。改革开放以来，在恢复和重建"文化大革命"中遭到破坏的党政权力系统过程中，为了避免重蹈"文革"覆辙，历任党和国家领导人都十分重视党政

监督制度体系的建设。经过 30 多年的努力，执政党对国家政权的监督和党内监督、人大监督、纪检监察监督、审计监督、司法监督等党政民主监督主体的职责和权限都得到了不同程度的加强，他们的监督以拥有奖励和制裁的权力为后盾因而具有刚性的约束力。而属于社会监督制度体系的民主党派和政协监督、媒体监督、网络监督和公民监督，其地位和作用虽有所提高，但其制约和监督权力的作用却仍很有限。这是因为，社会监督作用的发挥取决于各级党委和政府对社会监督的支持、配合与响应，如果对方不予配合和响应，在缺乏选举问责机制情况下授权主体有名无实的社会监督往往难以奏效。民主党派和各级政协的监督是一种非权力性的监督，它们所提出的批评、意见和建议对各级党政官员没有刚性的约束力。媒体监督由于无法转换为民意支持，其监督效果只能取决于被监督对象的上级的态度，如果上级官员包庇、纵容下级官员滥用权力行为，媒体监督效果就会大打折扣。一项问卷调查表明，当问到"你认为我国新闻媒体对权力的监督作用如何"时，72.7% 的人认为"有点效果，但不大"，17.3% 的人认为"基本无效"，两项合计高达 90%。[1] 对于网络监督中那些为公众舆论所高度关注和持续关注的热点和焦点事件和人物，地方党委和政府往往能够及时认真和负责任地作出调查处理和回复，因而收效显著。而对于那些未曾形成舆论关注热点和焦点的监督事例，地方党委和政府往往有意无意地加以忽略。公民监督在选举民主尚不发达的情况下，主要依靠信访、举报等途径，其最终效果取决于各级党政领导和专门监督机关查处权力滥用和腐败行为的意愿和努力。另一项问卷调查表明，当问到"你认为群众对公共权力的行使能起到监督作用吗"时，认为"能起到一定作用，但很有限"的占 67.7%，认为"根本不能"的占 23.1%，两项合计认为群众监督起不

1. 这项调查由福建省委党校课题组于 2003 年 5 月进行，问卷调查对象为福建一些地区各级党政机关干部，发出问卷 1600 份，收回有效问卷 1560 份。参阅福建省委党校课题组：《关于加强对权力制约和监督的调查与思考》（游龙波等人执笔），载《中共福建省委党校学报》，2003 年第 12 期总第 272 期，第 68 页。

到应有作用的高达 90.8%。[1] 其结果是，党政权力的自我监督强，而对党政权力的外部监督弱。

2. 执政党对国家政权的监督强，党内监督弱，外部监督更弱

执政党对国家政权机关及党员领导干部的监督是强有力的。各级党委通过在人大、政府、法院、检察院等国家政权机关及其职能部门内部的领导层中设立党组、建立机关内部党组织和派驻纪检组等三条途径，加强对同级国家政权机关的监督和控制。这种监督和控制以人事任免权、升降奖惩权、纪律处分权为后盾，因而是强有力的。而在党内监督体系中，党员、党代表、党代会对党委会全体会议、常委会和书记的监督力度很小。这是由于中央和地方党代会每五年才召开一次，党委全会每年召开一到两次，常委会和书记成为日常决策机构和主要的决策者，党员和党代表行使监督权的机会和载体严重不足。相反，由于各级党委书记和常委对党员、党代表和党委委员具有日常的教育、管理和监督权，后者对前者监督的力度受到进一步的限制。早在 1957 年邓小平就明确提出了"共产党也要接受监督"的著名论断，但对执政党的外部监督主要以民主党派和各级政协的民主监督为主。处于共产党领导下的民主党派和各级政协的监督主要是一种协商监督，这种监督以规劝为主，约束力不够。各级新闻媒体在同级党委宣传部门领导下，以正面的舆论宣传和引导为主，对同级党委的舆论监督无从进行。由于党的各级领导人的产生方式与党外群众无关，群众监督的效果更是有限。

3. 纵向监督强，横向的分权制衡弱

无论是执政党对国家政权机关的领导和监督还是人大对政府和法院、检

---

[1]. 福建省委党校课题组：《关于加强对权力制约和监督的调查与思考》（游龙波等人执笔），载《中共福建省委党校学报》，2003 年第 12 期总第 272 期，第 68 页。

察院的法律监督和工作监督，都是一种单向的纵向监督。国家政权机关对执政党缺乏法定的监督权。政府、法院和检察院无法对人大及其常委会进行监督和制约。检察院对法院、公安和司法行政机关的法律监督权包含有权力制约的思想，但公、检、法在党委政法委的统一领导下彼此协作取代了相互制约。《行政诉讼法》赋予法院对行政机关具体行政行为的司法审查权由于司法机关的地方化而难以行使。行政权和司法权被统一置于享有立法权的国家权力机关的监督之下。立法权、行政权和司法权则被统一置于党的领导权之下。各种权力之间不是一种分立和制衡的关系，而是一种领导和从属、监督和被监督的单向关系。

4. 专门机关监督强，人大监督弱

全国和地方各级人民代表大会及其常委会在法理上是国家权力机关及其常设机关，各级政府、法院、检察院由它产生并向它负责，人大的监督应该是最强有力的。但人大、政府、法院、检察院都处于党委的统一领导之下，人大的监督权不能与党委的领导权发生冲突。各级人大及其常委会由于缺乏履行监督权的专门机构如行政监察和审计机构等，而难以履行法律规定的监督职责。政府的行政监督机关如监察和审计部门以及作为法律监督机关的检察院，在同级党委的领导和纪委的组织协调下，在权力监督和反腐败中发挥着更为重要的作用。

5. 对下级监督强，对同级党政主要领导监督弱

地方各级纪检、监察、审计、检察等从事党内监督、行政监督和法律监督的专门机关均实行双重领导体制。纪委要在同级党委领导下工作，监察机关和审计机关对本级政府行政首长负责，检察机关向本级人大负责，而行政监督机关和法律监督机关事实上还要接受同级党委的统一领导和纪委的组织协调，同时他们都要接受其上级部门的业务指导。在这种双重领导体制下，

由于同级党委、人大、政府掌握着他们的人事任免权、机构编制权和财政拨款权等重要权力，因此双重领导中往往以同级领导为主。在同级领导为主情况下，这些党纪政纪、财经和法律监督的专门机关往往无法监督同级党政主要领导及其决策失误，而只能监督其下属机构和人员。前述问卷调查表明，有86.2%的受访者认为目前的纪检双重领导体制对同级党委成员的监督"有一定作用，但不起重要作用"（64.7%）或者"不能发挥作用"（21.5%）。[1]拥有最大权力而最需要监督的各级党政主要领导及其决策失误因此成为本级专门监督机关民主监督的盲区或死角。

6. 自我约束强，外部约束弱

在现行的权力监督制度体系中，地方各级党政主要领导的外部约束很弱，他们自身的道德修养和自律能力发挥着关键作用。在自上而下的任命体制或变相任命体制中，上级领导对下级领导的监督是最有力的，但由于上级领导监督对象过多，无法有效获取监督对象的信息，因而往往出现"管得着的看不见"的现象。依靠短时间内的个别谈话来弥补监督信息不足的巡视制度其效果非常有限。地方党政主要领导与副职领导之间、书记与常委、委员之间在日常工作中由于分工不同而处于领导和被领导的上下级关系之中而非平等的关系，因此希望通过党内民主生活会的批评和自我批评来进行同级监督往往难以实现。在上级控制下级的升降奖惩权情况下，下级更无法对上级进行有效的监督。这样对各级党政主要领导的外部约束方面出现了"上级监督太远，同级监督太软，群众监督太难"的现象。一项调查表明，有54.6%的人对领导干部自觉接受监督的情况表示不满意。[2]

---

1. 福建省委党校课题组：《关于加强对权力制约和监督的调查与思考》(游龙波等人执笔)，载《中共福建省委党校学报》，2003 年第 12 期总第 272 期，第 68 页。
2. 同上，第 67 页。

7. 党纪政纪监督强，法律监督制约弱

以法律约束权力比以纪律约束权力更为有效，同时代表着法治国家建设的方向，但目前我国的现实是党纪政纪对官员的约束力更强。我国当前民主监督的法制化程度不高，一些急需的民主监督法律如"重大事项决策程序法"、"信息公开法"、"反贪污贿赂法"、"防止公职人员利益冲突法"、"新闻法"等重要法律都付之阙如。在相应法律难以出台的情况下，先行出台一些党内法规、行政法规，这些党内法规和行政法规成为党纪政纪监督的主要依据。党纪政纪监督机关因其拥有的协调权能和资源优势以及所受的法律约束较少，因此在权力监督中处于更加积极主动的强势地位。在权力滥用特别是腐败案件查办过程中，由于受到盘根错节的利益关系和强大的说情风的干扰，执纪执法机关和司法机关及其主管领导往往以纪律处分代替法律处分，以行政处罚代替法律制裁，或者根据领导意图"选择性执法"，执纪执法出现"失之于宽，失之于软"的"法纪软约束"现象，这些都进一步削弱了法律的约束力。福建省委党校课题组的一项问卷调查表明，有80.9%的人认为宪法和法律对党政机关和领导干部行使公共权力的制约"有点作用，但不起重要作用"（70.5%）或"基本无用"。[1]

8. 制度预防强，技术预防弱

改革开放以来，党和政府对于体制机制缺陷是导致权力滥用和腐败的根源的认识日益深刻，在健全完善体制机制以预防权力滥用和腐败方面做了大量的工作，取得了明显的成绩。但对于技术手段在预防腐败和监督权力中的作用的认识还不够深入，未能更加普遍地将信息网络技术等高科技手段运用

---

[1]. 福建省委党校课题组：《关于加强对权力制约和监督的调查与思考》（游龙波等人执笔），载《中共福建省委党校学报》，2003 年第 12 期总第 272 期，第 67 页；延边州委党校的一项规模更小的问卷调查也得出了类似的结论，参阅韩基灿等：《关于加强对权力制约和监督的调查与思考》，载《延边党校学报》，2005 年第 1 期总第 20 期，第 54—56 页。

于公共权力运行过程中和民主监督工作中，技术预防的威力还没有得到充分的发挥。例如，全国审计系统较早地将信息技术应用于审计工作之中，实现了远程审计和动态审计，大大提高了审计的效率。但行政监察部门的电子监察系统，至今尚未在全国范围内推广开来，从而影响了其作用的发挥。省级人大的公共预算在线监督系统目前只有个别省份在运用，尚未得到全国人大及其常委会的肯定。一些政府网站质量不高，公布的信息不全面、信息更新不及时，同时缺少网上办公、网上审批等行政服务功能，这些都不利于政府网站在促进政务公开让权力在阳光下运行方面作用的发挥。

民主监督制约的软弱无力导致不少地方和部门党政主要领导一言堂、家长制和个人专断现象频繁，以权谋私的腐败现象猖獗和滥用权力侵犯公民权利事件多发。

（二）我国现行民主监督存在上述问题的原因主要有如下几个方面

1. 民主和法治建设是一个长期的过程，我国目前民主和法治水平仍很低

民主监督制度体系是整个政治体系的一个有机组成部分。民主监督制度体系的现代化程度是与该国家整个政治体系的现代化程度联系在一起的。现代政治体系是民主和法治高度发达的政治体系。以分权制衡约束权力，以公民权利特别是选举权约束公共权力，以宪法和法律约束政府权力，以代议制机构监督政府权力，以媒体监督约束公共权力，以公民社会制约国家权力，以政治透明约束政治权力，这些都是现代民主政治和法治国家才完全具备的有效的权力制约手段。它的有效性在于，不存在任何不受监督和制约的权力，不存在任何不受监督和制约的官员。而在传统的专制主义和人治国家中，法律和专门的监督机关都是皇权用来约束下级官员的手段或工具，"君权神授"的思想和自上而下的任命制排斥了来自民众的监督，对至高无上的皇权和皇帝本人缺乏有效的监督和制约。专制主义政治体制无法克服这种民主监督体

制的内在缺陷，这是导致历朝历代无法走出兴亡周期律的重要因素。国民党在蒋介石领导下走向了个人专断独裁的道路，与近代世界民主政治潮流背道而驰，贪污腐败横行，民怨沸腾，最终为民众所唾弃。

1949年新中国成立后，以毛泽东同志为首的第一代领导人开始探索人人起来监督政府的民主新路，但1957年后由于国内外政治情势的变化和领导人个人权力的恶性膨胀，民主新路的探索陷入停顿并在10年"文革"中完全中断。1978年后，中国共产党把加强社会主义民主和法治建设作为自己的奋斗目标，并为此进行了不懈的奋斗。但在中国这样一个有着2000多年封建专制主义历史并背负着学自苏联模式的权力高度集中的政治体制包袱的国家，民主和法治建设必然是一个长期的过程。虽然改革开放后在民主和法治建设方面进行了长达30年的渐进改革探索，但我国的民主和法治的实现程度仍然处于较低的水平。自由的、竞争性的直接选举制是民主政治的基石，它为民众提供了向政府授权和对政府问责的最重要的手段。但迄今为止，除了人大代表的直选上升到县（市、区）一级外，各级党政领导的直选仍然停留在村一级。差额选举目前仍然局限于党政副职领导，而且带有陪选的性质，缺乏必要的竞争性和自由选择的余地。自上而下的任命制或变相任命制仍然是权力授予的主渠道。与这种授权方式，自上而下的党政监督问责体制在权力监督和制约体系中处于绝对的主导地位。各级人大的监督权由于代表人数过多、非专职化、会期过短等众多因素而难以行使。立法权、司法权和行政权之间在党委政法委统一领导下是一种分工合作关系而非相互制约的关系。司法地方化、行政化妨碍着公正司法。法律法规的司法审查或违宪审查制度尚不存在。对执政党的外部监督严重不足。党代会、党委会、常委会和书记之间关系是一种倒置的领导关系，在书记通过常委会提名推荐和审查党委委员、党代会代表的体制下，书记和常委会事实上对党委会和党代会构成一种领导和支配关系。目前阶段，民主和法治建设上存在的这些严重不足限制了已有的各种民主监督制约手段作用的发挥。

2. 我国的政治体制改革是一种渐进改革，政治体制改革某些方面的严重滞后影响着民主监督制度体系功效的发挥

民主监督体制乃是政治体制的一个重要组成部分，政治体制改革的优先顺序选择和进程直接影响着民主监督体制的完善程度。我国政治体制改革的优先顺序依次是行政改革、公共服务改革和政治改革。改革开放以来，我国先后进行了六次行政改革，其主要内容是精简机构和人员，转变政府职能，同时中央政府也进行了一轮行政审批制度改革。这种行政改革较好地适应了我国经济发展和经济体制改革对政治体制改革的要求，收到了较好的效果。90 年代中期以后特别是进入 21 世纪后，我国积极推进财政体制和公共服务体制改革，努力建立现代公共财政体制和服务型政府，减少教育、医疗、社会保险等基本公共服务供给中的城乡差别和地区差别。这种财政体制改革和公共服务体制改革较好地适应了经济社会协调发展与和谐社会建设对政治体制改革的要求。在较为纯粹意义的政治改革中，党和政府积极推进政务公开和党政领导干部选拔任用制度改革，积极推进农村和城市基层群众性自治组织的民主选举，初步满足了公民对知情权和参与权的要求。而党政领导体制改革、人大改革、选举制度改革、司法体制改革、党内监督和行政监督体制改革、新闻管理体制改革、民间组织管理体制改革等高度敏感、复杂、艰难的政治改革则被放在比较靠后的位置，进展相对来说比较缓慢。这种先易后难逐步深入的改革策略，有利于保持改革者对改革进程的掌控和纠错，有利于实现新旧政治体制的平稳过渡，因此具有自身的优点。但同时我们也应当看到，政治体制改革中一些比较核心的、难度较高的内容长期严重滞后使得现行民主监督制度体系在监督和制约权力方面出现了一些难以克服的体制机制性障碍，降低了现行民主监督制度体系的效能。

（1）权力过分集中的党政领导体制尚未得到根本改变，对各级党政主要领导难以进行有效监督

邓小平早在 1980 年就曾对这种权力过分集中的领导体制进行过鞭辟入里

的分析。他指出:"权力过分集中的现象,就是在加强党的一元化领导的口号下,不适当地、不加分析地把一切权力集中于党委,党委的权力又往往集中于几个书记,特别是第一书记,什么事都要第一书记挂帅、拍板。党的一元化领导,往往因此而变成了个人领导。"[1] 1980 年邓小平吹响了党和国家领导制度改革的号角,1987 年党的十三大提出了党政分开的具体方案。党政分开在实践中遇到了巨大的阻力和不小的问题,相关改革被搁置。地方各级党政一把手分别掌握着人事权和财权,副职领导难以对他们进行监督。人大、政协既要接受同级党委领导,又在编制和经费等问题上受制于同级政府,难以进行有效监督。强调一把手负总责的责任约束机制促使各级各部门一把手将各种权力都集中到自己手中。这样,对一把手的监督成为一个老大难的问题。对"一把手"监督的一项问卷调查表明,有 39% 的人认为"很难,根本无法监督",52.1% 的人认为"能监督,但比较难",两项合计高达 91.1%。[2] 另一项问卷调查表明,有 94% 的人认为对"一把手"难以监督。[3]

(2)将专门的监督机关置于监督对象直接领导之下的管理体制限制了他们监督的效能

目前我国地方各级纪检监察、审计、检察等专门监督机关都不约而同地实行双重领导的管理体制。作为党内监督专门机关的各级纪委由同级党代表大会选举产生,却受同样由党代会选举产生并理应受纪委监督的同级党委领导,在人事上缺乏相对于同级党委的独立性,上级纪委的领导只是业务上的领导,这样同级纪委就难以对同级党委特别是主要领导实行监督。行政监察机关和审计机关是负责对行政机关和行政首长进行监察和审计的专门机关,它们本应隶属各级人大但却隶属于行政权序列并向同级行政首长负责,上级

1.《邓小平文选》第 2 卷,北京:人民出版社 1994 年版,第 328—329 页。
2. 福建省委党校课题组:《关于加强对权力制约和监督的调查与思考》(游龙波等人执笔),载《中共福建省委党校学报》,2003 年第 12 期总第 272 期,第 68 页。
3. 韩基灿等:《关于加强对权力制约和监督的调查与思考》,载《延边党校学报》,2005 年第 1 期总第 20 期,第 54 页。

监察机关的业务指导关系并没有改变行政机关自己监督自己的弊端。作为法律监督机关的检察机关既要接受同级人大的领导，又要接受同级党委的领导，还要在编制、经费上受制于同级地方政府，上级检察机关的业务指导和人事认可权并没有改变检察机关独立性不足的问题。专门监督机关的现行管理体制使得监督主体从属于监督客体，缺乏应有的独立性和权威性，因而出现对同级党政领导不敢监督、不能监督、不便监督的问题。[1]

（3）"议行合一"的权力配置方式使得决策、执行、监督权缺乏既相对分离又相互制约的分权制衡机制

我国各级党委和人大都实行的是"议行合一"的领导体制，决策权、执行权和监督权集中于同一个机构和同一批人手中，缺乏权力的合理分割和相互制约。各级党委常委会通常由来自党务系统、人大、政协、政府的主要领导组成，党委常委会作为领导核心担负着集体决策的功能，集体决策后各位常委分头负责执行，对执行结果的监督也是由党委常委会负责的，党内监督、人大监督、政协监督都是在党委常委会领导下进行的。我国人大实行的也是"议行合一"的领导体制。人大作为法理上的最高权力机关，拥有立法权、人事任免权、重大事项决定权、监督权，既是立法者又是监督者，还拥有自己的执行机关，从制度设计的法理上看它的权力是一种广泛的、无限的、不可挑战的权力。[2]三权合一的权力配置结构，使得对领导者的决策失误和权力滥用的外部监督无从进行，对执行权的监督也难以有效开展。将所有的权力都集中于同一个机构和集中于同一个人一样，都是一种缺乏分权制衡的专断的权力，都会出现权力滥用的可能性。

---

1. 参阅王彦军：《我国现行民主监督制约机制的主要弊端与缺陷分析》，载《理论导刊》，2003 年第 9 期，第 37—38 页；山东行政学院课题组：《当前我国民主监督与制约机制薄弱的机理分析》（高学栋等人执笔），载《山东行政学院山东省经济管理干部学院学报》，2005 年第 5 期总第 70 期，第 5—6 页。
2. 黎仕勇、马砚：《论完善我国民主监督制度体系的几点设想——兼论我国的违宪审查制度》，载《云南行政学院学报》，2004 年第 3 期，第 80 页。

（4）新闻和网络舆论监督缺乏有效的法制保障

我国目前的新闻管理体制，更多地是强调事前审查而非事后追惩，更多地强调媒体的正面宣传和舆论导向功能而非批评监督的功能，更多地依靠政策性文件、行政性干预和人事任免权而非法制化的管理手段来管理传统媒体和新媒体，针对新闻媒体和互联网的禁止性规范多而保护性规范少。由于缺乏"新闻法"和"新闻侵权责任法"等媒体生存和发展所需的基本法律，新闻自由得不到法律的保障，舆论监督的正当权利得不到法律的保护。[1] 这样舆论监督发挥的效力主要取决于各级领导人是否支持舆论监督和支持的力度有多大。新闻舆论监督的制度困境导致对下监督多而对上监督少，被群众形容为"见了兔子就开枪，见了老虎就投降"。

（5）公民监督缺乏有效的权利保障机制

公民监督的效力取决于公民的政治权利是否得到有效的保障。与公民监督直接相关的权利包括知情权、批评权、保护权等。我国在政务公开保障公民的知情权方面取得了很大的进展，但诸如各级政府财政预决算的细目公开、党政领导干部家庭财产收入公开等内容仍未实现，而这些都是公众有权利知晓的。对公开宣传报道的纪律约束，使得民众的不满和批评很难通过公开的方式表达出来。对因批评性言论而受到打击报复的行为缺乏法律保护措施。由于缺乏"举报人权益保护法"等专项法律，不少公民因担心受到打击报复而宁愿选择沉默而不敢行使检举、揭发、控告、信访等法定的监督权利。例如，某省总工会的一项调查显示，当问到公民发现官僚主义和腐败现象时怎么办的问题时，只有 39.2% 的受访者表示要"通过正常渠道批评检举"，更多的受访者担心遭到打击报复而缺乏行使监督权利的勇气和行动。[2]

1. 傅宁、王永亮：《舆论监督和政治文明——中美比较研究》，载《石油大学学报（社会科学版）》，2003 年第 3 期，第 78—82 页。
2. 马郑刚：《缺乏监督的权力与缺乏权利的监督》，载《科学社会主义》，2005 年第 5 期，第 35 页。

3. 加强民主监督和制约的探索中既有成功的经验也有失误和教训

改革开放以来，为了提高民主监督的有效性，在加强民主监督方面进行了不懈的探索，取得了不少成功的经验。例如，吸收世界政治文明特别是民主监督制约的先进成果，提出了发展社会主义民主政治、建设社会主义法治国家的奋斗目标，提出了建立决策权、执行权、监督权既适度分离又相互制约的权力运行机制的新思路，大力推进政务公开，积极发展选举民主和协商民主，推进电子政务建设等。但我们也要看到，在加强民主监督制约方面，我们也有不少教训值得汲取。这些教训包括：民主监督制度体系建设中重视党政系统内部的监督制度体系建设，忽视社会监督制度体系建设；重视发挥专门监督机关作用，忽视人大监督、政协监督、媒体监督和公民监督；重视领导干部的自律约束，忽视他律约束；重视对腐败和权力滥用的制度预防而忽视技术预防；重视规章制度的时效性和数量，忽视法律法规的规划协调和质量控制；将加强权力监督和制约简单地等同于加强专门的监督机关的权力；将加强专门监督机关的权力简单地等同于提高其行政级别，增加其机构和编制，对其实行垂直管理等。

我国在民主监督方面存在的问题是政治发展和政治体制改革过程中出现的问题，这些问题需要在发展民主政治、深化政治体制改革的过程中逐步加以解决。

三、关于进一步加强民主监督的思考

从政权系统内部自上而下的行政监督走向民主监督，是民主政治发展潮流的内在组成部分。中国已经确立了建立社会主义民主政治和法治国家的目标并走在民主化的道路上，加强民主监督乃是健全完善权力监督和制约机制的努力方向。

笔者结合自己对十三大以来我们党历届党代会政治报告的学习，就进一步加强民主监督问题提出若干建议。

（一）在党委、政府、人大、政协之间合理划分决策权、执行权、监督权

党的十三大报告提出政治体制改革的关键首先是党政分开，党政分开主要是党组织和政权组织的职能分开，党的领导主要是政治领导，"即政治原则、政治方向、重大决策的领导和向国家政权机关推荐重要干部"。[1] 这种政治领导是相对于党直接对社会和国家政权机关发号施令的行政化领导方式而言的，它本身就包含了组织领导和思想领导的内容。在我们党掌握政策制定权和人事提名推荐权从而保持政治领导的前提下，可以在党委、政府、人大、政协之间合理划分决策权、执行权、监督权，形成比较科学的政治权力运行流程。[2] 具体设想见下表：

表 1　中国政治权力运行流程

资料来源：笔者设计

按照这一流程表的设想，各级党委处于政治领导的中心位置，负责提出

---

1. 赵紫阳：《沿着有中国特色社会主义道路前进——在中国共产党第十三次全国代表大会上的报告》（1987 年 12 月 25 日），载于新华网新华资料：http://news. xinhuanet. com/ziliao/2003 - 01/20. content_697061 & 697069. htm，发布日期：2003 年 1 月 20 日，浏览日期：2008 年 3 月 6 日。
2. 有兴趣的读者可参阅陈国权：《政治监督论》，上海：学林出版社 2000 年版。

重大的政策建议和提出国家政权机关推荐人选。随后与民主党派通过党际协商、政协会议等平台进行政治协商，民主党派和政协委员通过参与政策和人事协商针对政策缺失或人事疏失提出自己的建议、批评和意见。在政治协商达成共识的基础上，形成提交人大的法律建议和推荐名单。由人大对需要上升为法律法规的政策建议和人事任免方案进行审议审查，法律审议和人事审查应当尽可能公开进行以接受社会各界的监督，审议若未能通过则应发回党委重议。人大完成最后的立法和重大决策程序后，由政府负责予以执行。人大、政协通过掌握政府工作监察审计权和评议权而对政策执行情况提出改进建议。各级党委据此进行政策修正或对政府进行人事调整。在这里，人大、政协的监督权既包括执行监督又包括决策监督，既包括对政府的监督又包括对党委的监督，既包括柔性的协商监督又包括了刚性的法律监督。实现民主执政、科学执政、依法执政，要求我们党在划清党组织与其他组织职能基础上，合理划分职权，明确各自职权的侧重，各司其职，各负其责，逐步实现执政方式的民主化、科学化、法治化，在条件成熟的时候制定"政治程序法"，依法规范公共权力运行过程。

（二）通过发展党内民主来强化党内监督

党内监督的重点应当是对各级党委领导人的选举监督和决策失误监督。对各级党委领导人的有效监督需要理顺党内权力授受关系，而这就需要改革完善党内民主选举制度。首先应当逐步提升党代表和党委委员的直接选举层级，从基层逐步扩大到地方和全国党代会代表层级。党委委员、常委和书记的选举应全部实行差额和竞争性选举，鼓励候选人进行自我宣传和平等竞争，为代表和委员提供自由选择的机会。同时应实行党内民主选举和人民民主选举的二选联动，鼓励党委书记、常委通过人民民主选举分别担任政府、人大、政协等政权机关领导人，在人民民主选举中落选的提名人选应当自动失去担任党内相应领导职务的资格。这种双重选举检验是对各级党委领导人最好的监督。各级党代会逐步实行年会制，同时实行党代表常任制，使党代会和党代会代表更好地履行政策审议和对领导人的监督职能。党员和党代会代表、党委委员对常委、书记的监督需要以党务公开为前提。党务公开需要以党内法规为保证，可借鉴政府的做法及时制定"党务公开条例"，对党务公开的内容、范围、公开的方式、时效、公开的义务、知情权受到侵害时的救济措施等做出明确而具体的规定。纪委应当在决策失误责任追究和领导人不良行为监察方面发挥重要作用。各级纪委应当归属各级党代会直接领导，成为直属各级党代会的专职监察机构，取消对纪委的双重领导体制。纪委作为党内监察机构应主要负责受理党员、党代表、党委委员对党委常委、书记的揭发、检举、申诉、控告和对同级党委不当决策的投诉，依照党内法规进行独立的调查并公开发布调查结果，对不当决策进行审查并提出改进建议，调查审查结果应当交由同级党代会做出最终的处理决定。

（三）以加强监督职能为核心改革完善人大、政协制度

"共产党要接受监督。"（邓小平语）在各级党委、政府分别掌握决策权和执行权的情况下，强化人大和政协对党委和政府的监督权能是我国完善权力配置结构的一种比较现实可行的选择。[1]

各级人大对同级党委的监督包括两个方面：一是在党的政策法律化过程中通过法定的程序进行审议通过；二是对党委通过特定程序提交的政权机关领导职务拟任人选进行审查批准。人大对党委决策的这种审议监督和审查监督具有很大的改进空间。审议监督应尽可能经过立法听证会等法定程序进行，

1. 有兴趣的读者可参阅陈国权：《要加强对共产党的外部监督——学习邓小平〈共产党接受监督〉》，载《社会科学》，1999 年第 1 期，第 20—24 页；陈国权：《强化人大立法监督：我国政治民主化的现实选择》，载《社会科学》，2000 年第 8 期，第 15—18 页。

开放媒体和民众参与，吸收各方面意见，必要时可将有关法律草案发回重议。提名人选的审查监督也可通过开放的听证会等方式进行，对候选人的品行和能力进行全面审查，未能通过审查者，党委须提出新的推荐人选。审议审查监督是一项经常性的和专职性工作，为了提高审议审查质量，需要大幅度精简各级人大代表数量。全国人大代表数量不应超过 500 人，省级人大代表以 120 人左右为宜，市地级人大不应超过 60 人，县级人大代表以 30 人左右为宜，乡镇人大代表不应超过 15 人。同时人大会期一年不能少于 9 个月，人大代表应专职化，并配备专门的办公室和助手。

　　人大对政府的审查监督包括政府及其官员工作情况的监察监督和审计监督。为了强化人大对政府执行权的监督，应当将政府信访机关、行政监察机关和审计机关划归各级人大及其常委会管理，信访机关可并入监察机关。隶属人大后的监察机关主要负责受理公民对政府官员的信访、举报、申诉、控告，公开调查处理不良行政行为，提出改进行政行为建议，对违反法纪官员提出处理建议交由人大及其常委会做出处理决定。隶属人大后的审计机关则负责对公共财政和预算支出情况与政府投资或资助项目的效益进行审计监督。监察机关和审计机关继续向政府及其职能部门派驻监察和审计机构，并对派驻机构实行统一管理。人大对政府及其领导人工作的审查结果应当成为党委修正决策和调整政府人事的重要依据。

　　民主党派和各级政协对同级党委和政府的监督应当包括决策过程中的协商监督和执行过程中的评议监督。协商监督和评议监督应当走向制度化。条件成熟时可制定"中国人民政治协商会议全国委员会和地方委员会组织法"，实现各级政协的组织结构、机构设置、职责法定化，并制定"共产党与民主党派党际监督法"将这些年来一些好的协商监督做法上升为法律。协商监督的重点应当转向对党和国家的重大方针政策有无缺失遗漏、领导干部履行职责有无不当疏失等内容，通过提出善意的规劝、提醒、建议，发挥匡正违失、完善决策的作用。为了鼓励批评和说真话，提高协商监督的质量，协商监督

应当通过闭门会议、"民主党派、政协监督意见专报"和"监督意见反馈情况专报"等方式进行，同时建立批评性言论免责制度。对民主党派和政协委员履行协商监督和评议职责情况应当建立合理的评价和激励机制。[1]人大和政协的会期可错开，政协会议可在党代会之后、人大会议之前召开，深入听取民主党派和政协委员对政府工作的批评、意见和建议，随后再召开人大会议，对政府工作进行审议。

（四）完善公民权利保障机制加强公民监督

加强公民监督的关键是要完善公民权利保障机制。应当在宪法中明确正当法律程序原则，并通过制定"行政程序法"等单项法律把这项原则具体化；同时在宪法中明确"法不禁止即自由"的公民权利保留原则，不断丰富公民权利体系内容；建立宪法诉讼体制，完善公民权利救济制度。[2]为了保障公民对权力滥用和贪污贿赂等腐败行为的信访、举报权，可制定"信访、举报人权益保护法"，规定信访举报保密措施、信访和举报人权益受到损害的投诉程序、认定机构、赔偿机制、救济措施等，为信访、举报人提供周到的法律保护。同时应该按照十三大报告的要求，建立各个层级的社会协商对话制度，将体制外的集体抗争行为纳入体制内有序释放，通过领导下访制度和官民协商对话制度，及时解决群众关心的热点、难点问题。公民监督最有力的是选举监督。这就需要发展选举民主，为公民行使选举权提供制度保障。各级政府领导人都应该通过自由的、竞争性的和直接的选举方式产生。人大代表的选举更应如此。自由的、竞争性的直接选举应尽快提高到乡镇和县级政府领导层级，并逐步向上延伸。

---

1. 曾宪初：《在非民主监督与有效监督之间——关于我国民主党派的民主监督问题》，载《中央社会主义学院学报》，2006 年第 5 期总第 143 期，第 155 页。
2. 汪海：《简论我国公民权利监督国家权力的法律完善》，载《甘肃社会科学》，2006 年第 5 期，第 177—178、176 页。

（五）改进新闻和互联网管理体制为舆论监督提供法制保障

在对公共权力的外部监督中，最为有力的监督就是媒体监督和网络监督。没有新闻自由，就没有真正的舆论监督。为此需要改革完善新闻和互联网管理体制，尽快制定"新闻法"和"新闻侵权责任法"以及互联网发展和管理基本法，促使新闻管理走上法治的道路，[1] 依法保护新闻自由和媒体的舆论监督权。新闻管理首先要明确新闻媒体的定位。新闻媒体应该是社会公器和人民喉舌，找准这一定位，对新闻媒体的管理才会更加科学。对新闻媒体包括新媒体的管理需要从纪律管理走向法律管理，从事前审查和自我审查走向事后追惩与同行约束，从禁止性规范为主走向授权性规范为主，鼓励新闻同行的良性竞争和相互批评，同时依法进行监管坚决制止媒体业的垄断和不正当竞争。"新闻法"应当对记者的调查采访权、批评性报道的发表权给予法律的保护，对于侵犯采访权和报道权的行为提出法律制裁措施，为受到侵害的媒体及其从业人员提供权利救济措施，同时也要明确新闻报道严重失实的法律责任。"新闻侵权责任法"应当为媒体对公众人物特别是党政官员的批评提供法律保护。可借鉴国外相关司法判例做法，在该法中规定凡是涉及选举或政治任命产生的党政官员的诽谤或名誉侵权的诉讼中，原告负有举证责任，在有证据证明报道事实错误的同时还必须证明报道确实出于恶意，同时允许媒体对批评性或调查性报道的消息来源和证人保密。

（六）改革民间组织管理体制为民间组织监督政府提供制度保障

公民社会制衡政治国家主要靠公民社会组织或民间组织来完成。以公民

---

1. 傅宁、王永亮：《舆论监督和政治文明——中美比较研究》，载《石油大学学报（社会科学版）》，2003 年第 3 期总第 19 卷，第 81 页。

社会约束公共权力要求改革现有的民间组织管理体制，取消那些旨在控制民间组织并限制其发展的不合理的规定，努力为民间组织的生存发展提供权利保障和基本服务，同时加强对民间组织履行社会责任的监管。党和政府应当鼓励成立各种以促进政治透明、政府改革、监督政府、政策倡导为己任的民间组织，推动民间组织通过人大、政协等合法途径反映自己所代表的那部分社会成员的利益和要求，保护民间组织对公共政策和公共官员的批评权利。

（七）调整专门监督机构的设置增强其独立性和权威性

各级纪委领导体制改革的方向不是实行垂直管理，而是由同级党委领导改为由同级党代会领导，这是因为二者都是由党代会选举产生的并且纪委负有监督同级党委的责任，理应直接对同级党代会负责。有人担心这样会形成党内双头政治，产生无法调和的矛盾，这种担心不是没有道理。这就需要调整纪委的职能，将纪委改造为党内准司法性质的监察机构。作为党内监察机构，纪委的主要任务是受理党员、党代表、党委委员对同级党委书记和常委的检举、揭发、控告，对党的领导干部违纪的事实进行独立的调查。纪委只享有调查权而没有处分权，处分权由同级党代会或党委全会掌握，并通过类似司法审判的方式进行，允许当事人或其律师为自己进行辩护。

将监督行政权的专业机构设立在行政机关内部是不适合的。为此可考虑将信访机关、行政监察机关和审计机关划归人大及其常委会领导。监察机关和信访机关可以合并，新机构可称为监察专员公署。监察机关和审计机关负责人可由同级党委通过政府行政首长提名适当人选，由人大任命并向人大负责，监察机关和审计机关的人事管理独立于政府，经费预算由人大直接拨付。监察机关和审计机关向政府行政机关派驻专门机构和人员的体制应继续实行，派驻机构和人员在编制、经费等各方面完全独立于监察、审计对象，监察、审计机关对派驻机构实行统一管理。

（八）推进司法体制改革强化司法监督职能

利用司法权来制衡立法权和行政权是世界各国一种比较普遍的做法。以司法权制衡立法权和行政权最有效的做法是在宪法中赋予司法机关以司法审查权和违宪审查权，通过司法案件审理对政府行政法规和人大颁布法律是否合乎宪法关于公民权利保护的精神进行个案审查并提出自己的司法解释。这是一种被动的事后的审查，它为公民维护自己权利提供了最后的屏障。[1] 为此可以成立宪法法院或在全国人大设立宪法委员会，受理公民依据宪法条款维护自己权利的诉讼请求，激活宪法的公民权利保护功能。为了保障司法机关依法进行独立审判，各级党委政法委可考虑改组为法官任用和惩戒委员会，对法院的领导由业务领导改为法官任免奖惩建议权，人大则掌握法官任免同意权。法院的机构和编制的决定权、法院的经费和法官的待遇应当由立法机构制定法律加以专门的规定和保障，不再受制于行政机关。同时要改进人大对法院的监督方式。审判权是司法机关的专属权力，人大或人大代表应避免直接介入案件的审理，避免以个案监督的方式影响案件的审理乃至撤销、变更法院的判决。[2]

（九）进一步推进政务公开让权力在阳光下运行

党务公开也需要走上制度化的道路，可在适当时候制定"党务公开条例"

---

1. 参阅黎仕勇、马砚：《论完善我国民主监督制度体系的几点设想——兼论我国的违宪审查制度》，载《云南行政学院学报》，2004 年第 3 期，第 80—83 页；张锐智：《试论美国司法审查制在民主监督中的作用》，载《辽宁大学学报（哲学社会科学版）》，2003 年第 1 期总第 31 卷，第 121—129 页。
2. 王晨光：《浅论法院的依法独立审判权和人大对法院的监督权——宪法框架内的权力冲突及其调整机制》，载《司法改革论评》（第三辑），2002 年第 1 期，第 45—47 页。

等单行党内法规，就党务信息公开的领导机构、公开的内容和范围、公开的方式和程序、信息公开监督保障机制等作出具体的规定。

建议在条件成熟时，由全国人大制定"信息公开法"，将所有拥有公共信息的公共组织包括各级人大及其常委会、法院、检察院、监察、审计、公共企事业单位、接受政府资助的民间组织等全部纳入信息公开的范围之中，依法规定这些公共组织信息公开的内容、程序、责任，明确公民知情权受到损害的司法救济措施。

政务公开也需要进一步提高质量，事关群众切身利益的重要立法和重大决策的过程应当公开透明，各级政府预决算的细目应该公开，社会保障基金运行情况应该公开，县处级以上党政领导干部的家庭财产收入申报情况应当公开，对公开内容不及时、不真实的机构和人员要建立责任追究制度。

（十）推进电子政务建设实现技术手段与民主监督的有机结合

技术预防与制度预防相结合，是有效遏制腐败和权力滥用行为的重要途径。信息技术在民主监督过程中发挥着不可替代的重要作用，有着广阔的应用前景。从加强民主监督制约来看，我国电子政务工程建设的重点应包括以下几个方面：一是加快专门监督机关信息化建设步伐，实现与监督对象网络互联互通和信息共享，开发电子监督软件系统，实现在线监督、远程监督、动态监督、视频监控和预警纠错。审计部门已经先行一步，纪检监察、检察机构信息化和监督手段电子化需要及时跟进。二是为人大、政协、民主党派履行监督职能提供信息化手段，实现与各级党委和政府的信息资源共享，积极推广"公共预算在线监督"等行之有效的监督实践。三是努力实现行政审批网上申请、在线办理，减少人为因素对审批过程和结果的干扰，同时加快建立数字化的行政执法系统，加强对一线执法人员的电子监控。四是建立电子政务服务体系，政府面向公众提供的所有基本公共服务力争均能通过互联网、电话、电视等手段在线申请、在线受理，提高服务效率。五是加强政务信息资源的开发利用，明确信息采集分工，建立信息更新责任制，编制政府信息公开目录，及时、准确公开政府信息。

结　论

改革开放 30 多年来，中国已经从一个"全能国家"转变为有限政府。在建立社会主义市场经济体制和建设社会主义民主政治过程中，我国在民主监督方面取得了一系列重要的进展。执政党、人大、民主党派、政协、专门监督机关、司法机关、新闻媒体、民间组织和公民等九类民主监督主体开始在监督和制约权力过程中发挥各自的作用，尽管他们监督的效果各不相同。现阶段我国民主监督制度体系的特征是自上而下的纵向监督和专门监督机关的监督发挥着主要的作用，横向的分权制衡严重不足，党政系统以外的社会监督严重不足，宪法和法律在各种监督手段中的地位和作用仍很有限，这些都严重限制了我国民主监督的有效性。要提高民主监督的有效性，需要在各级党委、政府、人大、政协之间建立决策权、执行权与监督权既相互分离又相互制约的机制，强化人大、政协和民主党派的监督权能，增强专门监督机构的独立性和权威性，保障新闻自由，保障公民和民间组织权利，大力发展选举民主，同时努力将电子政府建设与民主监督结合起来。

论村务民主监督的制度创新
——以浙江武义县"后陈经验"为例

胡序杭

（中共杭州市委党校）

近年来，随着农村经济的发展，村干部违法违纪的案件日益增多，已成为影响农村党群关系和社会稳定的严重问题，特别是地处城郊结合部的一些村庄，随着城市化、工业化的不断推进，问题尤为凸显。根据村民自治的制度设计，民主管理、民主监督是对村干部实施奖惩的制度安排，但目前不同程度地存在着形式化和监督无力的问题。如何提高村务民主监督的制度水平，有效地遏制村干部的腐败行为，已成为实践中迫切需要解决的重大问题。

一、村务民主监督面临的制度困境

在村民自治中，民主监督起着整合、纠错和保护的作用。按照现行的制度框架，民主监督主要体现在三个方面：一是村务公开；二是村民会议和村民代表会议；三是村民评议村干部和村务工作。但实践表明民主监督面临着制度困境，主要表现在：

（一）村务公开缺乏制度保障

一是有关制度规定过于原则，操作性不强。《村民委员会组织法》（以下简称《组织法》）虽然明确规定实行村务公开，并特别强调财务公开的内容及时间，但只规定了原则要求、内容范围以及不及时实行村务公开或公开内容不真实的法律责任，而关于公开的程序、方式及怎样保证公开的真实性等问题，则规定不详。

二是村务公开制度实施主体错位。许多地方实施主体是村干部，缺乏村民的参与，造成村务公开重表面、轻实效，流于形式甚至搞假公开、不公开等问题。村务公开制度实施主体错位，其表现形式和原因是多方面的：有些村没有相对独立的村务管理监督机构，因而造成监督"缺位"；许多村虽然有财务监督小组或村民理财小组，但成员是村两委会指定的，往往只对村干部负责。即使村民提出一些意见，但村干部不予采纳，也没有办法，造成监督"失位"。

三是缺乏相应的制度规范。对村民所关注的土地征用款分配使用、宅基地审批、重大建设工程项目招投标、误工补贴、招待费等问题，许多村没有相应的制度加以规范，村干部说了算，因而造成村务管理混乱。

（二）村民难以通过村民会议或村民代表会议对村干部进行监督

从《组织法》的有关条文看，村民会议和村民代表会议是村的权力机构，村民可以通过村民会议或村民代表会议监督、制约村干部。但目前村民代表会议无论在制度规定还是在具体实践中，都存在一些问题：

一是《组织法》虽然增加了村民代表会议的规定，但其性质和职权规定较为模糊，没有类似《村民代表会议组织法》的形式对其具体议事规则、程序作出可操作性的规定,[1] 而且没有明确谁负责日常性工作。同时,村民会议和村民代表会议的权利缺乏能够保障的载体,以至于执行过程中存在随意性很大,相当一部分形同虚设、相当一部分作用没有充分发挥的情况。

二是村民代表会议制度存在权责错位的问题。村委会是村民会议和村民代表会议的执行机构,享有村务管理权,《组织法》规定"由村民委员会召集村民代表开会,讨论决定村民会议授权的事项"。这就使村委会成了集村务管理权和监督权于一身的组织机构,说明这一制度设计存在严重的缺陷。[2]

三是不少地方村民代表是由村两委会指派的,即所谓的"指派"与"派选"。即使村两委会不指派,也必须经过他们审定。因此,村民会议或村民代表会议的决策与监督的职能并没有真正落到实处。

(三) 在村级组织系统中缺少一个常设的村务监督机构

按《组织法》的规定,村党组织发挥领导核心作用,村民会议和村民代表会议是村民自治的权力中心和决策机构,村委会是村重大决策、村务管理的执行机构。很明显,在村级组织系统中缺少一个常设的村务监督机构。而在村务的实际运作中,村务决策权、执行权和监督权往往混在一起,村干部往往把决策过程简化,没有经过民主决策的程序,极易发生决策的失误。正是因为民主监督存在种种制度困境,使得村级公共权力的运作大多处于弱监和虚监状态,很容易出现权力变异现象,产生各种腐败问题。

二、"后陈经验"对民主监督制度的创新

村务民主监督存在的制度困境是由于制度缺失及其现有制度执行不到位

1. 张旭光:《论村民代表会议制度及其安排》,载《浙江学刊》,2001 年第 1 期。
2. 胡序杭:《关于农村党组织领导核心作用制度保障的思考》,载《长白学刊》,2004 年第 4 期。

造成的。解决问题的关键，一是通过制度设计实现制度创新；二是改善制度环境，为制度的实施创造必要的条件。

后陈村隶属浙江武义县白洋街道，地处城郊结合部。近年来，随着农村经济的发展，特别是工业化、城市化的不断推进，武义县许多村由于土地征用等因素，村集体拥有了较高的收入，村干部手中掌握的权力资源越来越多，一些深层次的矛盾和问题也逐渐显现出来，突出表现在村务管理尤其是财务管理日益成为村民关注的焦点，而约束村干部权力的制度和监督却十分薄弱，由此造成村干部违法违纪案件呈上升趋势，反映村干部问题的信访案件居高不下。

为什么民选的村干部会利用职权违法违纪，与村民产生严重的对立情绪？问题的症结在哪里？解决问题的根本出路又在哪里？针对这些问题，武义县开展了大量的调查研究，最后选择在问题较多、矛盾复杂、干群关系紧张的后陈村进行试点。经过调研，县里认识到由于村级民主政治建设的制度设计缺乏村民对村务工作有效地监督、制约机制，使民选的村干部容易以权谋私、违法违纪。解决问题的根本出路在于通过加强制度化、规范化、程序化建设，使村民真正拥有村务的知情权、决策权、参与权、监督权。2004 年 6 月 18 日，后陈村建立了村务监督委员会。在当天由村民代表会议表决通过的《后陈村村务监督制度》中规定村务监督委员会由"村民代表会议表决产生，经村民代表会议授权实施监督，并对村民代表会议负责"。村务监督委员会拥有 7 项职能：（1）坚持党的领导，对执行党的路线、方针、政策及村级各项管理制度情况实行监督；（2）列席涉及群众利益的重要村务会议；（3）对村事务、财务公开清单和报账前的凭证进行审核；（4）建议村委会就有关问题召开村民代表会议；（5）对不按村务管理制度规定做出的决定或决策提出废止建议，村委会须就具体事项提交村民代表会议表决决定；（6）协助街道党委对村两委成员的年终考评；（7）根据多数村民和村民代表的意见，对不称职的村委会成员提出罢免意见，提请村党支部，报上级党委、政府后，依法启动罢免程序。同时，村务监督委员会有以下义务：第一，支持村"两委"会正常工作，及时消除村民对村"两委"会工作的误解；第二，定期、不定期向村党支部和村民代表会议报告村务监督工作情况；第三，及时向村"两委"会等组织反映村民对村务管理的意见和建议；第四，联系村民，广泛听取意见，履行监督职责。[1]

通过文本制度以及随后的实践来看，后陈村村务监督委员会作为一项制度创新，其亮点主要表现在建立了村务民主监督的制度体系：

一是建立了村务管理制度。村务管理制度是村公共权力运作的准绳，也是村民对村级公共权力组织和村干部实施民主监督的依据和保障。《后陈村村务管理制度》和《后陈村村务监督制度》是同时制定并实施的，其内容十分广泛，涉及村集体资产管理、集体土地征用费分配使用的管理、集体投资项目的经营性收入的管理、集体建设工程的管理、财务管理、货币资金及票据管理、财务收支实行预决算管理、村干部误工补贴及通讯费补贴等的管理、财务公开及财务审计、计划生育的管理、村民建房的管理、救灾救济款物发放的管理、印章管理使用和会议记录等方方面面，主要明确了村干部在行使村务的时候，该怎么做和不该怎么做。

二是建立了村务监督制度。后陈村村务监督委员会与以往的财务监督小组、理财小组有着本质的区别。在产生的方式上，它由村民代表会议选举产生，可以更好地对村民负责；在监督工作上，它与村"两委"会处于平等地位，可对除党务工作外的所有村务活动进行监督。村务监督委员会在实践中，对大小村务实施了全程监督，特别注重对村务运作的事前、事中的监督，村里报销的每一张发票都必须经过其认可。这样，村务监督委员会就真正成为村务公开、民主监督的实施主体。同时，通过建立村务监督委员会完善了村级组织体系。

---

1. 后陈经验专题：武义新闻网，2005 年 12 月 1 日。

三是突出了村民代表会议的作用。通过村民代表会议选举产生的村务监督委员会实际上是村民代表会议常设的内在化的一个组织，村民可以通过它对村干部进行及时的、不间断的监督。这就弥补了村民代表会议制度的一个缺陷。

四是构建了村级权力制衡机制。按《后陈村村务监督制度》规定，村务监督委员会由"村民代表会议表决产生，经村民代表会议授权实施监督，并对村民代表会议负责"。村务监督委员会不参与村务管理，是村务的监督机构。从而实现了村务监督与村务管理的分离，村务监督委员会因此成为与村党支部、村委会并行的一个村级权力制衡机构。同时，为了应对村两委会不接受监督的情况，同时防止村务监督委员会滥用职权，《后陈村村务管理制度》和《后陈村村务监督制度》规定村务监督委员会可以通过五道规范性程序行使监督职权：村级制度修订程序；村务财务公开审核程序；听证程序；年终述职考评程序；村干部免职程序。村务监督委员会成员受村民代表监督。对违法乱纪、严重失职的村务监督委员会成员，经村党支部提议，村民代表会议有权予以撤换。

五是建立了相关的救济制度。如果村务监督委员会提出建议，村委会不理睬，也不召集村民代表会议时，村务监督委员会可向县、乡镇（街道）村务公开民主管理办公室寻求救济。接到村务监督委员会的救济请求后，县、乡镇（街道）7天内要派人调查，若情况属实，要责成村委会召开村民代表会议。

三、"后陈经验"给人们的启示

（一）在农村基层民主政治建设中政府要注重发挥组织和推动作用

中国社会发展的历史路径与西方社会不同，走的是一条"规划的社会变迁"的道路，必须以政治发展来推动社会发展，政府在乡村社会的发展中，注定要扮演主导角色。[1] 回顾改革开放以来农村发展的历史，包括民主政治建设的进程，可以看出改革往往起源于村庄内部，由内源驱动。但在现有的制度环境下，村务民主监督运作过程中，村民与村干部的对局无疑是一种非均衡的博弈。面对一些村干部以权谋私、滥用职权而得不到有效监督和制约的状况，村民具有推进村务公开、建立和完善民主监督制度的强烈需求，而政府在制度创新中具有强制优势、组织优势、效率优势。同时，制度创新往往影响到一部分乡村干部的既得利益，不可避免会受到某些阻力，只有通过更高权力拥有者的强制干预，诱致性因素才能转化为强制性因素，并占主导地位，才可能为持续的制度供给不足提供补救。

后陈村村务监督委员会制度的创新，首先是村民对村庄民主治理需求的强烈反映，县委、县政府对此作出了积极的回应，而县委和县政府的介入又有力推动了制度创新的实现和改革的进程，这说明在社会变革中党委和政府要注重发挥组织和引导的作用。正如中共中央办公厅、国务院办公厅《关于健全和完善村务公开和民主管理制度的意见》所指出："健全和完善村务公开和民主管理制度，县、乡党委和政府是关键。"实现村级民主监督的创新和发展是提升村民自治的一条重要路径，地方党委和政府只有正确对待村民的利益诉求，依据相关法律和制度的精神，积极推进制度创新，才能提高治理水平，缓和、化解农村社会的矛盾。

（二）制度建设的有效性在于形成能自主运行的闭合系统

一个制度体系应当包含组织、管理、监督、救济等制度。村务民主监督存在问题的主要原因，一方面在于部分村干部没有按制度办事，另一方面在

---

1. 于建嵘：《乡镇自治：根据和路径》，载《战略与管理》，2002 年第 6 期。

于制度本身的缺陷。现有的民主监督制度仅有一些制度元素，没有形成制度体系，因而无法自主地发挥作用。武义县认为制度体系应为多种制度元素通过一定机制和机构连贯起来运作的闭合系统，一套能发挥作用的制度是由制度元素内在联系构建起来，通过机制来表现，能自主运转的一个闭合系统。制度元素有别于制度本身，把分散的制度元素整合起来才能形成一个系统、科学、可操作的机制。[1] 武义县通过建立村务管理、监督制度和村务监督委员会，较好地弥补了过去村务决策、监督、管理上的结构性缺陷，形成了能自主运行的闭合系统，对推进村务管理的制度化、规范化、程序化有着重要意义。

"后陈经验"告诉我们，在制度建设中必须处理好实体性制度和程序性制度的关系。实体性制度和程序性制度既有区别，又密切联系。要使实体性制度得以有效地贯彻落实，还必须有完备的程序性制度，它是实施实体性制度的具体做法或"操作规程"。农村基层民主政治建设的制度框架中，同样包括实体性制度和程序性制度。实体性制度规定了必须实行民主监督，赋予了村民民主监督的权利。但这还不够，还必须通过建立和完善程序性制度，解决村民如何行使权利的问题。重点在于制度上的程序化和规范化，提高实际运用中的可操作性。

（三）在农村基层民主政治建设中，党和政府要重视发挥非正式组织的作用

在农村基层社会，正式组织包括乡镇党委、乡镇政府、村党支部、村委会等，非正式组织主要包括宗（家）族组织，宗教组织，农民自发的维权组

---

1. 卢福营：《村务监督的制度创新及其绩效》，载《社会科学》，2006 年第 2 期。

织以及新型合作经济组织等。当前经常出现的农民集体上访尤其是集体越级上访现象，以及部分地区出现的群体性对抗基层政权事件，已经形成了社会转型期典型的农民自发组织现象。农民自发成立的诸如"上访农民协会"之类组织，很多都不明显具备正规的组织性特征，但它是以组织形式抗衡基层政权维护农民利益的农民集合体。[1] 我们党必须提高表达民意和综合民意的能力，把社会各个阶层和最广大民众的利益诉求经过综合筛选反映在自己的纲领和政策中。党在公共事务管理中采取科学的领导制度和领导方式，积极引导非政府组织的参与，是提升党的执政能力的重要途径。在农村，面对一些村民的上访以及上访中发生的冲突事件，面对农民自发形成的上访组织，有些领导干部往往视作党组织和政府的对立面，不仅没有深入了解农民面临的实际问题，而且与农民发生了新的矛盾甚至冲突。实际上，农民的上访是他们寻求利益表达的一种诉求。农民的过激行为，大多是他们在试图通过合法途径未能解决时不得已采取的。武义县委从村民集体上访中受到启发，当村民的权益受到侵害，矛盾积累到一定程度时，就会迫使村民自发组织起来，结成经济利益和政治利益的联盟，推选挑头人物，集会、集资、集体上访，这实质上是村民自发组织实现民主权利的监督构架的雏形。与其放任自流，不如加以引导，把村民诉求民主权利的热情引导到村民自治的法律框架中来，成为党领导下的群众性监督机构。通过后陈村村民代表会议的选举，在武义县颇有名气的"上访专业户"张舍南当选为第一届村务监督委员会主任，并在村民的支持下，卓有成效地开展工作。由此，把村民体制外的利益表达方式转换为体制内的利益表达方式，从而促进了村庄的和谐。

"后陈经验"说明，党组织要提高执政能力，首先必须提高自身的合法性基础，这就要求党组织要了解和反映各个阶层和各个方面群众的利益，提高党组织整合农村基层社会的能力。要善于把村庄内部不同的甚至互相矛盾、

---

1. 何兰萍等：《农村社会控制弱化与农村非正式组织的兴起》，载《理论与改革》，2005 年第 5 期。

冲突的利益、意见，通过某种方式整合为大家都能接受的治理方式以及公共政策。党组织整合社会的能力，是衡量其执政能力的重要标尺。

四、推进村务民主监督制度建设必须进一步解决的问题

研究村务民主监督制度建设是一个涉及范围比较大的题目。除了研究制度架构以外，还必须研究与之相关的一些深层次问题。

（一）建立和完善村务民主监督的指导、管理、监督机构

政府质量是村民自治能否发展的关键之一。村务民主监督制度的创新需要政府的推动，其有效实施也离不开政府的指导、管理和监督。虽然许多地方都建立了农村基层民主政治建设领导小组或村务公开和民主管理工作领导小组，成立了由相关部门参与的协调工作机构，但存在着职责不明、"多头治村"以及相互推诿的问题，而且容易流于形式，做表面文章。《组织法》主要由民政部门负责实施，因此一些地方规定由民政部门组织协调村务民主监督的有关事宜。但一方面，《组织法》中有关村务管理和村务监督的条款，不仅限于民政部门的职能范围，另一方面民政部门工作繁杂、具体负责村民自治事宜的工作人员较少，因而出现民政部门权威不够、力量不足的问题。从武义县村务监督委员会制度的建立和推广过程来看，都是由县纪委具体抓的，产生了比较好的效果。但纪委的主要职责应该是查处违法违纪，不可能长时间的负责村民自治日常工作的调研、指导、管理和监督工作。因此，由纪委负责农村基层民主政治建设工作，虽然效果比较明显，但只能是一时的权宜之计。要完善法律规定，明确村务公开、民主监督的惩戒性制度，同时要明确村务公开、民主监督的执法主体，赋予其完整的权力，具体负责对村民自治，包括村务监督工作的指导、管理和监督。

（二）完善村民代表会议制度

村务公开是村公共权力监督的一种重要方式，但其本身也必须加强监督和检查。目前，对其检查监督主要有三种途径：村民群众的监督、村民代表会议的监督、政权机关的监督。其中，村民代表会议的监督是一种重要的途径。如果这种监督乏力，自然会影响到村民群众的监督。虽然，我们认为武义县的村务监督委员会实际上是村民代表会议常设的内在化的一个组织，村民可以通过它对村干部进行及时地、不间断地监督，从而弥补了村民代表会议制度的一个缺陷，但同时我们又认为村务监督委员会制度需要进一步完善。这种完善，不仅仅在于村务监督委员会制度本身，还在于村民代表会议制度。按照《后陈村村务监督制度》规定，村务监督委员会由"村民代表会议表决产生，经村民代表会议授权实施监督，并对村民代表会议负责"。显然，村民代表会议制度的完善程度极大地影响着村务监督委员会制度的完善程度，影响着村务监督委员会的实际运作情况。

完善村民代表会议制度，一是确立和提升村民代表会议的法律地位，使其成为村民会议闭会期间行使村民会议所赋予的决策权、监督权的常设性机构，并使其地位高于村委会；二是科学地确定村民会议和村民代表会议的召集人，解决目前制度中存在着的权责错位问题；三是建立和完善村民民主选举村民代表的制度；四是建立和完善村民代表会议授权下的重大村务村民公决制。通过完善村民代表会议制度，使村民会议或村民代表会议的决策与监督的职能真正落到实处。

（三）建立村务监督的法制保障体制

目前村务监督中存在的问题较多，与村务监督缺乏法制的保障体制有直接的关系。村务监督小组和村民理财小组是目前较为普遍的实施村务公开的监督机构，也是村民日常对村务进行监督的最主要的组织，负责监督村务公开的内容和程序。但在《组织法》和各省实施《组织法》办法中都没有对这几个由村民代表选举产生的监督机构的法律地位作出相应的规定。而以政策性文件形式出现的有关建立村务公开、民主管理和民主监督的制度意见，对于自治形式的村级组织缺乏有效的约束力，执行效果并不理想。在实际工作中村务监督机构很容易受人为因素的左右，难以发挥有效的监督作用。具体表现在，由于监督机构没有相应的法律保障，因此在实际运作中，监督机构就缺乏相对独立的组织保证。绝大多数村务监督小组和村民理财小组没有实际负责人，其活动往往听命于村"两委"会主要领导特别是村党组织书记。同时，村务监督机构缺乏必要的制度措施。尽管许多地方的村务监督机构设立后都制定了一些监督方面的制度，但这些制度能否落实却普遍缺乏制度措施的保障。由此造成了虽然有村务监督的机构，但村务公开仍然流于形式。武义县村务监督委员会制度虽然取得了较好的绩效，但也存在着制度不够完善、受人为因素影响较大的问题。因此，亟须建立村务监督的法制保障体制。一是从法律上完善村务民主监督制度，明确村务民主监督权与村党组织的领导权、村委会的执行权的三者关系，建立便于操作的运行机制；二是确立村务监督机构的法律地位，赋予必要的法定权力，同时明确其法定的责任；三是明确规定对村委会、村干部的监督约束和责任追究制度。

（四）改变压力型体制，提高乡镇在发展中的自主地位

乡镇政府作为行政体系中的最基层组织，处在整个科层组织的最底端，在现有的压力型体制下所承受的压力往往最大。由于乡镇官员都是上级任命的，因此往往唯上级命令是从，其结果是乡镇容易忽视乡村社会的利益诉求。乡镇往往通过村级组织去落实乡镇的任务，这样农民的负担问题就成为乡

（镇）村两级基层干部与农民群众之间切身利益的直接冲突。这种状况势必影响到村务民主监督的实际运作。因为，虽然村民有参与村务管理、村务监督的强烈要求，但客观地说，包括武义县在内，村民参与农村基层民主政治建设的积极性由于多种原因并没有被充分调动起来，现在村务民主监督还主要靠政府部门的指导、管理和监督。在这种背景下，目前村务民主监督的绩效基本上都是对乡镇负责与对村民负责容易一致的事项，即对乡镇利益没有影响的事项。如果遇上乡镇利益与村民利益不一致的事项，乡镇在事前是否能让村民知道，村务民主监督组织能否监督，人们有理由表示怀疑。只有改变压力型体制，提高乡镇在乡村发展中的自主地位，才能提高村务民主监督的绩效。

（原载《探索》，2006 年第 5 期）

民主监督与村民自治制度的完善

——以广东省蕉岭村务监督制度的实践为例

单 媛

（华中师范大学）

在村民自治的四个核心内容中，民主监督是民主选举、民主决策、民主管理有效实行的基本保障。它是贯穿于村庄治理运作始终的一项重要功能，是为了防止个别利益危害整体利益、维护村庄正常治理秩序、实现有效的村务管理而对村庄公共权力实施的一种必不可少的调整和控制措施。[1]但是在现阶段村民自治的运行过程中，由于诸多原因，民主监督却成了最为薄弱、最难以发挥效率的环节。在这种情况下，村官因为权力失去监督而腐败的现象屡见不鲜，且有愈演愈烈之势，如广州市黄浦区荔联街沧联社区的 5 名主要村干部敛财近千万，被央视《焦点访谈》曝光的汕头市潮南一村官在村人均耕地不足 0.2 亩的情况下圈地建豪华陵墓等等。在缺乏有效监督的情况下，任何权力都可能变成掌权者谋取私利的工具。因此，只有有效的民主监督，才能制约村委会成员的行为，否则民主决策和民主

---

1. 卢福营：《农民分化过程中的村治》，广州: 南方出版社 2000 年版，第 178 页。

管理就会变调，成为个人或少数人的行为，村民自治也会成为"村委自治"甚至"村长自治"。

中国农村改革是由农民群众的原始要求、基层干部的呼应推动以及地方和中央决策者的主动提升共同作用的结果。[1]2009 年 12 月针对河南省邓州农村基层施行的"四议两公开"作法，中共中央总书记、国家主席胡锦涛做出重要指示，强调要在总结各地实践经验的基础上，进一步完善符合中国国情的农村基层治理机制，包括建立健全既保证党的领导又保障村民自治权利的村级民主自治机制。而在同年 12 月 22 日召开的十一届全国人大常委会第十二次会议上，《村民委员会组织法（修订草案）》首次提请全国人大常委会审议，民政部部长李学举介绍说，新的草案从四个方面完善了民主管理和民主监督制度，其中包括村应当建立村务监督机构、适当启动对村委成员的罢免程序等内容。[2]应该说，一系列的迹象表明，党中央对完善农村基层治理机制相当重视。

作为经济发达、社会资源丰富的沿海省份广东省，对新农村建设的探索具有更为优越的条件，一直走在全国前列。梅州市蕉岭县，属于广东省东北部，位于韩江上游。县境东西宽 39 公里，南北长 51 公里，205 国道南北贯穿，扼闽粤公路交通之咽喉。县境四面环山，由北向南倾斜。辖蕉城、长潭、三圳、新铺、文福、广福、蓝坊、南磜 8 个镇，共 97 个村委会和 10 个居委会。全县总面积 957.1 平方公里，其中有山地 113.4 万亩，耕地 11.5 万亩，河、湖水面及其他面积 18.7 万亩。其中，山地 7.47 公顷，耕地 7433 公顷。该县是汉族客家民系聚居的地方，2004 年底全县总人口 22.5172 万人，是广东的重点台乡之一，约有"三胞"56 万人，其中祖籍

---

1. 徐勇：《农民改变中国：基层社会与创造性政治——对农民政治行为经典模式的超越》，载《学术月刊》，2009 年第 5 期。
2. 李学举在第十一届全国人大常委会第十二次会议上作关于《村民委员会组织法（修订草案）》的说明，2009 年 12 月 22 日。

在蕉岭的台胞 46 万人。自 2007 年起，蕉岭县纪委针对村务监督存在的职责不明、监督无力、缺乏管理等问题，创造性地在当地开展"村务监事会"试点工作，以扩大群众的知情权、参与权、决策权、监督权，推进基层民主制度化、规范化、程序化，实现国家力量和村庄社会力量的结合，推进民主监督的有效运行。

一、"村务监事会"的制度设计

"村务监事会"的运行是通过修订村民自治章程，建立村级事务监督机构，选举产生监事会成员，对监事会的职责进行授权并制定相应的工作制度加以落实的。

（一）成立"一个机构"，明确监督主体

村民代表会议民主推荐产生村务监事会，成员主要由廉政监督员、农村老干部老同志、县镇人大代表等具有较高威信的村民共 5 人组成，任期 1 年。规定村"两委"干部及其直系亲属不得进入监事会，确保监事会成员的"群众性"，有效避免干部既当"运动员"又当"裁判员"的现象。在监事会中设立重大事项监督组、村务公开监督组和村民诉求表达组等三个小组，各负其责、各施其"监"、协调运转。

（二）通过"二个明确"，明晰监督职责

明确监事会不参与村务决策与管理，只参与对村务的监督与检查，参与监督村级重大事项的决策。监督内容包括：审议村民委员会年度工作报告、财务收支计划，听取村民委员会的工作汇报，评议村民委员会的工作；监督

村"两委"对党和国家各项政策的执行情况，以及村民会议或村民代表会议决定事项的执行情况；监督、检查村财务收支，督促村民委员会财务公开工作；列席村民委员会有关重大事项决策的会议；深入走访群众，收集、汇总群众对村民委员会工作和村组干部的意见，将群众反映的热点、难点问题及时向村民委员会反映，并提出建议。此外，"村务监事会"的成员可以采取列席村委重要会议、开展咨询活动、查看重要事项、参与社会评价活动等多种方式开展监督工作。

（三）确保"三个定期"，规范监督程序

县纪委专门制作《"村务监事会"工作情况表》和"村务监事会"工作记录本发给各村监事会，保证监事会做到"三个定期"：每月定期将收集到的群众意见、建议汇总并向村民委员会反映，每月定期召开监事会成员会议研究布置工作，每季度定期向镇纪委反映监事会工作开展情况。对于收集到的群众意见和建议，由"村务监事会"研究处理意见，一般性诉求或反映转交村"两委"限期解决，难于解决的问题转呈镇纪委直至县纪委处理，确保事事有回音、件件有落实。

（四）开通"四个渠道"，保障监督效果

即监事会代表村民监督村干部对村级重大事项做出的决策是否"合适"；监事会成员可利用自己的威信监督村干部对群众反映的热点、难点问题处理是否"合情"、监事会秉承"实事求是、细账明算"的宗旨来监督、检查村"两委"财务预算、决算、管理、收支是否"合理"；监事会通过法律、法规、制度等正规渠道来监督村两委成员处理村务的方式、途径是否"合法"。

二、"村务监事会"的运行特点

村务监事会在运行上体现了"政府引导、社会参与"的模式，这种模式不仅能实现对村级事务、财务的监督权，还能保障将对村级权力的监督落到实处。

（一）县、镇纪委为监事会撑腰打气

由县、镇纪委组织建立村务监事会，并对监事会进行工作上的指导。此举首先改变了村民想监督但是却不知道怎么去监督的现状；其次，对监事会敢说话、能说话发挥了很重要的保证作用；最后，对监事会的制度制定和规范管理能提供更有效的指导。同时，由于监事会会长兼任本村党风廉政建设监督员，也使党在村一级监督权的有效实现得到了保证。

（二）农村"三老"助监事会树立威信

"三老"指老干部、老模范、老党员等在农村有一定威信的人，这些人深受村民信任和村干部尊重。首先，他们对监督村干部的顾忌较少，从而敢于监督；其次，他们有责任心，有公益心，相对于其他村民来说有较多的空余时间，从而愿意监督；最后他们知识水平较高、对法律、法规、政策领悟深刻，从而懂得监督。此外，监事会成员在工作中坚持公平、公正、公开的态度，秉持实事求是、一切从实际出发的作风也使得村干部时刻牢记"紧箍咒"，从而保证了有效的监督效果。

（三）对民主决策与民主管理的全程监督

民主监督通常是作为一种事后补救的方式出现在权力运作的过程中，而蕉岭县的做法是在规范村务公开制度的基础上，结合农村基层党风廉政建设，建立农村党廉信息平台，通过电视、网络、手机、电话等载体，实现对惠农政策、涉农收费、农村财务和农村重大事项的全面公开，让监督贯穿于村民委员会的村务决策、村务管理全过程之中，从而解决村务监督中不到位和有漏洞的问题。可以说，村民委员会的决策和管理到哪里，监事会则监督到哪里，这对避免农村"出了问题才监督，发现问题才处理"的现象起到了很重要的作用，监事会为村庄构建了一套不易腐败的监督机制。

（四）监事会成员的监督权能落到实处

针对发现的问题，监事会能通过比较多的渠道实现有效的监督。如就村民的要求和意见向村干部质疑，要求村干部解决问题等，而如果村干部对此不作为，监事会则可以通过向上级纪委反映、联席干群对话会或同村民协商来实现有效的监督。

三、"村务监事会"的实践绩效

村务监事会试行两年多以来，监事会认真履行职责，对村务的监督力度明显增强，使村务的监督权得以落实并形成了与决策权、执行权分列的村级"三权分立"状态，完善了村民自治的制度建设，对基层民主政治建设起到了极大的推动作用，增强了村委会的公信力，促进了当地社会的和谐发展。具体表现为以下几点：

（一）化解了基层矛盾，融洽了干群关系

"村务监事会"既是群众监督的平台，也是畅通农村信访渠道的平台，更是干部和群众的"连心桥"。通过这座"连心桥"，增进了干群感情，化解了矛盾纠纷，维护了社会和谐，保障了各项工作的顺利开展。一个试点村的支部书记、村委主任深有感触地说："通过设立'村务监事会'，促进了民主监督，推进农村基层党风廉政建设，我们尝到的最大甜头就是老百姓的误解少了、理解多了，村干部的劲头足了、工作好做了！"

（二）反映了群众心声，扩大了民主参与渠道

该县8个试点村"村务监事会"设立半年多来，监事会成员深入走访群众826人次，收集、汇总群众对村民委员会工作的意见、建议75件次，全部提交村民委员会并逐项逐件得到了解决。如试点村之一的油坑村在新农村广场建设过程中，"村务监事会"充分发挥监督作用，及时收集群众的意见、建议，提交给村民委员会，村民委员会根据这些意见、建议及时召开"两委"干部会议、党总支会议、村民代表会议进行研究，广纳良策，完善方案。从方案制定、工程资金使用到工程质量验收，"村务监事会"全程参与监督，保证了这项惠民工程保质保量完成，深受群众的好评。

（三）落实了村务公开，增强了村委会的公信力

"村务监事会"的成员，其实就是群众的代表。由于监事会参与重大决策的民主监督，使村民委员会的各项决策更加民主，财务收支更加规范，"拍脑门"、"一言堂"、"口袋账"等问题得到有效解决，损害群众

利益问题明显减少，村民委员会形象明显改善。如试点村芳心村在处置集体资产过程中，让"村务监事会"成员全程参与监督，并担任公开拍卖会的监督员，最后该村旧村址、闲置厂房等村集体资产以 17 万元成交，比标底多出了 4 万元。芳心村干部公平、公正、公开处置村集体资产，在廉政勤政中作出了表率，得到全村群众的信任和支持。在 2008 年的村"两委"换届选举中，该村"两委"干部连选连任率达 100%。

（四）提高了农民热情，促进了农村经济发展

随着"村务监事会"试点工作的深入开展，村干部的工作作风得到转变，群众理解多了，干部工作好做了，农民群众生产热情得以发挥。2009 年，全县各镇村积极落实国家强农惠农政策、多种方式探索现代农业发展之路，农业生产保持良好的发展势头。上半年全县完成农业总产值 51375 万元，增长 6.98%，其中农业增长 1.27%，林业增长 4.4%，牧业增长 13.9%，渔业增长 7.03%，农林牧渔服务业增长 4.75%。农民人均现金收入 3035 元，增长 7.1%。

四、蕉岭创新村务监督工作制度的借鉴意义

当前是我国农村基层民主发展的一个重要机遇期，强调实践、突出实践、扩大实践、健全农村民主管理制度，成为农村改革发展的重要内容。蕉岭县的村务监督工作制度是在实践中总结出的经验，对指导当前村级民主发展具有普遍意义。

（一）完善村民自治制度，加强基层民主政治建设

民主选举、民主决策、民主管理和民主监督，是农村基层民主政治建设

的一个完整体系。但在实践中，许多地区虽然已启动了民主选举这一源头机制，但民主管理、民主决策、民主监督等更为重要的后续民主机制建设却没能成功启动，从而使村级民主陷入了"瘸腿民主"的困境。因此，在保障农村基层民主权利方面还有许多文章要做。蕉岭的村务监督工作制度通过一系列机制将分散的群众组织起来，直接参与村务的决策和管理，较好地实现和保障了群众的知情权、表达权、参与权、管理权以及监督权，极大地提高了他们的自治意识和自治能力，形成了村党支部、村委会、监委会作为决策、执行、监督机构，既权力分置而又相互制衡的村民自治权力框架。尤其是以村务监事会等为载体的民主监督，克服了以往监督的缺位、失位、错位等问题，在监督内容上由原先单纯的财务监督扩展为村务监督，在监督时段上由事后监督发展为事前、事中、事后的全程监督，在监督主体上由兼职监督转变为专职监督，在监督方向上由乡镇的垂直监督延伸为村民的水平监督，加强了基层民主政治建设。

（二）预防村官腐败，巩固农村基层政权

农民群众更多是通过他们身边的农村党员和干部的言行来认识和评判整个党和国家，因此村干部作为农村自治单位的管理者，直接面对着基层广大农民，其一言一行、一举一动直接关系党和政府的形象。近年来，村干部利用职权截留党和政府的农村基础设施建设和拆迁改造、支农惠农款项，骗取农村教育和医疗卫生资金的现象屡见报端。"千里之堤，溃于蚁穴"，如果广大农村干部的违法违规行为得不到及时的监督和处理，长此以往，我们的党和政府就会面临群众的信任危机，党在农村的执政基础就会被动摇。蕉岭县的村务监督工作制度就是要有效预防村干部腐败，改善农村基层组织和广大党员干部形象；化解党群、干群矛盾，从而增强村委会的公信力，巩固基层政权，为党和政府树立良好的形象，赢得人民群众对党和政府的信任。

（三）维护群众利益，保证新农村建设顺利发展

党的十七大和十七届三中全会做出了社会主义新农村建设的战略部署，各级地方政府也出台了一系列支农惠农政策，这些政策最终能否落实，使广大农民得实惠，是新农村建设的难点，也是农村工作的热点。在此过程中，特别要注意的是遏制村官腐败，维护群众利益，促进农村经济、政治、社会的和谐发展。蕉岭县的这套村务监督工作制度，从某种程度上讲，改变了过去上级少数人对下级很多人监督效果差的状况，实现了多数人监督身边少数人的局面。再加之上级纪委的督促，会极大地增强监督效果，提高支农惠农政策落实的透明度，保证民生工程在阳光下操作，确保支农惠农政策真正落实到位、真正惠及广大农民群众，进而更好地调动群众积极支持和参与到新农村建设中来，加快新农村建设的步伐。

五、对进一步完善"村务监事会"制度的建议

"村务监事会"的建立，是村民自治进程中出现的新事物，使村级组织由"二元分立"转变为"三权分立"，进一步完善了村级治理模式，推进了村民自治的进程。实践证明，村务监事会适应了村民自治发展的需要，为村级各项工作的有效开展带来了可靠的制度保障，但在今后还应进一步加强与完善。

（一）规范监事会的监督权力来源，保证监事会的监督权力

保证监事会对村干部进行有效监督，最重要的因素就是要保证监事会的监督权力，而监督权力能否发挥作用的一个重要因素，就是要有能对被监督

者进行一定惩戒的权力。因此，保证监事会监督权力可以从两个方面考虑：一方面是保证监事会由村里有权威的人组成，让村干部因为对监事会成员的"敬"（尊敬）而愿意被他们监督；另一方面是保证监事会掌握一定的能对村干部进行惩戒的监督权力，让村干部感觉到"畏"（畏惧），而不敢不让他们来监督（见图1）。

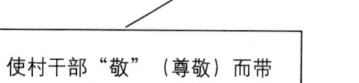

使村干部"敬"（尊敬）而带来的监督权力：

1. 村干部对监事会"敬"（尊敬）而愿意接受监事会的建议和监督。

2. 监事会代表村民站在公正、合法、实事求是的立场上对村干部进行监督，村干部难以拒绝监事会的监督。

使村干部感觉到"畏"（畏惧）而带来的监督权力：

1. 来自上级纪委的支持和工作指导，主要可以在监事会的事前监督上发挥作用。

2. 监事会参加村干部的大小决策，督促村干部合法、公平、公开、公正地处理村务。

3. 来自村领导的授权，如可以考虑让监事会成员或成员之一兼任召集组成员或组长，必要时可以召集召开村民代表会议对村干部进行罢免或否决村干部的决策。让村干部不敢不重视监事会的意义和监督。

图1　监事会监督权力来源示意图

由此我们可以看出，要保证监事会的监督权力，就必须做到：（1）对监事会成员的推荐和确定过程把好关，确保推选产生的成员对村干部的监督能够真正拥有"敬"（尊敬）带来的监督权威；（2）增强监事会监督的主动性，保证监事会在监督中采取实事求是和公正的态度；（3）使来自村民的授权发挥更大的威慑作用，如处理好监事会与村民会议召集组之间的关系，可以考虑由监事会成员之一兼任村民大会召集组组长等。

（二）规范监事会监督流程，促进监事会有效发挥监督作用

根据监事会对村务处理的事前、事中、事后监督三个方面以及监事会运作方式，我们可以对监事会的监督流程进行概括（见图2）。

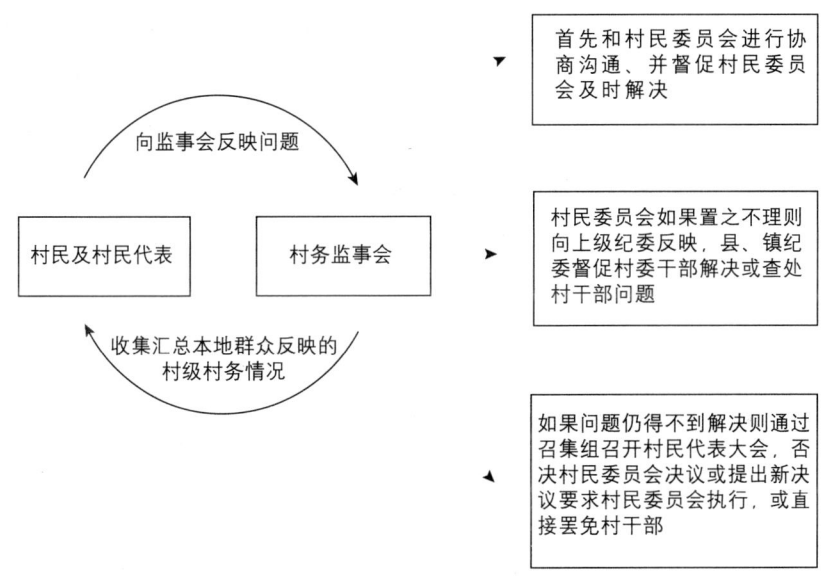

图2　监事会监督流程图

从图中我们可以看出，要保证监事会发挥有效的监督作用，就必须保证上图中各个环节都有效运行，具体要做到：（1）要通过宣传加强村民对监事会制度的理解，以增加村民对监事会的信任，愿意向监事会反映问题；（2）监事会要主动收集汇总村民的意见，确保了解的情况真实、可靠；（3）上级纪委要加强对监事会工作上的指导，发挥为监事会"撑腰"的作用；（4）监事会自身拥有一定的权力解决问题，例如可以考虑让监事会能够通过一定的方式要求召开村民代表会议，否决村民委员会决议或提出新的决议，并要求村民

委员会执行，对于问题严重的村干部，监事会可以联合召集组织召开村民会议，直接罢免村干部。

（三）建立对监事会监督工作的评估制度，避免监事会流于形式

为了避免监事会因为怕得罪村干部而不敢监督，因为和村干部关系好而又随便监督，在没有起到监督作用的情况下流于形式，就需要完善监事会制度的工作评估机制。具体设想是：可以考虑在监事会没有起到监督作用的情况下，对监事会成员进行重新改选。具体来说，可以采取村民代表会议或上级纪委听取监事会年终监督报告，并对报告进行审议，如果觉得监事会并没有尽到监督的职责，则组织重新推荐和产生监事会成员，从制度上保证监事会成员有一定的责任感和工作动力（见图3）。

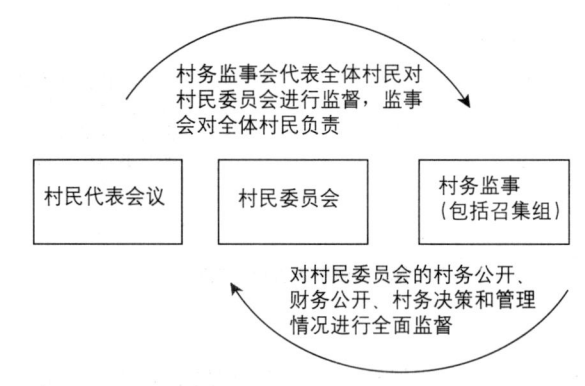

图3　监事会和村委会、村民代表会议之间的关系图

（四）加强监事会自身建设，完善监事会工作制度

首先要增强监事会的独立性，即监事会必须做到对村民委员会管理独立和态度中立，如可以考虑对监事会成员的补助由上级财政拨款、县镇纪委拨

付的方式，消除因为村财政拨付带来的经济制约；其次要增强监事会的知名度和影响力，这需要就监事会这一组织的性质、作用等加强对村民、村干部的宣传，增加村民的监督意识和村干部的被监督意识；最后要增强监事会监督的主动性和专业性，可以考虑由县、镇纪委组织对监事会成员进行定期的法律、法规、政策、财会知识培训，使他们的监督能力得到不断提高。

由此看来，一方面村务监事会是个值得推广的村级治理机构，另一方面，村务监事会的长久运作及其运作效果问题，又将遭遇严峻的考验。但是正如徐勇教授所言："万丈高楼平地起"，中国的民主得一步步走，从基层做起，把基础打牢。村民自治是最广泛的民主实践，农民群众如果把一个村的事情管好了，逐渐就会管一个乡的事情；将一个乡的事情管好了，逐渐就会管一个县的事情，逐步锻炼、提高参政议政能力。[1]

（原载《阅江学刊》，2010 年第 4 期）

---

1. 徐勇, 唐鸣, 刘义强：《究竟如何看待当前的村级民主——农村基层民主三人谈》，载《光明日报》，2009 年 4 月 1 日。

农村治理转型与制度创新

——河北省武安市"一制三化"经验的调查与思考

何增科

（中央编译局世界发展战略研究部）

1998 年 11 月 4 日，《中华人民共和国村民委员会组织法》正式公布施行。随后全国各地遵照《村民委员会组织法》关于村委会直接选举的要求举行了村民委员会换届选举。村委会直选促使农村治理开始发生从官治向官民共治和最终走向民治的转型。所谓官治是指村干部主要以国家代理人的角色管理农村事务，其工作内容主要是完成上级政府布置的各项任务，领导方式以行政命令和强制方式为主。所谓民治是指村干部发生身份或角色转换，主要以村庄当家人和村民利益保护人角色管理农村事务，兴办公益事业和公共服务成为日常工作的主要任务，领导方式以协商决策和民众同意为主，它实际上是一种村级民主治理，同时鼓励上级政府通过财政转移支付和支付村干部报酬等方式保证村级组织完成政府任务。官民共治则是村干部兼具双重身份，完成上级政府布置任务和处理村庄公共事务并重，治理方式是专断和协商、强制和同意的混合体。在农村治理的转型中，党的领导、依法治国和人民当家做主有机统一问题集中表现为村党支部委员会和村民委员会（以下简称"两委"）的关系问题。"两委"关系不协调成为各地农村一个带有普遍性的问题。能否通过制度创新协调处理好"两委"关系，直接关系到农村治理的顺利转型。许多地方在创新农村领导和管理体制方面进行了积极的探索，创造出不少好的经验和做法。河北省武安市"一制三化"工作机制就是其中一种富有特色和代表性的做法。

河北省邯郸市所辖武安市在 2000 年村委会直选的换届选举后不久即开始实施农村"一制三化"规范管理办法，即党支部领导下的村民自治运行机制；支部工作规范化、村民自治法制化、民主监督程序化。他们的做法被一些中央级媒体以"一制三化"的武安经验内部报道后，得到中央领导同志的肯定，并由中央组织部发文在全国予以推广。怀着对武安"一制三化"经验的极大兴趣，2003 年 2 月 20 日到 24 日，我们"中国地方政府改革与创新"课题组一行 5 人，前往河北省邯郸市就该市所辖武安市（县级市）"一制三化"工作机制进行实地考察和调研。[1] 课题组先后与邯郸市、武安市负责人进行了座谈。随后前往淑村镇、徘徊镇、武安镇、午汲镇进行调研，与有关乡镇负责人进行了座谈交流。课题组成员还在白沙村、古楼街村、北白石村、东竹昌村、铺上村等村与村支部委员会、村民委员会、村民代表和村民理财小组成员进行了座谈和交流。课题组同时也收集了大量有关"一制三化"的第一手资料。通过对武安"一制三化"经验的麻雀解剖，笔者对中国农村治理转型与制度创新进行了初步的分析。

一、村委会直选的冲击与回应

2000 年初，武安市严格按照新的《村民委员会组织法》规定首次以直选方式和"海选"办法对村委会进行了换届。一大批直选产生的村庄精英进入第五届村委会任职。全市新当选的 1900 多名村委会干部中，35 岁以下的近

---

1. 课题组一行 5 人包括俞可平、何增科、杨雪冬、周红云、陈家刚。课题组特别是笔者对邯郸市、武安市以及有关乡镇和村负责人对这次调研活动提供的大力支持表示衷心感谢，笔者还要对课题组其他 4 位同事表示由衷的感谢。笔者本人对文章负全部责任。

1000名，非党干部480多名，其中有非党村主任102名，占全市村主任的五分之一强（该市共有502个村）[1]。村委会直选给农村工作带来了生机和活力，同时冲击着农村现行的领导和管理体制。在村委会直选之前，武安市和全国大多数县市一样，党支部在农村处于无可争议的领导核心地位，党支部书记是村里的一把手，村里大小事务由书记说了算，村委会和其他村级组织在党支部的领导下开展工作。这样一种农村基层领导体制和领导方式在村委会直选之后受到了令许多人意想不到的强烈冲击和挑战。

首先，村委会直选增强了村委会主任的权威，而相应地党支部书记的权威则有所下降，一些农村的村级治理中二元权力结构得到强化，支村两委两套权力系统并驾齐驱互不配合。地方同志形容这种局面是支村两委"两驾马车"，工作"两张皮"。在民主政治中，权威的政治合法性来自民众的同意，同意是可以计算的，计算的结果是可以比较的，选举投票就是民众同意与否的量化表达机制。村委会直选后，村委会主任是由全村上千甚至数千民众选举出来的，而村党支部书记是由数十名党员选举出来的，村委会主任的权威大大增强，因此一些村委会主任敢于向支部书记叫板，争当村中的"一把手"，他们的做法得到不少村民的支持甚至鼓励，在争权过程中拥有心理优势。而部分党支部书记认为，共产党是执政党，党的领导天经地义，书记是理所当然的一把手，村中的大小事务应该书记说了算。这些村的党支部和村委会互不服气、明争暗斗，甚至公开对抗，出现争权、争钱、争公章、争办公用房的现象。"两委"之间的争权和相持不下，导致一些村出现支村两委"两驾马车"，工作"两张皮"，彼此各唱各的调，谁也不买对方的账的局面。"两委"争权导致农村工作陷入混乱，出现了一批乱村、难村，这些村占到该市农村总数的10%以上。[2]

---

1. 引自中共武安市委文件：《推行"一制三化"管理办法积极探索实施党支部领导下的村民自治运行机制》（2003年2月21日），第2页。
2. 见《中共邯郸市委组织部关于农村基层组织建设"百、千、万"调研情况的报告》。

其次，村委会直选也使一批村庄精英人物走上村委会工作岗位，村委会成员的年龄结构和能力都有了改善，从而进一步影响到支村两委的关系。民主选举既是一种民意的量化表达机制，也是一种优胜劣汰的精英选择机制。村委会直选中尽管也存在着这样或那样的问题，但总体来说，选民的选择趋于理性，选举的结果是一大批党内外精英人物走上村委会领导岗位。如前所述，在 2000 年武安市新当选的村委会干部中，35 岁以下的近 1000 名，非党干部 480 多名，其中有非党村主任 102 名。一些个体户、下岗工人甚至离退休干部也进入了村委会。这样村委会的年龄结构和能力、素质结构都得到很大改善。相比之下，支委会成员年龄偏大，学历偏低，带领村民致富能力不高。而支村两委的实际关系既取决于已有的制度规定，同时也取决于两委班子成员特别是一把手的能力和素质状况。支村两委班子一把手素质、能力和权力欲的对比，有四种情况，即强——强，弱——弱，弱——强，强——弱。在支村两委均为强势人物领导的情况下，两委争权的结果往往是相持不下，出现"双驾马车"；在两委均为弱势人物领导的情况下，村中工作无人负责，村级组织处于瘫痪状态；在支弱村强的情况下，村委会排斥党支部的领导，重大决策不让党支部参与；在支强村弱的情况下，党支部对村委会工作包办代替，把持村务不放，村委会处于无权地位。这四种情况都不是支村两委关系的理想状态。而且，随着村委会直选的反复举行，选民会日益超越家族和宗派利益而从全村利益出发在全村精英中进行理性选择，同时这种选举是一种开放式选举，而党内选举具有相对封闭性，由于实际选择范围有限会影响到党内精英的质量，这样支弱村强有可能成为一种发展趋势，从而对两委关系产生长远的影响。

第三，参与直选洗礼的村民参政热情高涨，同时对村干部个人专权、作风专断和村务不公开日益不满。经过村委会直选的实践后，不少村民开始了解《村民委员会组织法》关于村民民主权利的规定，他们关心村务，要求参与村务管理。而一些村干部仍然习惯于"家长制"、一言堂，对涉及村民利益

的事，不和群众商量，凡事个人说了算，结果决策正确群众不领情，决策失误群众则抵制村干部的工作。村民民主权利意识的苏醒和村干部传统的领导方式之间屡屡发生冲突，村民集体上访告状事件不断。武安市徘徊镇徘徊村支部书记为增加集体收入，未经两委班子和村民代表会议研究，便派人处理村办铁厂的闲置资产，在拆卸旧设备时发生重大事故，造成一死一伤。旧设备只卖了 5 万元，事故赔偿却花了 10 万元。一些村民认为这是支书的个人行为，不应让集体承担，并开始上访告状。[1] 有的村则因为村务公开不真实、不规范而导致群众集体上访。据武安市统计，该市农村来信来访中，告村干部为政不廉、办事不公问题的，占到 50% 以上。村民的消极抵制和集体上访，表明农村旧的领导方式越来越难以为继，治理方式的转型日益迫切。

第四，村委会直选之后，两委为争夺村务管理权而展开的"斗法"现象有增无减。村委会以直选方式完成换届选举后，新当选的村委会依据《村民委员会组织法》，要求行使法律规定该由村委会决定的各项村务管理权。而党支部则依据 1998 年通过的《中国共产党农村基层组织工作条例》，强调党支部对村务工作的领导权。而村务管理权和村务领导权在很大程度上是重叠的，如村务决策权、公章使用和管理权、财务审批权等。无论是《村民委员会组织法》还是《中国共产党农村基层组织工作条例》都没有就村委会和支委会的具体职责权限作出明确划分并对村务工作运行机制作出具体的、可操作的规定。这样两委"斗法"的结果是，"公说公有理，婆说婆有理"，双方都能找到法律或政策文件依据。这实际上是一种制度短缺现象，反映出缺乏将党的领导和村民自治有机结合的村务工作运行机制和相应的法律规范。

最后，民选产生的村委会主任的村庄"当家人"角色意识和维护村民利益的"保护型经纪人"角色意识明显增强，这种角色意识支配下产生的行为取向对传统的乡村关系提出了挑战。徐勇教授在村民自治研究中提出村干部

---

1. 引自武安市徘徊镇党委《关于推行"一制三化"工作机制的情况汇报》（2003 年 2 月 21 日），第 2 页。

同时扮演着国家代理人和村庄当家人双重角色的观点。杜赞奇提出地方精英人物在国家和社区之间处于"中间人或经纪人"的位置，他们在帮助国家或保护社区的同时也实现自己的利益，他们既有可能成为"赢利型经纪人"即借助政府力量以谋利者，也有可能成为"保护型经纪人"即在与国家打交道过程中维护社区人民利益者。[1] 他们的观点对于分析村干部的价值取向和行为方式具有一定的启发性。应该说，在村干部身上这种双重角色同时存在并引起村干部内心的矛盾和冲突。而实行村委会直选后，村委会干部特别是村委会主任的村庄当家人角色意识和维护村民利益的保护人角色意识明显增强，而国家代理人角色意识和赢利型经纪人角色意识显著淡化。而支委会特别是支部书记则更多地扮演着上级政府"代理人"和"赢利型经纪人"角色，村干部双重角色的矛盾和冲突外化为支村两委特别是书记和主任的矛盾和冲突。此外，在与乡镇党委和政府打交道的过程中，村委会在完成上级任务和维护村民利益有矛盾时，往往站在维护村民利益一边，对上级布置的工作任务合意的就执行，不合意的就推掉，使乡镇领导甚感头痛。乡镇领导在这种情况下，更多地依靠村党支部来完成各种工作任务，同时在"两委"争执时有意无意地站在党支部一边。

村委会直选对传统农村领导体制和领导方式带来的冲击和挑战在全国具有一定的普遍性。为了回应这些冲击和挑战，许多地方政府都在进行创新农村基层领导和管理体制的探索，并涌现出不少好的经验和做法。这些做法包括：山西省河曲县首创并为许多地方所效法的"两票制"选举产生农村党支部书记的做法，这一做法被中央组织部规范为"两推一选"产生农村党支部书记的办法并要求在全国加以推广；还有一种是按照中央文件关于农村选举"四个提倡"原则精神实行二选（村委会选举和支委会选举）联动、交叉任

---

1. 吴毅：《"双重角色"、"经纪模式"与"守夜人"和"撞钟者"——来自田野的学术札记》，载于中国农村村民自治信息网"理论研讨"栏目：http://www.chianrural.org（访问时间：2013 年 4 月 19 日）。

职、"一肩挑"的做法，山东、广东等地采取这种做法，但具体做法上又有"从村支书到村主任"和"从村主任到村支书"的不同；四川、广东、湖北等省还把民主选举引入到乡镇党委和政府领导的产生方式中，出现了乡镇长直选、公推公选乡镇长和党委书记、海推直选乡镇长、三轮两票制选举产生乡镇长等做法。郭正林先生在综合"两票制"和二选联动机制优点的基础上，提出了协调农村党政关系或两委关系的制度化机制，这就是：首先启动"从村支书到村主任"的机制，要求村支书参与村主任竞选，竞选成功者继续保留村支书职位，对于那些不敢参与竞选村委会主任的村支书，党内应该撤换；其次启动"从村主任到村支书"的机制，这就要求全体党员参与村委会选举，当选的党员村主任以其得票最多，既成为村委会主任，又成为村党支部改选的首位候选人；第三是启动"两票制"，假如当选的村主任不是党员，那么就应该随后实行"两票制"选村支书和村支部，把无能的村支书选下来，与此相适应，党支部和村委会的任期应该保持一致。[1] 应该说，这是实现农村治理从官治向民治转型一步到位的比较理想的制度化解决方案，符合中央"四个提倡"的原则精神，代表着村级民主治理的一种发展方向。但是这一方案在实践中遇到的阻力也比较大。

河北省武安市委在支村两委换届（支委在 1999 年先行完成了换届）不同步的情况下，面对村委会直选带来的多方面的冲击，也进行了多方面的回应。首先，他们在选任党支部班子成员的过程中，引入了"两推一选"的办法，先后有 490 名致富能力强、带富能力强的优秀党员进入支部班子，其中有 68 人担任支部书记。实行"两推一选"增强了党支部的政治合法性和权威，同时也吸纳了一批党内精英进入支委班子提高整体素质和能力。其次，学习山东经验，积极推进"两委"成员交叉任职，引导支部班子成员依法参选村委

---

1. 郭正林：《中国农村权力结构的制度化调整》，原载《开放时代》2001 年 7 月号，转引自华中师范大学中国农村研究网：http://www.ccrs.org.cn/big/zgncqljgdz.htm。

会成员，把村委会成员中的党员吸收到党支部班子中来。目前，该市农村"两委"成员交叉任职共 680 人，占 22%；支书、主任"一肩挑"的村 98 个，占 19%。"两委"交叉任职对于协调"两委"关系可以发挥一定作用。最后也是最有特色的是实行"一制三化"规范管理办法。他们在"两委"选举不同步的情况下，实行支部主导、"两委"共治、村民参与监督的模式来化解村委会直选带来的冲击。武安市的"一制三化"规范管理办法作为一种村级治理从官治向民治转型中官民共治的过渡性制度安排，震动较小，易于为各方所接受，因而不失为一种优选方案。

二、"一制三化"的出台、实施与推广

武安市"一制三化"规范管理办法作为一种成功的制度创新，它的出台具有以下几个特点。

首先，面对制度短缺所产生的种种问题和不便，制度供应方和制度需求方在制度供给上产生利益交集。如前所述，村委会直选后，武安市有 40 多个村成为矛盾多发的乱村、难村，一些文明村、红旗支部出现支部工作滑坡现象，一些支部书记产生撂挑子思想，少数新当选的村委会主任感到工作难做，不少村民轮番上访告状，乡镇党委和政府在农村的工作同样遇到很大困难。农村工作中两委关系如何理顺、事怎么议、钱怎么花、公章如何管理、群众怎么参政议政等成为急需加以解决的具有共性的问题。可以说，在呼唤产生能够理顺"两委"关系和规范村务运行的新的工作机制方面，县乡两级政府、"两委"干部和村民的利益是一致的。这种利益和需求的交集成为创新农村基层领导和管理体制的强大动力。

其次，深入调研，大胆探索，搞好试点，做好总结，是成功的制度创新必不可少的环节。邯郸市委在 2000 年村委会换届选举后，把武安、邯郸等县市作为试点单位，鼓励他们积极探索农村基层工作新机制。针对 2000 年初村

委会直选后出现的新情况、新问题，2000 年 3 月武安市委领导带队，对 23 个"两委"关系不协调的村进行了摸排调研和认真分析，认为产生问题的根本原因在于农村工作运行机制不健全，党在农村的领导方式和执政方式不适应。他们选择淑村镇白沙村、武安镇古楼街村等 6 个"两委"关系协调的村街作为示范点，总结出这些村的成功经验主要是"两委"干部定期碰头、以岗定人定责、议事决策程序化。2000 年 5 月武安市委和组织部同志在此基础上，根据《中国共产党农村基层组织工作条例》和《村民委员会组织法》，研究制定了《农村两委"一制三化"规范管理办法（试行）》。此前的名称是"一制解三权"，即以党支部领导下的村民自治工作机制解决党支部专权、村委会越权和村民失权的问题。

最后，简便易行实用是成功的制度创新的又一个重要环节。2000 年 5 月 23 日出台的《农村两委"一制三化"规范管理办法（试行）》对村级组织的地位、职责以及村务工作的具体程序等做了详细的规定，共计有 110 条之多。为了简便易行，邯郸市委组织部会同武安市委组织部，对有关内容不断加以精简，先精简为 96 条，到 2001 年 12 月 25 日正式颁布实行《武安市农村"一制三化"规范管理办法》黄皮书时，内容已经进一步精简为 60 条。为求实用，他们重点抓了其中四个方面的制度建设，即"两委联席会"、"财务三审"、"公章会签"、"四制监督"等。此后，"一制三化"规范管理办法的内容基本上稳定下来，没有大的变动。

所谓"一制三化"就是，党支部领导下的村民自治运行机制；支部工作规范化、村民自治法制化、民主监督程序化。《武安市"一制三化"规范管理办法》内容有 60 条之多，主要是围绕"一制三化"而做出的具体制度安排。[1]武安市的同志将其中的精华概括为"六会议事"、"财务三审"、"公章双签"、"四制监督"。"六会议事"是指支委会、村委会、两委联席会、党员大会、

1.　参见中共武安市委：《武安市农村"一制三化"规范管理办法》（2001 年 12 月 25 日）。

村民代表会、村民会议按照职责权限划分议决村中事务。村委会和支委会之间建立重大事项请示报告和及时答复制度。"两委"联席会是村级最主要的决策形式，具有广泛的决策职能。需提交村民代表会或村民会议讨论的重大事项，按照"先党内后党外"的原则，先在党员大会上通过，随后由村民会议或受其委托代行职权的村民代表会议议决通过然后交村委会实施。在这六会中最重要的是"两委"联席会，它首先由支部书记和村委会主任碰头确定议题，随后由书记召集两委联席会议集体研究形成决议并表决通过后由村委会加以实施。"财务三审"是指村财务开支票据、凭证经村委会主任审查、村民理财小组审核和党支部书记审批方可入账，三方会审缺少任何一方签字同意都不能入账。"公章双签"是指村委会公章要经过支部书记和村委会主任分别签批同意后方可使用。[1] "四制监督"是指村务公开制度、民主议政日制度、民主评议村干部制度、会计委托代理制度等。村务公开制度对村务公开的内容、公开形式、公开时间（水电费每月一次，其余每季度一次）、公开程序做了规定。民主议政日和民主评议村干部均以党员代表、村民代表、市乡人大代表和老干部为主体，他们被聘为村务监督员并接受专门培训，在一年两次的民主议政日和一年一次（一般安排在每年一次的民主议政日）的民主评议村干部活动中，对两委干部的工作进行评议、质询，民主评议的结果是对村干部使用的重要依据。会计委托代理制度是村集体在坚持集体资产所有权不变、资金使用权不变、财务管理审批权不变和自愿委托的前提下，财务管理由乡镇会计委托代理中心代管，各村只设一名助理会计履行出纳和报账职能。[2] 邯郸市委同志对"一制三化"重点内容的概括与武安市又有所差别。他们强调的是"两委联席会"、"财务三审"、"公章会签"和"四制监督"。在六会议事中，他们重点抓的是"两委联席会"，他们所讲的四制监督主要是村

---

1. 需要说明的是，邯郸市委和武安市委所共同强调的公章双签制度并未出现在试行的和正式颁行的《武安市农村"一制三化"规范管理办法》中。
2. 引自本人调研笔记：HZK - 2002 - 02 - 21。

务公开制度、民主议政日制度、民主评议村干部制度和村务监督员制度，没有把乡镇会计委托代理制度放在四制监督中。

　　一项创新性的制度安排要在实践中为参与各方所接受并推行开来，制度的设计必须能够增进参与各方的利益，产生一种共赢博弈结局，或者通俗地说要使参与各方都能有所得从而做到各方都满意。武安市上述"一制三化"规范管理办法就是这样一种力求产生共赢或多赢博弈结局的比较精巧的制度设计。制度的设计者力图通过保证党支部的领导地位和书记的一把手权威来调动村支委特别是书记的工作积极性；通过让村委会特别是主任分享村务管理权赢得村委会的合作；通过将党员代表、村民代表、老干部等体制外的精英纳入村级组织体系和村务管理活动中赢得村民们特别是村庄精英的支持；通过权力的相互制约来加强监督减少村干部腐败现象。我们具体加以说明：党支部领导下的村民自治运行机制明确规定村支书是农村的一把手，村委会要向党支部请示汇报工作，并赋予党支部书记召集两委联席会进行议事决策权、村委会公章的签批同意权和财务审批权，这些制度安排都是为了保证党支部的领导地位和书记的"一把手"权威，防止产生村支书撂挑子思想和支部工作滑坡现象。村委会主任和村支书共同商定两委联席会议题和两委联席会集体研究和表决通过村务工作决议使村委会能够分享议事决策权，财务开支和公章使用需经过村委会主任签批同意使村委会主任能够分享财务管理权和公章管理权，这种权力分享的制度安排与以往的支部专权的制度安排相比更有利于调动民选的村委会配合支部工作的积极性。定期召开党员大会、村民代表会、村民会议，实行村务公开、民主议政日、民主评议村干部和聘请村务监督员，从制度上保证了村民特别是村庄体制外精英和意见领袖对村务工作的知情权、参与权、选择权和监督权，使他们能够在村级组织体系和体制内的渠道表达自己的意见和建议，而不必上访告状，同时也使村民利益在决策过程中得到更多的考虑，从而有助于缓解村干部和群众的对立。上述权力分享和相互制约机制还有一个考虑就是尽量减少村干部从事腐败活动的机会和增加腐败活动被发现的机会。当然这一制度设计的首要目的是保证乡镇党委和政府对农村工作的领导权。在村委会直选的情况下，乡镇党委和政府主要依靠农村党支部来完成上级布置的工作任务，乡镇党委和农村党支部是领导和被领导关系，乡镇政府和村委会只是指导与协助关系，因此保证党支部的核心领导地位和书记的"一把手"权威，实际上也是保证乡镇党委和政府对村级组织的领导权，以便在新的治理机制中继续保障上级政府工作任务的完成。从总体上说，"一制三化"的制度安排是一种支部主导"两委"共治村民参与监督的制度安排，它是农村治理转型中从官治走向民治中体现官民共治特色的过渡性制度安排。

在中国地方政府改革与创新实践中，地方政府既是创新性制度安排的供给者，同时又是主要的推动者。创新性制度安排在其诞生地往往是一种自发的、内源式发展的结果，但当它在更大的范围内推行的时候，却往往主要是政府从外部加以推动的结果。地方政府作为制度创新的推动者，既有其优势，又有其不足之处，可以说是利弊互现。优势在于，地方政府可以利用自己所拥有的各种资源甚至强制手段，克服各种阻力，强力推进新制度。不足之处在于，如果其他制度参与方对制度推行的内在动力不足或缺乏参与、配合与支持，制度的推行又会流于形式。武安市在推行"一制三化"中所取得的成就和遇到的问题充分说明了这一点。

武安市委为了推行"一制三化"，采取了一系列措施。据武安市委书记杨志科的介绍，该市主要采取了以下四个方面的措施：一是统一思想，提高认识。为此，他们召开了干部动员大会，并以《武安市"一制三化"规范管理办法》作为基本教材举办专题培训班，对"两委"班子成员进行了普遍培训。他们还利用各种宣传手段，大力宣传"一制三化"。二是抓点带面，分类指导。他们选择3个镇6个村进行"一制三化"试点单位和作为典型来培养，随后组织现场观摩和经验交流会，学习试点乡镇和村的经验，带动面上工作的开展。同时针对不同类型村的情况，加强分类指导，建立健全各种规章制度，促进工作开展。三是提高素质，配强班子。他们通过实行素质教育，规定候选人学历条件，采取"两推一选"办法选干部，选派国家干部到村任职，提高村干部队伍的素质。四是加强领导，明确责任。他们建立了落实"一制三化"的市、乡、村三级目标责任制，细化目标，明确责任，定期考核，动态监控。[1] 经过这两年多的努力，"一制三化"在502个村中的规范运行面已经达到90%以上。

全面推行"一制三化"的效果如何，是否实现了制度设计者的预期目标呢？从调研中所了解到的情况来看，"一制三化"的推行在很大程度上实现了制度设计者的预期目的。首先，它强化了党支部对村务工作的核心领导地位和支部书记的"一把手"权威。17个原来存有撂挑子思想的支部书记，重新开始主持工作，调动了党支部的工作积极性。其次，它理顺了"两委"关系，增强了"两委"班子的凝聚力。权力分享的制度安排，既解决了支部专权的现象，也克服了村委会越权的现象，促进了双方的合作共事。全市30多个因"两委"争权而引起的派性宗族矛盾得到化解。第三，它调动了村民特别是村庄精英参与村务和实行监督的主动性和积极性，密切了干群关系。党员代表、村民代表和老干部等村庄精英被聘为村务监督员和通过党员大会和村民代表会议参与村务管理后，2002年监督员议政会到会率在85%以上，他们否决低水平重复建设项目20余项，累计向"两委"班子提出质询、建议10000余条，促使"两委"班子为村民办了一大批好事实事，同时村务监督员还参与财务审计2000余人次，审计出不合理开支200余项，节约经费60多万元。第四，权力相互制约的机制在减少腐败上发挥了一定的作用。"两委"联席会议事决策、"财务三审"、"公章双签"和乡镇会计委托代理制度既是一种权力分享的制度安排，同时有着权力相互制约的功效。村务公开和财务监督制度

---

1. 杨志科：《扎实推行"一制三化" 切实解决农村问题》，载中共邯郸市委组织部：《"一制三化"在邯郸》（内部资料），2002年5月，第171—172页。

的完善和落实，"给了群众一个明白，还了干部一个清白"。村民因村干部财务问题上访曾占该市信访量的40%，现在已经下降到10%以下。第五，"一制三化"的制度安排使两委班子和村民特别是村庄精英都成为赢家，从而能够同心合力致富奔小康。实行"一制三化"以来，武安市没有再出现两委内讧、干群矛盾而引起的越级上访或群体性事件，同时有800多件长期遗留问题得到解决。由于"两委"班子团结，干群关系和谐，该市农村经济取得很大发展，农民收入有了增加，全市农村呈现出稳定发展的良好势头。

同时也应该看到，以地方政府为主角从外部推动制度实施的做法容易使制度执行者被动应付搞形式主义。武安市在强力推进"一制三化"过程中就遇到类似问题。例如，武安市委在检查中发现，有25个村没有按时召开村民代表会议和村民会议，有63个村的村民代表会和村民会议流于形式和走了过场。有些村落实行"一制三化"上存在嫌麻烦而简化程序的现象，还有一些村的村干部有选择地执行"一制三化"的规定，有利的就执行，不利的就抵制。[1] 如何使制度执行者从内心认同这些制度，同时形成必要的激励和约束机制，是一个需要认真加以研究解决的课题。就"一制三化"本身来说，它的推行还需要更多的条件。"一制三化"的推行是在两委争权相持不下、村民维权意识高涨的情况下采取的一种带有妥协性的权力分享的制度安排或者说是一种制度性妥协。但现实中只有部分村属于这种情况。在那些两委关系"一边倒"的村庄和村民参政议政意识不高的村庄，村干部缺乏实行"一制三化"的压力和动力，村民缺乏相应的要求，这样"一制三化"在这些村庄的实行往往流于形式。提高村干部的民主法制观念，增强村民的参政议政意识，并建立相应的激励机制和约束机制，成为贯彻落实"一制三化"的重要保障。

媒体报道——上级领导肯定——树为典型——党政发文总结推广经

---

1. 中共武安市委：《推行"一制三化"管理办法积极探索实施党支部领导下的村民自治运行机制》，2003年2月21日，第8、16页。

验——法律法规或政策性文件吸收其核心内容从而在更高的层次上加以制度化，是中国地方政府创新在更大范围内加以推广必经的 5 个阶段。武安市"一制三化"经验已经走过了前面 4 个阶段，当地领导积极呼吁将他们的做法作为农村基层领导和管理体制的一种模式加以法制化。我们简单地叙述一下武安经验已经走过的 4 个阶段。2001 年 1 月 19 日新华社《国内动态清样》内部报道了武安市建立党支部领导下的村民自治运行机制并取得良好效果的消息。2001 年 1 月 26 日，中央政治局常委、国家副主席胡锦涛在《国内动态清样》上做出批示：要认真总结经验，解决存在问题，完善党支部领导下的村民自治运行机制。2001 年 2 月 2 日，中央组织部副部长虞云耀批示：请组织局遵锦涛同志批示办，商河北省委组织部，总结推广经验。2001 年 5 月 13 日，人民日报刊登《变"两张皮"为"一条心"，武安市探索农村"一制三化"新机制》的文章介绍武安经验。2001 年 6 月 30 日，中组部以组通字〔2001〕29 号文件转发武安市"一制三化"经验总结材料以在全国推广武安经验。随后全国有 20 个省、直辖市、自治区的 70 余个县市前往武安参观学习"一制三化"做法或索要有关经验资料。河北省委特别是邯郸市委在进一步修改完善"一制三化"规范管理办法的基础上，通过举办现场经验交流会、专题培训班和进行目标责任考核等多种形式积极在河北省特别是邯郸市推广"一制三化"做法。[1]据介绍，目前，邯郸市已有 82.6% 的村推行了"一制三化"，其中运行比较正常的在 1/3 以上。[2]

　　创造经验，树为典型，广为宣传，既可以提高经验创造者的知名度，带来各种荣誉和利益，但也有可能束缚住经验创造者使他们难以超越自己，背上包袱停滞不前最终被遗忘。有太多的典型经历了这种悲剧性的结局。值得庆幸的是，邯郸市和武安市的同志对此有着清醒的认识，还在不断地修改完

---

1. 《邯郸市推行"一制三化"大事记》，载《"一制三化"在邯郸》（内部资料），第 287—290 页。
2. 引自本人调研笔记：HZK - 2002 - 02 - 21。

善着"一制三化"规范管理办法，努力做到与时俱进。

三、村级治理转型需要综合配套的制度建设

学术界对于村民自治是否代表着一种发展方向仍有争论。有的学者认为，应该建设高效率、低成本的村政即乡镇派出的村公所而不是实行村民自治，认为这代表着中国行政发展和政治发展的方向。[1] 但目前学术界和官方的主流意见是，村民自治（简称村治）是中国基层民主的一个重要组成部分，应当进一步加以发展和完善。无论是主张村政还是村治，在实行村级民主治理上的分歧并不像想象的那么大，"村政派"主张赋予村民代表会议以参与村政的议事权和罢免乡镇委派的村长的权力，"村治派"更是强调民主选举、民主决策、民主管理和民主监督。如前所述，笔者主张实行村级民主治理（简称民治）。所谓民主治理就是指众多利害相关的行动者共同参与公共事务管理并通过协商与合作达成决策、规则与制度的过程。[2] 依笔者看来，村级民主治理的治理主体是多元的，包括民选村干部、村民及其代表，治理方式以多主体共同参与、集体协商和分工合作的方式制定和执行村务决策。这种村级民主治理的目标模式可以简称为民治的模式。村级治理从官治向民治的转型中，官民共治的制度安排是一种过渡性的制度安排，无法成为理想的目标模式。

实现村级民主治理需要进行综合配套的制度建设以突破一系列体制性障碍。这是因为，正如有的学者所说，制度环境和制度基础的缺失，是影响村级民主治理的主要障碍。因此任何一项制度的单项突进都难以取得预期成效，而需要进行综合配套的制度建设。[3]

---

1. 参见沈延生：《村政的兴衰与重建》，载《战略与管理》，1998 年第 6 期。
2. 何增科：《人类发展与治理引论》，载《马克思主义与现实》，2002 年第 6 期，第 26 页。
3. 刘娅：《制度环境和制度基础的缺失——对当前村民自治问题的反思》，中国选举与治理网：http://www.chinaelections.org。

　　首先，从以党领政走向竞选执政，最终实现"两委"合一消除村级党政二元权力结构。"两委"关系从某种意义上说也是一种党政关系，强调党政分开只能使二元权力结构问题突出出来，实行权力分享的制度安排只能使"两委"争权问题得以缓解但并不能从根本上解决问题。最根本的解决办法是，如郭正林建议的那样，把直选机制引入党内，实行二选联动、交叉任职机制和"两推一选"机制。具体说来就是，首先启动"从村支书到村委会主任"的程序，进行村委会换届选举，鼓励党员参加村委会主任和委员竞选，提倡村支书通过竞选兼任村委会主任；随后启动"从村委会主任到村支书"的程序，进行党支部换届选举，规定竞选村委会主任失败的村支书应主动辞去职务，提倡竞选村委会主任成功的党员通过党内选举兼任村支部书记；如果党员竞选村委会主任失败，则启动"两推一选"程序全面改组党支部班子，同时积极发展非党村委会主任和委员入党或使他们向党组织靠拢。这么做的理由是，自由的、竞争性的选举是民主政治的核心和灵魂，同时也是现代政治权威合法性的主要来源，竞选机制也是实现政治精英吐故纳新增加执政党活力的主要机制。在农村基层鼓励党员特别是村支书通过竞选村委会主任而执政，提倡竞选村委会主任成功的党员通过党内选举兼任村支书，既能增强党支部的领导权威彻底消除"两委"争权的根源，又能使党内精英脱颖而出施展才干；如果党员竞选不成功，说明党内面临人才危机，迫切需要吸收党外精英分子充实到党的队伍中来，"两推一选"机制将使基层党组织重获新生。基层党组织走向竞选执政后，"两委"合一是必然趋势。因应这一趋势，需要强化村民代表会议的职权和功能，使之发挥"小人大"的作用，负责审议通过村委会工作报告，审查批准村财务预算，弹劾村委会主任和委员并交由村民大会罢免之等。在"两委"合一的同时，可以采纳沈延生的建议，政社分开，实行农村土地村社所有制，村社主要负责土地管理和土地收益的分配，同时稳定土地承包关系，采行永佃制，以保护农民的命根子——土地并限制

"圈地运动"。[1]

其次，将直选机制引入乡镇层级，实行乡镇有限自治。[2] 随着工业化和城市化进程的加快，村庄作为一种小共同体处于不断衰落之中难以实行自治，小城镇作为一种社区共同体的地位日益重要，扩乡并镇进一步突出了小城镇的地位。小城镇既是县以下的政治中心，同时也是经济文化中心，在提供乡村所需要的公共物品和社区服务方面比村庄的能力更强。实行乡镇长直选并鼓励乡镇党委书记通过竞选乡镇长而直接执政，可以大大加强对乡镇行政首长的民主监督，同时也使村级民主治理得到有力的保障。乡镇自治是一种有限的社区自治，因为乡镇和村一样仍然要承担部分上级政府交办的任务，同时又要代表社区居民利益和国家打交道。作为乡镇自治的财政保证，乡镇应当有自己独立的财政收入来源和自主财权，同时作为对完成国家任务的一种回报，乡镇应当享受必要的财政转移支付。乡镇自治是对国家权力的一种限制，属于乡镇自治范围内的事情应当由乡镇自主决定而免受上级政府干预。乡镇自治要求乡镇政权成为一级比较完备的政权组织，设在乡镇而又不受乡镇管辖的所谓"七站八所"应当划归乡镇管辖。乡镇自治代表机关可以通过选举吸收各村村民委员会成员进入自治代表机关，维护各村利益，同时就与城镇社区利益相关的重大事项作出决定并对乡镇行政首长实行监督。[3]

第三，改革政府间管理体制，实行政府间分权。在现行的事权和财权逐级向上集中的政府间管理体制中，上级政府主要依靠对下级政府的人事任命权来实行控制，各级政府之间的权力、责任和能力严重不对称。自上而下的任命制削弱了各级政府向民众负责的责任感，同时也是造成压力型体制的主

1. 沈延生：《村政的兴衰与重建》，载《战略与管理》，1998 年第 6 期。
2. 吴理财：《农村税费改革与"乡政"转型》，原载《世纪中国》，转引自中国农村研究网：http://www.ccrs.org.cn。
3. 有关将乡镇人大与村民委员会衔接起来的建议的讨论，请参见金太军、董磊明：《村民自治背景下的乡村关系的冲突及其对策》，载《中国行政管理》2000 年第 10 期。

要原因。[1] 财权和事权过于向上集中则严重削弱了地方政府的权能，并造成以追求预算外收入为目的的所谓"三乱"屡禁不止和"跑部钱进"等公贿行为愈演愈烈的局面。政府间管理体制改革，可以实行两级分权、一级派出、双层自治。所谓两级分权是指中央和省级政府之间依法合理划分事权并实行统筹兼顾中央和地方财政需要的分税制。一级派出是指县级政府作为省级政府的派出机构，完成中央特别是省级政府交办的任务，同时由中央和省级政府保证其财政支出需要。双层自治主要是指各种大中城市及其辐射范围内的小城镇分别实行地方自治和社区自治，[2] 其中社区自治体接受地方自治体的管辖和财政资助，分别负责地方和社区的社会治安、公共服务和公益事业。地方自治体通过征收所得税、房地产税和流转税或与地方政府分享这些税收而建立稳定充裕的财政收入来源。地方自治体由民选的市长进行管理并由民选的市议会监督市政府的工作。各级政府之间以及他们与自治体之间主要通过法定的事权划分和财政转移支付，保证上级政府任务的完成，而不再依靠人事任免权（县级除外）等手段来实现自己的意图。同时为减少财政转移支付中的腐败现象，可考虑在各级人大中设专门的财经委员会，财经委员会委员由下级地方政府各自选派两名代表共同组成，由该委员会协商确定财政转移支付数额，同时由人大自身的审计机关对财政转移支付资金的使用情况进行监督。

第四，改变城乡二元财政结构，统一城乡税制公平税负，加大对乡村的财政转移支付力度。王绍光先生提出城乡二元财政结构的概念，用来描述城市居民不必为享受城市公共服务和公用设施承担全部费用而农村居民却必须自己负担全部的费用以及国家把兴办乡村教育等应该自己承担的责任转嫁给

---

1. 关于压力型体制的讨论可以参阅荣敬本等著：《从压力型体制向民主合作体制的转换——县乡两级政治体制改革研究》，北京：中央编译出版社 1998 年版。
2. 关于双层自治的讨论，可参阅沈延生：《村政的兴衰与重建》，载《战略与管理》，1998 年第 6 期。

乡镇来等不合理的财政制度。[1]这种城乡二元财政结构实际上是对农民的一种歧视性政策。沈延生先生也指出，现行农村财政税收制度坚持城乡分立、农村税费单设是极不公平的，它表现为贫富之间的不公平，地区和产业间的不公平以及最严重的是城乡之间的不公平，农民成为事实上的二等公民。[2]他所提出的农村税费制度改革的理想模式是，取消乡统筹和村提留，像对工商户和市民一样，对农户和农民征收增值税、所得税、消费税和资源税，并根据具体情况给予优惠或减免。王绍光先生提出，为了打破城乡财政二元结构，必须大大增加对乡村的财政转移支付力度，国家应该承担起农村义务教育、计划生育、优抚、民兵训练、修建公路桥梁等公共物品的责任，农村税费改革的财政缺口也必须由国家来填补。市镇等地方自治体和社区自治体以办理地方自治事务为主，各级政府若委托他们完成政府任务，则应提供相应的配套资金。

第五，改革党的领导方式和执政方式，真正实现依法治国、党的领导与人民当家做主的有机统一。依法治国最重要的是党要依法执政和依法进行领导。但目前最缺乏的就是规范党的领导方式和执政方式的法律。以《村民委员会组织法》为例，1987 年通过的《村民委员会组织法（试行）》中回避了党支部的地位和作用问题，1998 年正式通过的《村民委员会组织法》关于党的领导只有一条非常原则性的规定。而农村党支部只能依据《中国共产党农村基层组织工作条例》的规定进行工作，而这一条例对于村委会严格来说并无约束力。人民当家做主并不是人民直接去管理国家事务，而是人民通过民主选举的程序选择共产党中最优秀的分子代表人民去执政。因此，为了实现依法治国、党的领导与人民当家做主的有机统一，需要改革党的领导方式和执政方式。一方面要实现党的执政方式的民主化，把党内民主和人民民主有

---

1. 王绍光、王有强：《公民权、所得税和预算体制——谈农村税费改革的思路》，载《战略与管理》，2001 年第 3 期。
2. 参见沈延生：《村政的兴衰与重建》，载《战略与管理》，1998 年第 6 期。

机地结合起来。近年来在各地农村逐渐推广开来的"两票制"就是把人民民主和党内民主结合起来的一种很有价值的制度创新。就执掌国家政权的层面而言,党的执政方式的民主化至少应包括两个方面的内容。一是完善党内民主选举制度,通过民主的提名程序和预选制度,选举出本党最优秀的分子作为执掌国家政权的候选人和人大代表的候选人。二是完善人民代表大会选举制度,通过民主选举使党员代表在人民代表大会中占据多数席位,党的领导人通过人大选举程序成为各级政府领导人直接执政,党员代表在人大中要积极将党的路线、方针、政策上升为法律、法规。另一方面要实现党的执政方式的法治化,真正做到依法执政、依法治国。党的执政方式的民主化需要通过制定程序性法律来加以保证,从而做到党内和人大民主选举程序的法治化。同时还要制定专门的法律规范党组织与各级国家政权机关之间的关系。在党的各级领导人直接执掌国家政权和人大中党员代表作为整体积极发挥作用之后,处于国家政权之外的党组织主要应发挥监督和保证作用。对于国家政权机关的日常工作,党组织应当避免直接干预,而以监督他们依法行政、依法办事和公正司法为己任,并通过控制选举提名来约束党员行为。

结　论

从官治向民治的农村治理转型是一个渐进的增量改革过程。这种治理转型需要过渡性的制度安排,同时更需要进行综合配套的制度建设。制度建设的灵感源泉既来自学者们的理论探讨和科学设计,同时也来自各级地方政府进行的制度创新实践以及对这些创新实践的理论总结。而从各种方案中进行抉择并适时推动综合配套的制度建设则是中央政府和高层领导者的责任。

（原载《经济社会体制比较》,2003 年第 6 期）

尝试制度创新　促进民主监督

——对航埠镇"两监督一赔偿"制度的分析

卢福营

（杭州师范大学政治经济学院）

众所周知，目前中国农村实行的村民自治制度，就其主要内容而言，包含着民主选举、民主决策、民主管理和民主监督四个方面。根据制度设计，它们是村民实现自我管理的四个有机联系、相互配套的环节。然而，由于受各种复杂因素的影响，在当前中国农村村民自治实践中，客观存在着四个民主环节不配套的现象，致使村民自治的制度效应得不到充分发挥。特别是民主监督环节较为薄弱，使部分主观武断、以权谋私的村干部的行为得不到有效制约，部分村干部的治理行为违背了多数村民群众的意愿，损害了村集体和村民群众的整体利益，破坏了农村正常的治理秩序，引起了农民群众的不满。唯其如此，一些农村基层政府和农民群众依据相关法律和制度的精神，结合当地农村实际，积极探索切实有效的民主监督途径。浙江省衢州市航埠镇试行的"两监督一赔偿"制度就是对村民自治背景下加强对村干部治理行为监督的一项积极而有益的尝试。

一、"两监督一赔偿"的制度设计

所谓"两监督一赔偿"制度，就是在村级建立村民代表工作组对村民委员会的村务管理活动进行事权监督、建立民主理财小组对村集体经济合作社管委会的经济管理活动进行财权监督，促使村干部严格按照相关法律和规章制度办事。村民委员会、村集体经济合作社管委会成员违规决策、管理、审批等给村集体经济造成损失的，要承担相应的民事赔偿责任。它是一项以村级民主监督组织为依托，以追究村干部违规行为的民事责任和过错赔偿为主要内容的村级民主监督制度。是地方政府根据相关法律和制度的精神，结合本地实际提出的一种具有创造性的村级民主监督模式。其主要内容有：

(一) 建立村级监督组织

监督组织是开展民主监督的载体和依托。所以，航埠镇政府的相关领导在设计"两监督一赔偿"制度时，把建立村级监督组织作为推行村级民主监督新模式的首要环节。为在村民自治背景下加强对村民委员会的事权监督和村集体经济合作社管委会的财权监督，此项制度要求每个村庄建立两个相应的监督机构：（1）建立村民代表工作组。由全体村民代表从村民代表中推选出3名成员组成村民代表工作组。村民代表工作组组长一般由村党支部书记担任，意在加强党组织在村庄和村级组织中的领导地位，以及对村民委员会的监督权力。村民委员会成员不得担任村民代表工作组成员，意在避免自己监督自己。村民代表工作组在村民代表会议闭会期间负责村民代表会议的日常工作，并作为村级事权监督机构主要对村民委员会及其成员的治理行为实施监督。（2）建立民主理财小组。由村民代表会议推选3名有相关知识和能力的村民组成民主理财小组，民主理财小组设组长1名。村集体经济合作社管委会的成员不得担任民主理财小组成员，同样意在避免自己监督自己。民主理财小组作为村级财权监督机构对村集体经济合作社管委会的经济管理工作实施监督，每月对村级财务情况进行审查，监督村级财务管理制度的实施。村民代表工作组和民主理财小组成员产生后向全体村民公示，接受村民群众的监督。

（二）明确过错责任追究

责任追究和损失赔偿是对权力实施有效监督的重要环节。当前中国农村的民主监督呈现虚化和软化状态，很大程度上就在于对农村干部在权力行使中的过错行为缺乏责任追究和损失赔偿。为保证村务管理工作的正常开展，促使村干部公正、廉洁、谨慎地行使手中权力，预防违规决策、管理、审批行为的发生，"两监督一赔偿"制度充分关注了村干部过错行为的责任追究和经济损失赔偿问题。

第一，实行村干部公开承诺。村民委员会和村集体经济合作社管委会全体成员均须分别作出公开承诺：依照法律和制度履行管理职责，对因违规决策、管理、审批给集体经济造成损失的，承担相应的赔偿责任，并签订承诺书。承诺内容通过村民代表会议和村务公开栏等向村民群众公开，接受村民群众监督。

第二，签订村干部过错行为承担民事责任协议书。每位村民委员会、村集体经济合作社管委会成员分别与村民代表工作组、民主理财小组签订《村干部过错行为承担民事赔偿责任协议书》。协议书明确规定，村民委员会、村集体经济合作社管委会成员在村务管理中对下列事项因违规决策、管理、审批给集体经济造成损失的，要承担相应的赔偿、返还责任。具体有以下11类：村集体建设项目的确定及其工程发包；土地规划和宅基地分配、使用；土地征用及各项补偿费的使用方案（法律另有规定的除外）；集体资产出租和

其他收益的管理和使用；建设资金筹集、管理和使用；违反规定报销；以集体资产为其他单位或个人提供担保；超过接待标准又不能说明理由；挪用集体资金；公款私存或违反现金管理规定；侵占其他集体资产。

第三，依法追究民事赔偿责任。如果村民委员会或村集体经济合作社管委会成员出现管理上的过错行为，村民代表工作组或民主理财小组可责令其更正；如果村干部的过错行为给村集体造成经济损失的，可要求其立即做出相应赔偿；如果村干部的违约行为造成集体经济损失又拒不赔偿，则村民代表工作组或民主理财小组可以依据《村民自治章程》的授权和村干部过错行为承担民事责任的协议，推举组长或副组长为诉讼代表人，代表村集体向人民法院提起诉讼，通过法律途径追究其民事赔偿责任。并规定本届村民委员会和村集体经济合作社管委会及其成员违约造成的损失，可以由下一届村民代表工作组、民主理财小组依法提起诉讼。

此外，"两监督一赔偿"制度的设计者极为关注村级管理制度的建设，把完善村级规章制度作为有效实施村级民主监督的重要环节和内容。试图通过村级管理制度的建设和完善，尽可能地界定各村级组织的权力边界，明确权力运作程序，规范干部的管理行为，为村民的民主监督提供制度依据和保障。

二、"两监督一赔偿" 的制度创新

村民自治在中国农村推行以来，中央和各级地方政府在民主选举环节上倾注了大量的精力，积极引导村民委员会民主选举逐步纳入有序轨道。相比较而言，对民主监督环节的关注显得不足。中央政府除在全国农村普遍推行村务公开制度并取得一定成效之外，几乎没有其他部署。《村组法》等相关法律对村干部民主监督的制度安排，也存在着一些显而易见的缺陷，致使民主监督在实践中常常流于形式，成为一种"软监督"。特别是在浙江等一些经济较发达的农村地区，许多村民争相竞争村干部岗位。其中不乏图谋私利者，他们当村干部的主要目的就是为了能"捞一把"。故此，如何防止村干部以权谋私、违法乱纪？对违规决策、管理造成集体经济重大损失的村干部如何追究过错责任？这些已经成为摆在农村基层工作者和农民群众面前的紧迫课题。

近年，浙江农村在政府推动下普遍采取了村财乡（镇）代等改革措施，其意图正是为了防止和减少村干部的财务违纪行为。然而，无论是中央推行的村务公开，还是地方政府推行的村财乡（镇）代，从迄今为止的实践来看，都无法从根本上杜绝和避免村干部的违规决策、管理行为和以权谋私现象。从一定意义上说，航埠镇的"两监督一赔偿"就是在村务公开和村财乡（镇）代的基础上，进一步加强对村干部民主监督的一种制度创新和积极尝试。它在一定程度上弥补了现行村级民主监督制度的不足，有利于村级民主监督的发展和完善，具有积极的民主效应和社会影响。

（一）找到了村级民主监督的有效途径

民主监督是当前中国农村基层直接民主的重要体现。根据村民自治的精神和国家相关法律、制度的规定，村民群众有权对村社区公共权力组织及其成员的工作和各项村务管理活动实行直接监督。其目的在于通过群众的民主监督，保证村治运作上合国家法律和政策，下合村情和民意，并富有成效。最主要地是督促村干部的村务管理活动和社区管理者的行为符合一定规范和社区民众的意愿。[1]《村组法》等国家相关法律法规曾就此做出了明文规定。但是，现行村级民主监督的制度安排尚存在一些问题和缺陷。

第一，村级民主监督缺乏切实、有效的监督机构。根据有关制度规定，现阶段中国农村的民意代表机构主要地是村民代表会议，村民代表会议作为村社区的权力机关，拥有监督村民委员会及其他村级组织的管理活动的权力。

---

1. 卢福营：《村社区公共权力的监督》，载《社会主义研究》，2000 年第 4 期。

但现行制度关于村民代表会议由村民委员会召集的规定，使村民代表会议实际削弱或者说失去了对村民委员会的监督功能。

第二，村级民主监督制度缺乏惩戒性制度安排。任何一项完整、理想的制度都应该由两部分构成，其一为规范性制度安排，其二为惩戒性制度安排，必须是行为模式与制裁手段的统一。[1] 而现行村级组织的制度安排明显呈现出行为模式与制裁手段的脱节，制度安排中只规定村级组织和村干部应该做什么，而没有明确地规定做或不做什么将受到何种奖励或惩罚。对公共权力组织及村干部的行为过错，缺少责任追究和罪错惩罚的具体规定。诸如此类的制度缺陷，致使村民群众对村庄公共权力和村干部的监督处于无能为力的弱监或有名无实的虚监状态。村民群众较普遍地反映，对村干部的决策和管理活动，即使有意见和不满也无可奈何。按照村民群众的说法就是"民主监督流于形式，摆摆样子"。如此，村级民主监督在当前中国农村的实践运作中事实上已成为一种"软监督"。

航埠镇的"两监督一赔偿"制度可以一定程度地解决上述制度性问题，弥补现行村级民主监督制度的不足。

首先，"两监督一赔偿"制度强调了村级民主监督组织的建设。通过村民代表会议推选产生了村民代表工作组和民主理财小组两个村级民主监督组织，分别履行对村民委员会的事权监督和村集体经济合作社管委会的财权监督的职责，从而使村级民主监督特别是日常性监督有了具体的组织依托和载体。

其次，"两监督一赔偿"制度强化了惩戒性制度安排。它在完善和健全村级规章制度的基础上，明确了村干部行为过错的民事责任，尤其是造成集体经济损失的赔偿责任，并具体设计了村干部过错责任追究的程序等，从而使村级组织制度的规范性制度安排与惩戒性制度安排相统一，村级组织和干部的行为模式与制裁手段相统一。"两监督一赔偿"制度试图通过这样的创新来补充和完善现行村级民主监督制度，找到切实可行的村级民主监督的具体实现模式，促使村级民主监督由"软监督"转向"硬监督"，提高民主监督的效果，推动中国农村基层民主和政治文明的进程。

（二）推进了以制治村的进程

以制治村，简单地说，就是村公共权力主体根据国家法律和政策，以及村级管理规章进行管理活动，实现村庄管理的规范化、制度化。以制治村是村民自治的内在要求，也是中央政府积极推动的村民自治的重要内容之一。在以制治村的制度背景下，"民主管理不再只是干部'恩赐'给群众的阳光雨露，而是群众应有的权利；民主管理不再只是依靠干部的思想作风，而是依靠制度化的规定；管理活动不再只是随意性行为，而是村民群众制度化参与和村干部根据制度进行规范化管理的结合。"[1]然而，由于村级管理的规章制度不完备，特别是制裁性制度的缺乏，使得当前农村村民自治运作过程中，既有的规章制度执行不严，政府倡导的以制治村原则基本停留在道德层面。村干部的村务管理活动因缺乏强有力的法律约束和监督机制而难以按规章制度进行，村干部的违规管理和过错行为给集体造成了经济损失。村民群众因此而引起的对村干部的不满情绪累积到一定程度，常常引发群体性的上访、抗议事件，影响农村社会的稳定。

航埠镇的"两监督一赔偿"制度设计者首先注意到了村级管理制度建设重要性。在推行"两监督一赔偿"制度的过程中，要求各村制定和完善《村民自治章程》、《村规民约》、《村级财务管理制度》、《村民委员会议事规则》、《村民代表议事规则》等，使村民参与村务活动、村干部从事村务管理活动均

1. 徐勇：《中国农村村民自治》，武汉：华中师范大学出版社 1997 年版，第 125 页。

有了较完备的制度和规范，使村治有制可依。其次，"两监督一赔偿"制度强化了村干部违规的责任追究制度。这项制度的一个重要亮点，无疑是强制性地要求村民委员会和村集体经济合作社管委会成员公开向村民群众作出依制管理和违规决策、管理、审批造成集体经济损失承担民事赔偿责任的承诺，并与相应的村级民主监督组织签订协议。同时，规定发生过错行为的村干部若拒不赔偿、返还经济损失，村级民主监督组织将根据《村民自治章程》的授权和村干部过错行为承担民事责任的协议，向法院提起民事诉讼，通过法律途径追究村干部过错行为的民事赔偿责任。如此，在一定程度上使以制治村有了法律约束，村干部的依制管理行为有了惩戒性制度的制约。一方面，它以承诺和协议等程序和方法、过错行为的民事责任追究等制度安排，使村干部进一步明确了个人的决策、管理和审批行为应承担的风险，从而迫使村干部提高以制治村的意识，在治村过程中更自觉地贯彻村级管理的规章制度；另一方面，通过公开承诺和制度公开，促使村民群众更大程度、更大范围地了解村干部应该做什么、不该做什么、应该怎么做、违规将受什么惩罚等，在民主参与中能更自觉、更正确地依制实施对村干部的民主监督。同时，村民群众也因此受到了一次以制治村的自我教育。故此，"两监督一赔偿"制度的实施势必有助于提升以制治村的水平，并将民主监督和村级治理导向制度化轨道。

（三）扩大了农村基层民主

推行村民自治制度是发展中国农村基层民主的一场伟大实验。以民主选举、民主决策、民主管理、民主监督为主要内容的村民自治制度，经过 20 年实践已经深深地扎根于中国农村，特别是民主选举村民委员会，几乎成为广大农民的节日，获得了农民群众的广泛认同。然而，在村民自治制度的推行过程中，其四个民主环节并非同步推进、相互配套的。从现有的实践来看，政府部门将民主选举视为村民自治的首要环节，故而给予了特别的关注和积极的推动，农民群众也表现出了前所未有的民主参与积极性。但是，村民自治的其他三个民主环节未能如民主选举那样受到政府部门的有力推动，以至在三年一次热热闹闹的村民委员会民主选举之后，便出现了农村基层民主的较长时间的冷落。"两监督一赔偿"制度规定在村庄中建立了民主监督组织，并由其履行对村干部管理行为的日常监督。每位村干部在与村级民主监督组织签订过错行为承担民事责任协议的同时，还通过村务公开栏等向广大村民作出依制管理、违规赔偿的公开承诺。如此，村民的民主监督权进一步地落到了实处，村民随时可以对村干部的违规行为进行举报，督促村民代表工作组或民主理财小组追究其民事责任。同时，民主理财小组每月要对村级财务进行一次审核、清理，并及时地向村民群众公布村级财务情况。对违规决策、管理造成集体经济损失的，变得有人追究、有办法追究。从而极大地调动了村民群众参与民主监督的积极性，进一步扩大了农村基层民主。我们在调查过程中，村民群众较普遍地认为："'两监督一赔偿'制度是给村民以民主，让村民更好地了解村务、财务"，"让老百姓觉得自己真正地参与了村务管理，真正地当了家、做了主"。

三、"两监督一赔偿"制度存在的主要问题及对策

任何一项制度创新和改革，在其初期不可能是完美无缺的。航埠镇的"两监督一赔偿"制度也不例外，这项试行不到一年的民主监督制度中存在一些问题和不足在所难免。然而，这些问题将会影响村民群众的改革信心，影响改革的进展和成效，必须及时采取针对性的应对措施。

(一)"两监督一赔偿"制度未能具体明确两个村级监督组织的工作职责和议事规则等

我们在调查中发现，因工作职责、议事程序和规则不明而缺乏运作的制

度依据，致使改革试点中一些村的村民代表工作组和民主理财小组的监督工作不能正常展开，有的甚至于被虚化为一个空架子。调查时，一些村级监督组织的成员对我们说，他们没有实际权力，只是组长等个别人说了算，监督组织未能发挥组织的监督作用。有的更极端地说："'两监督一赔偿'成了'两个组长监督不赔偿'"。针对这一问题，我们认为应及时地总结改革试点的经验教训，努力从实际出发，及时地健全和完善村级监督组织的工作机制。在目前，最为迫切地是要明确新建立的两个村级监督组织的工作职责和运作机制，尽快制定两个村级民主监督组织的章程和议事规则等，使之在行使民主监督权力时有制可依、有章可循，实现村级民主监督的规范化、制度化。

（二）村干部的过错和赔偿责任难界定

"两监督一赔偿"制度强调了村干部过错行为承担民事责任的承诺，但制度安排中尚缺乏健全的村干部过错行为赔偿责任认定的机制。而且村干部的管理行为较为复杂，发生的过错行为到底应由谁承担责任和赔偿，以及该承担多少责任和赔偿，实践操作中难以准确界定。我们认为，这一问题首先需要从制度上理清村干部的职责界限。其次，应在改革的推进过程中逐步建立和完善干部过错行为赔偿责任认定的机制，形成一套具有可操作性的实施细则。

（三）"两监督一赔偿"的制度设计与某些村庄的现实不相适应

"两监督一赔偿"制度设计没有充分地考虑到当前农村村情的多样性，出现了制度设计与某些村庄的客观实际不相适应的现象。比如：根据现行国家的村级组织制度安排，村级党组织是农村基层的领导核心，与村民委员会是领导与被领导关系，有权监督村民委员会。据此，"两监督一赔偿"制度规定村民代表工作组组长原则上由村党支部书记担任，试图以此强化党对村委会的监督以及对农村工作的领导。然而，在现阶段中国农村的村治运作中，相当部分村庄的党支委和村委会实行两套班子统一分工、一体化运作，在村务管理中书记事实居于第一把手地位。于是，村民代表工作组由书记挂帅对村民委员会实行事权监督，实际由于书记亲自主持村务管理活动而成了自己监督自己，导致了新形式的"虚监"。正如有的村民所说："由书记任村民代表工作组组长，这不是自己监督自己，能起什么作用？""'两监督一赔偿'不能充分发挥实效，症结在于自己监督自己。"对此，我们建议根据农村社会日益多元化的现实，在充分考虑当地农村实际的前提下，进一步修正和完善"两监督一赔偿"制度，使之更符合农村实际，充分发挥村级民主监督组织的监督作用。比如：可考虑村三委干部一律不得兼任村民代表工作组和民主理财小组的职务。

（原载《山东科技大学学报（社会科学版）》，第 5 卷第 4 期）

发展基层党内民主的实践创新及其启示

——对盐城市推行乡镇党代表监督制度的调查[*]

何 峻

（中共盐城市委党校）

发展党内民主不但需要理论创新，而且更需要实践创新。长期以来，党代表的权力仅仅体现在党的代表大会召开期间，在党代会闭会期间，党代表则失去了活动的依据和实践载体，其权力基本处于"虚置"状态。党的十七大第一次在党的工作报告中提出"党代表任期制"的概念。实行党代表任期制也就意味着党代表和人大代表、政协委员一样，其代表资格和权利可以在任期内始终行使，可以随时向党委提出议案、意见和建议，可以依照党法党规行使监督权，而不是"一次性"的代表。党代表在党代表会议期间是代表，党代会闭幕后还必须履行党代表的职责，参与党内重大事项的讨论与决策，密切联系广大党员干部，发挥民主监督作用。然而，推进党代表任期制这种新的代表活动形式和制度模式，是一个全新的课题，既没有明确具体的规定和要求，也缺少相应的制度与组织保证。江苏省盐

* 本文在调研过程中，得到中共盐城市纪委王加林、朱伟等同志的支持和帮助。

城市率先在乡镇推行党代表监督工作，走出了一条可供借鉴的实践探索之路。

一、盐城市推行乡镇党代表监督工作的运行模式

（一）培植典型引路

　　盐城市辖内的射阳县是全国党代会常任制试点县。2004 年 10 月，该县海通镇为了解决群众反映强烈的突出问题，探索建立了以乡镇党代表询问、质询为主要形式的监督制度。在监督队伍组建上，以党代表为主，适当吸纳部分人大代表、政协委员和老党员、老干部代表参加，全镇共组建了农业、工业、社会事业、工程项目建设、党员权利保障、党务工作监督等 7 个专业监督小组。每个小组由 6—10 人组成，每个监督小组无职党代表不少于 3 人，其他人员根据知识结构、从事职业、专业特长等情况，分别参加相应的专业监督小组，对相关领域和行业有关工作进行监督。经过一段时间的运行，取得了较为明显的成效，既较好地解决了群众关注的实际问题，又充分发挥了党代表在闭会期间的作用。盐城市纪委敏锐地意识到这一探索不仅是基层的一个创新，而且在理论和实践上有着重要意义。于是，在市县两级纪委的悉心指导下，该镇先后制定出台了《关于保障党代表监督权利，深入推进党内监督工作的实施意见》、《党代表询问、质询办法》和《党代表建议意见办理细则》等一系列制度，不断完善党代表监督工作。在此基础上，于 2006 年 10 月，盐城市在射阳县先行试点推行，实行了乡镇党代表监督工作常态化运作。从 2007 年下半年开始，在全市全面推行乡镇党代表监督工作。目前，盐城市 138 个乡镇全部实现了党代表监督工作"四有"，即有队伍、有场所、有资金、有活动的要求，乡镇党代表监督工作推广面达 100%。

（二）规范监督行为

为了在全市推行党代表监督工作，中共盐城市委适时出台了《乡镇党代表监督工作办法》，市纪委出台了《乡镇党代表询问、质询实施细则》，做到了"三个明确"：一是明确监督的对象和重点内容；二是明确党代表的监督职权；三是明确乡镇党代表的监督责任，具体内容见下表。

表2　乡镇党代表的监督内容、监督职权和监督责任

乡镇党代表监督的对象和重点内容	乡镇党代表的监督职权	乡镇党代表的监督责任
对象：乡镇、村（居）、农村基层站所（中心）党组织及党员干部七个方面： （1）贯彻执行党的路线、方针、政策，执行党代会、纪委全会以及党委、纪委重要决议、决定情况 （2）遵守党章和其他党内法规的情况 （3）涉及党组织建设、经济和社会发展、群众生产生活等方面重大问题的决策和执行情况 （4）坚持民主集中制，完善科学民主的决策机制以及党务公开情况 （5）干部选拔任用工作中执行党和国家有关法律法规情况 （6）党员干部秉公用权、廉洁从政和执行廉洁自律有关规定情况 （7）乡镇党政机关和基层站所为民服务的情况	（1）在乡镇党委、纪委有关会议上对乡镇党委委员、纪委委员有根据地提出批评，揭发、检举违法乱纪事实，提出查处、撤换或罢免的要求 （2）听取乡镇党委、纪委的工作报告以及落实党代表大会决议、决定的情况 （3）在乡镇党委组织下，对乡镇党委、纪委的年度工作进行评议，对党委委员、纪委委员、村居和基层站所党组织及其班子成员勤政廉政情况进行评议 （4）对监督对象工作中存在的问题以及执行廉洁自律规定的情况提出询问和质询 （5）列席乡镇党委有关会议，对重大决策、重大项目安排、大额度资金使用等事项进行监督 （6）根据监督工作需要，经乡镇党委、纪委安排，参与或独立开展对具体事项的调查	（1）广泛收集社情民意，及时如实向党组织反映党员和群众的意见、要求 （2）有根据地向党组织提出对监督对象的批评意见，指出和纠正工作中的缺点和错误，检举违纪违法事实 （3）对党组织的决议和决定如有不同意见，在坚决执行的前提下，可以向党组织提出保留意见，也可以向上级党组织反映，但不得公开发表与党组织决定相违背的言论 （4）积极参与乡镇党委、纪委组织开展的监督活动，并完成党组织交给的各项任务 （5）每半年向党委、纪委和所在党组织汇报履行职责的情况 （6）党代表必须正确履行职责，遵守组织纪律和保密纪律，不干预被监督单位的正常工作，不直接处理被监督单位的具体问题

表的内容由笔者归纳整理

（三）创新监督方式

盐城市通过构建党代表监督制度，在以下五个方面实行监督方式创新。

方式一：询问和质询。乡镇党代表有权对监督对象执行党委、纪委决议、决定中存在的问题提出询问或质询。询问、质询采取口头、书面和会议三种形式。乡镇党代表初次提出询问、质询，一般采取口头和书面形式，书面形式应署询问、质询人真实姓名。询问、质询人对询问、质询对象初次作出的答复如果不满意，可以提出会议询问、质询的要求。会议询问、质询在乡镇党委、纪委的领导下，由乡镇党代表监督站具体组织实施。涉及乡镇党委及其班子成员有关问题的，可请县（市、区）纪委派员参加。

方式二：巡查。这种方式主要是在党代会闭会期间，由乡镇党委、纪委定期组织党代表对村（居）、基层站所党组织工作情况进行巡查。巡查组由三名以上党代表组成。可根据工作需要，听取被巡查单位的工作汇报，列席有关会议，查阅有关文件、资料，召开座谈会，与党员、群众个别访谈，听取并收集党员、群众的意见和建议。

方式三：列席党委、纪委会议。乡镇党委在讨论决定重要决策、重大项目安排和大额度资金使用等重要事项时，邀请党代表列席会议。邀请党代表列席的党委、纪委会议，应在会前发布公告，告知会议议题，受邀党代表做好信息收集等会前准备。列席会议的党代表每次不少于 3 名，可就会议讨论的事项提出建议，不参与会议讨论事项的表决。

方式四：参与特定问题调查。乡镇党代表经乡镇党委、纪委安排，可以参与对村（居）、基层站所党组织及其党员干部一些特定问题的调查，每次安排两人以上，参与特定问题调查的乡镇党代表可对调查结论提出意见和建议。

方式五：提出处分、撤换或罢免要求。党代表对乡镇党委委员，纪委委员，村（居）、基层站所党组织的领导班子成员，可以向其上级党组织提出处分、撤换或罢免要求。对党代表提出的处分、撤换或罢免要求，党组织必须认真研究，组织调查核实，依据事实和政策法规进行处理。

（四）强化组织保障

党代表监督成效如何，组织保障是关键。对此，盐城市采取了以下四个方面的组织措施：一是健全工作网络。盐城市纪委明确由分管副书记牵头，成立了全市乡镇党代表监督工作办公室，具体负责全市党代表监督工作的组织协调、督促检查和总结推广。形成了市、县、乡（镇）三级联动网络体系。二是完善监督程序。为使乡镇党代表监督工作的运行过程更加清晰，便于各地推广时有章可循，做到规范化、制度化和常态化，盐城市制定下发了《盐城市乡镇党代表询问、质询细则》，规范了询问、质询的对象、范围、形式、程序。同时作出了"各乡镇每年开展询问、质询活动必须在两次以上的硬性规定"。三是提升队伍素质。盐城市明确要求，各地在选聘监督员时，既看思想政治素质、工作表现，又看议事水平、监督能力，还要看能否密切联系群众、敢不敢讲真话。在人员构成上，明确无职监督员（在党内和行政上没有职务）比例要达到50%以上，便于发挥其接触基层多、顾虑较少、无后顾之忧、有时间参与监督的优势。对无职监督员，明确镇财政给予一定的误工补助。同时，采取以会代训、集中培训、专题讲座、经验交流、邀请领导或专家开展专题培训等形式，不断提高监督员的素质，增强其参政议政能力。四是强化整改问责。党代表通过监督发现的问题处理得怎么样，整改是否到位，是衡量党代表监督是否真正发挥作用的直接表现。对此，盐城市一方面加强对党代表监督的问题跟踪督办，另一方面，加强整改问责。盐城市规定：对监督意见不按时答复、消极应付、置之不理的，对拒不整改或整改不力的给予组织处理或党政纪处分，保证监督的严肃性。2008年有18名党员干部因为询问、质询问题整改不到位，受到问责追究，其中党政纪处分 6 人，组织处理 12 人。从市纪委督查掌握的情况看，到目前，全市无职党代表共列席乡镇党委会议 296 次，召开询问、质询会 512 次，提出各项意见、建议 2845 条，当场和事后整改 2305 条，达 81%，另有 540 条因政策因素或条件限制一时难以解决，都一一作了解释，党代表满意率达 95%。

二、盐城市推行乡镇党代表监督工作产生的积极效应

盐城市推行乡镇党代表监督工作的时间虽不长，但影响较大，成效突出。盐城市在总结经验的基础上，不断拓展延伸，努力放大乡镇党代表监督效应。一是向前延伸，全面推行民主议事决策监督。把监督关口前移，通过民主议事保证决策的公开透明、科学合理。二是向上延伸，全面推行勤廉点述问责和巡查制度。在县级，突出一个"点"字，组织党代表开展以"点班子、点科室、点干部、点专题"为主要形式的勤廉"点述"问责，召开党代表"勤廉"点述"问责会"，开展述职述廉和现场答疑，党代表现场进行质询和测评，会后跟踪督查。在市级，突出"巡查"和"询问"，建立了党风联络员巡查制度。市纪委聘请了 25 名党代表和退居二线或退休的老干部作为党风联络员，分成 6 个工作小组，分别对教育、卫生、城建等重点领域的党风廉政建设情况进行巡查。2008 年共组织巡查 40 次，召开座谈会 78 次，走访群众 800 多人次，提出意见和建议 389 条。三是向党外延伸，以党内民主促进人民民主。在组织党代表开展监督活动时，适当吸收部分人大代表、政协委员、群众代表参与监督活动，形成监督合力，推动民主政治建设。

根据笔者调查，盐城市推行乡镇党代表监督工作，在以下几个方面产生了积极的效应：

1. 监督意识和接受监督的意识明显增强。广大党员和群众在参与监

督中感受到了民主，体会到了尊重并看到了监督工作实施之后带来的诸多积极变化，不仅对这项工作十分支持，其监督意识以及参与监督的积极性也明显提高。乡镇党代表监督活动的正常化开展，使乡镇领导干部处处直面群众，时时规范行为，权力行使更加公开透明，接受监督的意识明显增强。

2. 基层党群关系、干群关系明显改善，群众利益得到有力维护。参与监督的代表生活在基层，与普通党员和群众有着密切而又广泛的联系，深知群众的安危冷暖和所思所盼。以制度形式组织他们对乡镇党委的工作开展监督，有利于畅通诉求渠道，督促问题解决；有利于推动党委政府有关决策的落实，从而真正在党委政府与群众之间架起了一道联系沟通的桥梁。从盐城的实践看，乡镇党代表监督工作已经给全市带来了显著变化，特别是在利益诉求方面的群众来信来访和违法违纪案件明显减少。2008 年，盐城农村信访总量比上年同期下降 17.2%，未发生一起涉农恶性事件。

3. 有效整合了基层监督力量，放大了监督效应。乡镇党代表发挥党代会闭会期间的监督作用，有效解决了乡镇纪委人手少、事务多，监督力量不足的问题，形成了专门监督与党员群众参与监督相结合的工作格局。2008 年以来，一些不正之风、违纪违法苗头和线索的发现周期仅为过去的 1/3，乡镇干部新发违纪违法案件与 2007 年同比下降 8.5%。随着乡镇纪检监察资源重组逐步推行到位，以及对基层领导班子和领导干部的监督力量的增强，农村基层党风廉政建设的成效有了明显提升。

4. 农村基层党组织的凝聚力和战斗力得到进一步提升。乡镇领导干部直面监督，形成了无形压力，工作节奏明显加快，作风更加踏实，亲民意识更加明显，党组织的凝聚力、战斗力进一步增强。在涉及民生、发展和人事等方面敏感性较大的事项，以现在的"透明运作"取代了过去的"暗箱操作"；以现在的"按规"办事取代了过去的"无序"管理，乡镇党委政府的公信力和权威性得到进一步提高。

三、盐城模式的启示

基层党内民主监督作为党内民主建设的一个重要方面有多种实现形式，乡镇党代表监督是在实践中探索出的一种新形式，笔者认为，需要在理论建构和实践机制方面作进一步研究和探索。

（一）明确导向：党代表监督作用的发挥必须以提高党的执政能力、保持和发展党的先进性为主线

党的十七届四中全会认为，我们党在长期执政的实践中，探索形成了作为马克思主义执政党加强自身建设的基本经验，即"五个坚持"。对这些基本经验必须倍加重视，倍加珍惜，必须作为新形势下加强和改进党的建设的重要指导原则长期坚持，并在实践中不断丰富发展。其中一条至为重要的经验就是，加强党的自身建设，必须坚持以执政能力和先进性建设为主线。中国共产党成立已经有88年，从88年革命建设和改革发展的实践看，虽然我们党过去没有明确提出执政能力建设和先进性建设的主线地位，但我们党始终在保持和发展自己的先进性，党的先进性建设始终贯穿于思想、组织、作风和制度等各个方面建设中，成为这些建设的努力方向和检验标准。具体来说，发挥党代表的监督作用，要以科学的理论为指导，以党法党规为依据，以改革和完善党的领导体制和工作机制为动力，以提高党的执政能力和保持党的先进性为目标，充分调动党代表参与党内事务的积极性，扩大党代表在社会生活中的影响力，发挥党代表在党内重大事项中的参谋作用，在密切党群关系中的纽带作用，在党风廉政建设中的监督作用，形成一套组织体系健全、制度完善、操作规范的运行机制。党代表任期制的健康运行，党内民主建设的科学发展，加强和改进新形势下党的建设，确保了党在世界形势深刻变化的历史进程中始终走在时代前列，

在应对国内外各种风险和考验的历史进程中始终成为全国人民的主心骨，在发展中国特色社会主义的历史进程中始终成为坚强的领导核心。

（二）坚持原则：党代表监督作用的发挥必须围绕服务于发展这一党执政兴国的第一要务

党内民主建设必须与党、国家和人民事业的大局紧密联系起来思考和布局，党内民主的全部工作必须以党的政治路线为指导，为保证完成党的中心任务服务。"折腾"式的党内民主，只能导致党内民主实践走入歧途，检验党内民主科学与否的标准，应是看民主的实践是否促进发展。党内基层民主建设只有为发展这个第一要务服务，才能不断提高党的创造力、凝聚力和战斗力。因此，在发挥党代表监督作用的过程中，必须坚持以下几项原则。一是党的领导原则。发展党内民主，加强党内监督，必须坚持正确的方向。开展党代表监督工作必须在党组织的统一领导下，在党法党规的范围内进行。放弃党的组织领导，不仅不能保证基层党内民主监督工作的正确导向，甚至会出现极端民主化的错误倾向。二是群众满意原则。古语云："政之所兴，在顺民心。政之所废，在逆民心。"人民满意不满意，人民高兴不高兴，人民赞成不赞成，人民答应不答应，是判断我们一切工作成败得失的重要标准。只有心系群众，关注民生，才能得到群众的认可和拥护，党的各项工作才能具有深厚的群众基础。因此，党内民主监督工作在途径选择和机制设计上要围绕民生来进行。三是统筹协调原则。既要自觉适应广大党员民主意识普遍增强、了解和参与党内事务的愿望日益迫切的新情况，加强党内民主监督进程，又要从实际出发，把自上而下的带动和自下而上的促进结合起来，有组织、有步骤地扎实推进，防止出现理想化。四是求实创新原则。在推进基层党内民主监督过程中，要坚持一切从实际出发，因地制宜制定相应的措施，使监督方式、方法适应基层的特点，切合本地的实际，形成自身的特色。同时，在推进过程中，要敢于突破。因为党的事业的发展没有止境，党的建设的创新也没有止境，必须把创新贯穿始终，坚持在继承中创新，在创新中发展。

（三）规范程序：党代表监督作用的发挥必须提高可操作性

笔者认为，盐城的做法，对发展基层党内民主具有普遍的借鉴意义。但在现有经验的基础上必须进一步总结和完善，开展党内民主监督必须规范程序，提高可操作性。

1. 明确监督重点，细化监督内容。乡镇党代表开展监督的重点，是加强对乡镇党代表大会和同级党委、纪委行使权力的监督，尤其要突出对民生问题的决策过程、执行过程和执行结果等关键环节的监督。盐城市海通镇在党代表监督工作中主要围绕党员干部作风、民生、廉洁自律等重点问题开展监督，因为这些问题与基层群众生产生活联系比较紧密，群众关注度高。基层党内民主监督，特别是乡镇，监督的重点要结合各自实际情况，围绕本地党员干部作风建设中存在的突出问题，基层群众反映强烈、与群众生活息息相关的所谓"小事"，以及上访上诉长期得不到解决的热点、难点问题来进行，提高民主监督的针对性。

2. 规范监督程序，积极履行职责。党代表监督工作必须有序开展。盐城市推行的党代表五种监督方式，既有事前的参与，又有事中的监督，还有事后的跟踪，体现了立体式、全过程的监督特点。推行过程中，要明确工作方法和步骤，规范工作流程。为了规范程序，形成全过程监督的工作格局，可以相对固化监督流程（见图4，供参考）。

乡镇党代表要在党规法纪范围内开展监督活动，正确行使权利，认真履行职责，要密切联系党员群众，认真调查研究，准确反映党员群众提出的意见和建议，定期将履行监督职责的情况向所在选举单位党员大会或党员代表会议报告，接受党员群众的监督评议。

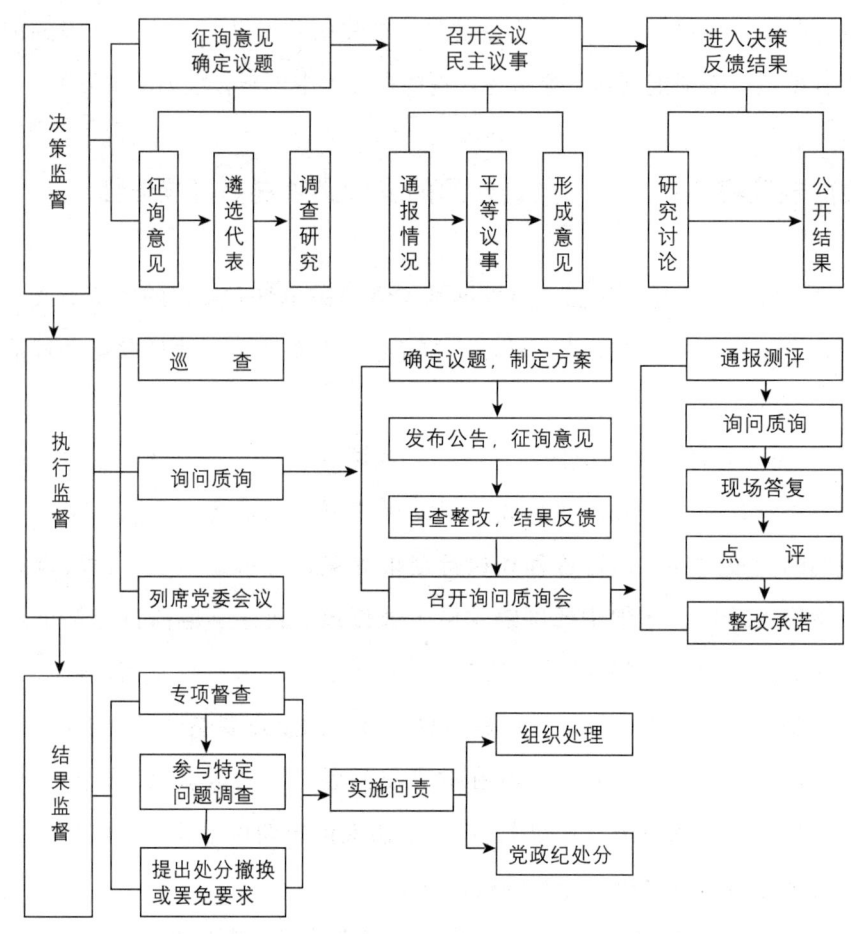

图4   乡镇党代表监督工作流程图

3. 加强队伍建设，提升监督水平。乡镇党代表监督工作能否取得实效，离不开一支能监督、敢监督、会监督的党代表队伍。选聘党代表监督员，要综合考量，既要看思想政治素质、工作表现，又要看议事水平、监督能力，还要看能否密切联系群众、敢不敢讲真话。从盐城的实践看，老党员代表和无职党代表是一支重要的监督力量，这些同志经验丰富，顾虑较少，时间相对充裕，监督效果比较好。在这方面，笔者认为，一要结合实际，根据本地乡镇党代表知识结构、从事职业、专业特长等情况，选好党代表监督员，组成若干监督小组。二要保证各监督小组中不担任公职的乡镇党代表的比例，充分发挥他们有时间监督、敢于监督的优势。三要加强对党代表的教育培训，制定并落实培训计划，采取以会代训、党校集中培训、专题讲座、经验交流等方式，切实增强党代表参与监督的意识和履行职责的能力。四要在明确党代表权利义务、职权职责基础上，建立科学的考评机制，定期对党代表履职情况进行考核评比，对优秀代表进行表彰奖励。五要建立健全保障制度，为代表切实履职提供制度、物质和组织保障。

4. 提供组织保障，健全具体制度。一是加强组织领导。市、县（市、区）党委要把乡镇党代表监督工作列入党的建设的重要议事日程。各级纪委、党委组织部门要密切配合，加强对乡镇党代表监督工作的组织协调和督查指导；乡镇党委、纪委具体组织实施乡镇党代表监督活动。二是提供必要条件。党委要根据实际情况，为乡镇党代表开展监督活动提供各种必要的条件。三是完善具体制度。党代表在行使监督权中要做到有章可循。四是严格考核。市、县（市、区）党委、纪委要将开展乡镇党代表监督工作纳入党建考核和党风廉政建设考核体系，加强检查指导，推动工作落实。

（四）把握趋势：推进党代会常任制改革发展与发挥党代表作用的良性互动

实行党代会常任制是发展党内民主的必然趋势，党代表任期制是发挥党代表在党代会闭会期间作用的前提，是党代会常任制改革的有机组成部分。党代会常任制改革的力度，决定了党代表发挥作用的程度，而党代表发挥作用的成效，又影响着党代会常任制改革发展的成效。笔者认为，在发展党内民主问题上，我们必须以全球视野审视和加强党内民主建设，发扬改革创新精神，适应世界发展潮流和时代前进步伐，使我们的党内民主发展更好地体现时代性、把握规律性、富于创造性。关键是要解决怎样完善党的代表大会制度，实行党代表任期制。有学者将党代表在闭会期间发挥作用的模式归纳为三种：第一种是仅发挥常任党代表的作用；第二种是常任党代表发挥作用＋党代会届中会议；第三种是常任党代表发挥作用＋党代会年会。尽管第三种模式在运作中困难较多，但从提高党的执政能力和保持党的先进性，以及发展党内民主的时代性来看，"常任党代表发挥作用＋党代会年会"的模式应成为探索发展党内民主的方向。因为这种模式，一方面保证了党代表主观能动性的发挥和党员主体地位的体现；另一方面，通过设立党代会年会，要求党委重大决策都须经过党代会讨论审议、党代表集体决策，党委及其部门工作都须接受党代表的监督评议，又进一步从体制机制上为党代表履职创造了条件。同时，还能使党代表职能得到进一步增强，地位得到进一步提高，使党代会真正成为最高决策机关和最高监督机关[1]。

在新形势下发挥党代表的监督作用，需要探索的问题很多，结合盐城的实践，笔者认为，必须注意把握好以下几个方面的问题：一是借鉴人大的做法，给予党代表监督应有的政治经济权利保障。二是科学界定党代表与人大代表的职责范围。党的领导主要是政治领导、思想领导和组织领导，党代表工作的内容主要是围绕党在这三个方面的建设情况，而人大代表监督的直接对象是"一府两院"，只要在这方面加以明晰，就可以避免党代表与人大代表职责雷同和政治资源浪费等问题的发生。三是建立党代会常任制和常设机构。主要职能是，组织党代表开展相关工作，接受党代表提案并负责提交全委会，检查验收全委会交有关部门整改的结果，组织重大议题讨论等。四是党代表接受党员的监督。根据权力授受关系和权力授予原则，党代表与党员之间存在着逻辑清晰的权力授受关系[2]。党代表接受党员

1. 曲春杰：《关于党代表任期制条件下充分发挥党代表作用的思考》，载《烟台论坛》，2009 年第 2 期。
2. 张书林：《推进党代表任期制的关键：正确处理五大关系》，载《理论探讨》，2008 年第 1 期。

的委托行使监督权，但这种权力不是不受制约的权力，党内民主要求党内任何权力都应受监督，监督者也应受监督，党代表行使监督权力的情况必须受到党员的监督。

（原载《理论探讨》，2010 年第 3 期总第 154 期）

乐清"人民听证"的公民参与维度论析

韩　旭

（中国社会科学院政治学所）

公民参与近十几年来日渐成为学术界和公共舆论领域中热议的话题之一。本报告所要讨论的公民参与，主要是指公民的政治参与，也就是通常所说的公民通过一定方式参加政治生活，影响或者试图影响政治体系的构成以及运行的行为。由于这一概念强调的是普通公民也即非职业政治活动家参加公共政治生活的行为，通常也被称为公民参与。有些学者认为，公民参与的论域要大于政治参与，还包括参与公共生活其他领域的行为。当然，政治参与和对其他社会领域的参与是相互关联的。[1] 对于公民参与的持续关注，也是对社会生活实践的反映。因为随着改革开放进程的深入，我国社会生活各个领域都已经和正在发生着或重大或细微的变化，其中的一项变化就是"我国人民政治参与的积极性不断提高"。[2] 这一变化也逐渐引起党和政府的高度重视，中

---

1. 参见俞可平：《公民参与的几个理论问题》，载《学习时报》，2006 年 12 月 19 日；储松燕：《国家与社会：公民参与的两个层面》，载《学习时报》，2007 年 11 月 5 日。
2. 《坚定不移走中国特色社会主义伟大道路为夺取全面建设小康社会新胜利而奋斗》（胡锦涛总书记在中央党校的讲话），载《人民日报》，2007 年 6 月 26 日。

共十六大提出要"健全民主制度，丰富民主形式，扩大公民有序的政治参与"。中共十七大报告则再次重申要"从各个层次、各个领域扩大公民有序政治参与，最广泛地动员和组织人民依法管理国家事务和社会事务、管理经济和文化事业"。近些年来，各级党委和政府也在政治生活的越来越多的领域中开始探索扩大公民政治参与的实际措施，如邀请党代表和媒体旁听市委常委会；[1] 而政府在立法和决策过程中也越来越多地采取听证会、公开征求意见等方式。最近的一个特别引人注目的例子，就是温家宝总理邀请若干位专家学者和基层群众，参加在中南海举行的座谈会，就即将提交全国人大审议的政府工作报告和"十二五"规划征求意见。[2]

在努力扩大公民有序的政治参与这方面，各级人大正在逐渐发挥着更为积极的作用。例如，越来越多地以多种形式吸收公民参与人大常委会的立法活动，许多地方人大已经尝试邀请市民旁听人大常委会的部分会议。从性质上说，人大"是最有利于人民参加国家管理的组织"[3]。人大制度的这一特点，使其与公民的政治参与能够并且应当更为直接地接合起来。

自 2007 年以来，浙江省乐清市人大常委会尝试以"人民听证"的方式推进《监督法》的贯彻实施，并在其中引入了公民参与的机制，为完善人大制度，强化人大监督，同时也为扩大公民有序的政治参与做出了积极的探索。

一、"人民听证"的发展脉络：背景与轨迹

本文是对乐清市"人民听证"实践中有关公民参与问题的探讨，因此有必要先简要介绍一下"人民听证"的基本情况及其发展的历程。

---

1. 张和平、周晓丹：《乐清市尝试提任干部全流程向党代表和媒体公开》，载《乐清日报》，2010 年 7 月 12 日。
2. 《温家宝主持召开座谈会征求对政府工作报告及"十二五"规划意见》，载《人民日报》，2011 年 2 月 12 日。
3. 《董必武政治法律文选》，北京：人民出版社 1984 年版，第 181 页。

（一）乐清市的基本情况

这里对乐清市经济和社会发展情况的简要介绍，是为了说明"人民听证"产生和发展的背景。当然，所谓背景，并不能简单地理解为直接的原因，并不能机械地认为这里介绍的情况与"人民听证"之间是一种线性的因果关系，而只是要说明，"人民听证"在现实中是在怎样的一个社会环境中产生和发展的。这些情况是"人民听证"的背景，当然也就是理解"人民听证"中的公民参与问题的背景。

乐清市是浙江省温州市下辖的一个县级市，地处东海之滨，东临乐清湾，与浙江省台州经济发展水平最高的玉环县隔海相望；南临瓯江，与温州市的市区隔江相望，与闻名遐迩的基层民主实践形式"民主恳谈"的发祥地台州市下辖的温岭市一山之隔。全市地势自西北向东南倾斜，西北为雁荡山山脉，东南为海积平原，全县陆地面积1223.3平方公里，海域面积270平方公里。[1] 截至2010年10月底的统计，全市目前在册常住人口超过122万，约占温州市常住人口的1/7；另有外来流动人口——当地称之为"新乐清人"——六七十万人。[2] 乐清有"千年古县"的美誉，建县的历史可以上溯到东晋宁康二年（公元374年）。1993年经国务院批准撤县设市。大约因地处温州、台州、宁波、舟山沿海走廊，且自然条件较为优越，乐清历来是主要的经贸集散地。与浙江"温台地区"许多县市一样，乐清也属于市场经济的先行发展地区。改革开放以来，乐清的经济发展很快，特别是民营经济十分活跃，多年来一直跻身全国"百强县"之列。至2007年国家统计局停止测评"百强县"之前，乐清市在"百强县"中大约处于中上游水平（2004年列第

---

1. 相关信息来自乐清市人民政府网站：http://www.yueqing.gov.cn/lyq/ygfm/。
2. 《查查乐清人口"家底"》，载《乐清日报》，2010年7月7日；《七万余人未换"二代证"》，载《乐清日报》，2010年10月28日；《乐清约有外来人口70万》，载《乐清日报》，2010年9月11日。

35 位，2005 年列第 40 位）。[1] 至 2009 年，乐清县域经济基本竞争力跃居全国百强县（市）第 15 位。[2]2010 年乐清全市 GDP 为 495.84 亿元，比上年增长 12%，是 2005 年的 1.9 倍，人均 GDP 达 4.02 万元；GDP 总量连续 14 年在温州各县（市、区）保持第一位；[3] 财政总收入 68.72 亿元，其中地方财政收入 34.36 亿元，比上年分别增长 16.9% 和 18.7%；外贸出口 17.23 亿美元，比上年增长 25.9%。乐清市三次产业比重已达到 3.4:61.8:34.9，全市规模以上企业达到 1884 家，产值超亿元企业超过 150 家，已有正泰电器等 3 家民营企业成功上市，城市化水平已提高到 60%。[4]

随着社会主义市场经济的不断发展，随着多种所有制经济共同发展的基本经济制度和多种分配方式并存的分配制度不断完善，随着工业化、城镇化和经济结构调整加速，随着社会组织形式、就业结构、社会结构的变革加快，在经济建设取得巨大成就的同时，经济社会发展也出现了一些必须认真把握的新趋势、新特点，也面临着一些亟待解决的突出矛盾和问题。例如，人民群众的物质文化需要不断提高并更趋多样化，社会利益关系更趋复杂；就业结构和方式不断变化，人员流动性大大加强；各种思想文化相互激荡，人们受各种思想观念影响的渠道明显增多、程度明显加深，人们思想活动的独立性、选择性、多变性、差异性明显增强；而与此同时人民群众的民主法制意识不断增强，政治参与的积极性不断提高，等等。这种对全国总体情况的判断同样适用于乐清，甚至可以说，像在乐清这样市场经济因素比较活跃的地方，其中的一些新趋势、新特点可能会表现得更加明显，一些矛盾和问题可

---

1. 相关信息来自国家统计局网站：http://www.stats.gov.en/tjsj/gtsj/bgxssj/t20051025402287154.htm。
2. 《喜贺佳节话发展》，载《乐清日报》，2011 年 1 月 29 日。如正文所述，国家统计局于 2007 年停止了"百强县"的测评，其后出现了由一家名叫"中郡县域经济研究所"的机构的年度县域经济基本竞争力"百强县"的测评，这里的"第 15 位"应该是中郡县域经济研究所测评的结果。
3. 《喜贺佳节话发展》，载《乐清日报》，2011 年 1 月 29 日。
4. 《乐清市市长姜增尧在乐清市第十四届人民代表大会第五次会议上的政府工作报告》，载《乐清日报》，2011 年 1 月 31 日。

能会更加突出。乐清市人大常委会主任赵乐强对这种局面有一个很形象的说法：乐清就像一口高压锅，现在需要一个出气阀，来释放掉一些已经积累起来的压力，而人大就可以充当这样一个出气阀。[1]

（二）"人民听证"的发展历程

所谓"人民听证"，是乐清市人大常委会在探索如何更好地贯彻执行《监督法》，进一步完善人大制度方面，尝试建立的一套机制。

2007 年乐清市领导班子换届。如何面对新情况，解决逐渐积蓄起来的一些社会矛盾和新出现的问题，是摆在乐清市新一届领导班子面前的重大任务。同年，适逢《监督法》开始施行。针对乐清的具体情况，乐清市新一届人大常委会决定，在贯彻落实《监督法》的过程中，通过加强对政府工作的监督，促进乐清市经济和社会发展。当年 4 月，乐清市人大常委会决定，在常委会期间以专题会议的形式，听取各位副市长年初、年中、年末关于分管的专项工作情况报告。

2008 年，这一实践逐渐成形，其基本做法是：（1）每年举行三次常委会专题会议，主要内容就是听取和审议副市长的工作报告。第一次会议通常就是当年的"两会"闭幕之后的首次人大常委会会议，听取和审议全体副市长就其分管工作报告该年度工作思路和工作重点；第二次会议通常在 9 月底举行，听取和审议各位副市长有关工作的进展情况报告；第三次会议在年底或次年初，也就是次年"两会"召开前举行，听取和审议副市长工作完成情况的报告。（2）要求每位副市长于每次专题会议召开前，就其分管工作向人大常委会提交专项工作报告。（3）在每两次专题会议之间，人大常委会将针对副市长的报告组织调研。调研活动由市人大常委会各分管副主任、常委会各

1. 参见蒋劲松《"乐清连环监督"调研报告》(2008 年 5 月 27 日)。

工委主任牵头组织，形成调研报告提交常委会。（4）常委会的调研活动计划经常委会主任会议通过后函告市政府，各位副市长可据此确定或调整向常委会报告工作的主要议题。在实际操作过程中，人大常委会与市政府常常就议题进行沟通。（5）每次专题会议均邀请市政府组成人员、市政协领导、市"两院"负责人、与会议议题有关单位的负责人以及部分市人大代表及各乡镇人大主席列席。（6）每次会议前，都会将会议议题和议程通过《乐清日报》向社会公布，并在市府大楼张贴，市民可报名参加旁听，各乡镇也会推荐一些群众来旁听，人大常委会也会专门邀请一些市民来旁听。（7）每次会议在听取副市长的工作报告和人大常委会各工委相应的调研报告之后，就有关问题进行讨论，提出意见和建议，与会的常委会组成人员、列席的人大代表和各乡镇人大主席团成员以及旁听市民，均有权发言。（8）经过讨论，会议最后形成对各位副市长工作报告的审议意见，并于会后提交市政府。（9）每次会议均通过媒体向社会公开。在实践中，每次会议均由温州新闻网进行网络直播，乐清电视台和《乐清日报》也会报道会议主要内容。此外，温州电视台也曾多次进行了全程录像，并进行了报道。2008年8月，乐清市人大常委会专门就此制定了规范性文件，将上述实践做法加以制度化。

在实践过程中，乐清市人大常委会根据实际情况，包括来自各方面的反映，不断对"人民听证"的做法加以修正。其一，在2009年的第二次会议上，"人民听证"首次进行了"向下延伸"，也就是在听取和审议副市长工作报告的同时，要求市政府的有关部门也到会就有关问题作出报告。在此次会议上，市规划局和房管局就当地引起广泛关注的危房改建问题作了报告。[1] 其二，在2010年的第二次会议上，"人民听证"再次"延伸"，首次将监督的范围从"一府"扩大到"两院"。其三，2009年之后，不再恪守"年初审议工作思路、年中审议工作进展、年底审议工作结果"这一形式，而是强调每次

---

1. 朱永红：《乐清："辩论式议政"上路》，载《浙江日报》，2009年11月3日。

会议的议题更有针对性，针对某一项或几项具体工作。其四，从 2009 年开始，乐清市人大常委会更加注重从每年"两会"期间人大代表的议案中选取"人民听证"的议题。例如，2009 年的第二次会议上审议的关于 104 国道虹桥过境段改线工程和 104 国道通行费问题的报告，其中虹桥过境段改线工程问题就是来自当年市人代会上的第 107 号议案，该议案由 100 余位人大代表联署，104 国道通行费问题来自于第 34 号、第 108 号和第 183 号三项议案，共有代表 30 人次签名。其五，尝试在"人民听证"的框架内让人大代表发挥更加积极的作用。例如，在 2009 年底的会议上，就中雁荡山风景区内违章建筑的拆除问题，不仅听取了政府有关部门的报告，市人大有关工委的调研报告，还专门听取了由 5 位人大代表组成的一个调研小组就此问题所作的调研总结。[1]

"人民听证"作为一个县级人大常委会在完善人大制度方面的一项探索，刚刚走过了四个年头，应该说，还是一项"新生事物"，其实践做法还会继续不断地发展变化。

二、"人民听证"的公民参与维度：制度层面

"人民听证"作为乐清市人大常委会在如何具体执行《监督法》方面的一项探索，其加强人大监督方面的意义和作用已经受到重视。[2] 而"人民听证"的另一项重要价值，即作为扩大公民有序政治参与的一条渠道，也需要给予足够的关注。

实际上，被媒体称为"人民听证"这项改革主持者的乐清市人大常委会

1. 叶长一：《市十四届人大常委会二十四次会议上潘孝政评价"人民听证"制度：成功创造"问计于民"渠道》，载《乐清日报》，2010 年 1 月 1 日。
2. 王冬敏：《"人民听证"：人民监督政府的新平台》，载《人民日报》，2009 年 11 月 18 日；杨琳：《乐清"人民听证"延伸》，载《新华每日电讯》，2009 年 11 月 15 日。

主任赵乐强，从一开始就意识到，"人民听证"虽然表现为人大常委会对政府的监督，但其实质意义是要搭建一座政府与市民直接沟通的桥梁，[1] 是要回应人民群众日益强烈的知情和参与的要求，人大实施监督就是要让公众的参政热情得到释放。[2] 因此，"人民听证"从一开始在制度安排方面，就特别注意到要建立和扩大公民参与的机制和渠道。

首先，允许市民旁听"人民听证"会议，并且允许在会上发言。如前文所述，每次"人民听证"会议都是一次人大常委会全体会议，也就是说，"人民听证"从制度安排上看是向市民开放了若干次——截至目前是每年三次——人大常委会会议，允许市民旁听。每次"人民听证"会议召开之前，市人大都会通过《乐清日报》发布公告，同时在市政府机关的公告栏中张贴公告，欢迎市民登记参加旁听。并且，旁听市民在听取政府的工作报告和人大的调研报告之后进入审议阶段时，有权发言，对政府或者人大的工作提出批评、意见或者建议。

允许市民旁听人大常委会会议，这种做法在全国许多地方已经展开，并且被认为是在人民代表大会制度框架内扩大公民有序政治参与的一种重要形式。[3] 一些地方，允许旁听的范围还在不断扩大，不仅允许本地居民旁听，还允许"外地人"旁听，[4] 甚至外国人旁听。[5] 从目前乐清市人大常委会就"人民听证"制定的文件来看，并没有限定只允许本市居民旁听，而且允许人大常委会办公室专门邀请某些人员来旁听。但从到目前为止的实践情况看，实际来参加旁听的都是本地居民。

---

1. 贺海峰：《赵乐强：人大要"大"》，载《决策》，2008 年第 7 期。
2. 王冬敏：《浙江乐清"广场政治"》，载《决策》，2007 年第 12 期。
3. 于均波：《扩大公民有序参与人大工作》，载《前线》，2006 年第 4 期。
4. 如根据浙江省人大常委会通过的《关于建立公民旁听省人民代表大会常务委员会会议制度的决定》，允许在浙江省居住满一周年的中国公民旁听省人大常委会会议。
5. 《河南省人大常委会会议首次允许外国公民申请旁听》，http: //www. hicourtgov. en/news/news - detail. asp? uewsid = 2003 - 11 - 21 - 9 - 37 - 44。

关于是否允许旁听市民发言，不同地方的规定不同，而且理论上也有很大争议，[1] 本文对此不作讨论。"人民听证"从制度安排上并未顾及理论上的种种争议，而是基于上述"出气阀"的想法，允许旁听市民发言。

其次，注重会前调研。如前文所述，每次"人民听证"会议之前，市人大常委会都要进行若干项专题调研。每项调研都是针对市政府的某项具体工作的，或者是针对"一府两院"某一方面的具体问题。调研活动由市人大常委会各分管副主任、常委会各工委主任牵头，组织本市人大代表，邀请本市的浙江省和温州市人大代表，并根据工作需要吸收专业人士，通过视察、走访、座谈等多种形式进行，最后形成调研报告提交"人民听证"会议。

举行会议是人大行使职权的主要方式。但人大代表和常委要想在会议上有效行使职权，还有赖于会下的大量工作，包括开展视察、调研等，倾听群众的意见和呼声。这是人大建设不可缺少的组成部分。[2] 也就是说，调研实际上也是人人和人大代表行使职权的一种重要形式。《监督法》规定，监督议题的一个主要来源，就是人大常委会、专委会在调研中发现的突出问题。甚至有人大的实践工作者认为，调研是做好人大监督工作的前提和基础。[3] 同时，人大开展的这种调研活动，也是公民有序参与的一种方式。因为在调研活动中对涉及群众切身利益的问题，会邀请利益相关人参加会议或征询其意见。因此，有实践工作者建议，应当细化公民参与常委会视察、调研工作的有关规定。[4] 从这个意义上说，不应将"人民听证"仅仅理解为每年三次特别的人大常委会专题会议，这些会前进行的调研活动也应视为"人民听证"的重要组成部分。

再次，"人民听证"在制度安排上很注重公开性。实际上，公开性是

---

1. 《旁听公民能否在人大会议上发言》，http; //review. jcrb. com/zyw/ptfy/index. htm。
2. 蔡定剑：《中国人大制度》，北京：中国社会科学出版社 1996 年版，第 386 页。
3. 万强：《关于对地方人大扩大公民有序政治参与若干问题的思考》，载《时代主人》，2008 年第 7 期。
4. 同上。

"人民听证"的一个重要特点。赵乐强主任强调,"人民听证"实践的初衷之一,就是因为"过去的人大工作有点像包厢里唱卡拉 OK,拿着话筒唱,唱完大家鼓鼓掌,下一个继续唱。现在我们把副市长请到广场上去,我们的想法就是要搭建一个平台,这个平台是面向公众、更加开放的'广场'"。[1] 正是基于赵乐强主任的这个比喻性说法,一些媒体最初曾将乐清"人民听证"实践称之为"广场政治"。因此,乐清市人大常委会从一开始推进"人民听证"实践,就很重视和强调公开性。到目前为止,每次"人民听证"会议都通过温州新闻网进行了网上直播,同时,乐清本地的媒体——《乐清日报》和电视台也都进行了及时的报道。

这种公开性不仅是民主政治的题中应有之义,而且是政治参与得以真正实现的逻辑上的也是现实中的主要前提之一。在政治过程中,以执政党及其领导的政府为一方,以普通公民为另一方,双方在有关政治过程的信息方面是不对称的。普通公民如果对政治过程及其相关信息不够了解,就无法对相关事项作出选择或判断,在选举及对决策、公共管理和监督的参与中也就无从准确表达自己的意愿。[2] 有学者认为,根据我国的根本政治制度,公民政治参与的重点应是参与人民代表大会的制度建设和人民代表大会的活动。要做到这一点,关键是要实现人民代表大会活动的公开化。[3]

在实践中,乐清市人大常委会还在不断地推进"人民听证"的公开性。例如,2010 年市人大常委会在当年首次"人民听证"会议之前,先在《乐清日报》上刊登出了当年"人民听证"的 22 项议题。[4]

最后,还有一点笔者认为值得关注,就是在"人民听证"的制度安排上为人大代表更充分地发挥作用提供了一个舞台。不仅每次"人民听证"

1. 贺海峰:《赵乐强:人大要"大"》,载《决策》,2008 年第 7 期。
2. 韩旭:《试论我国政治文明建设的基本内容》,载《学习与探索》,2004 年第 2 期。
3. 任玉秋:《公民有序政治参与和人大活动的公开化》,载《福建行政学院学报》,2008 年第 6 期。
4. 《乐清市人大常委会 2010 年重点监督议题》,载《乐清日报》,2010 年 4 月 3 日。

会议都要请人大代表列席，而且，如上所述，从 2009 年以来更加注重从每年人代会上代表提出的议案中选取议题，列入当年的"人民听证"监督范围。而且，列席会议的人大代表在每次"人民听证"会议进入审议阶段之后也是享有发言权的。从实践的情况看，人大代表在会上的发言越来越活跃，看起来比旁听市民要积极得多，而且发言的质量也比较高。在 2009 年底的会议上，更是有 5 位代表组成了一个小组，独立地就中雁荡山风景区内违章建筑的拆除问题进行了调研，而且形成了书面报告提交"人民听证"会议。

从理论上说，所谓公民参与或者政治参与，是指普通公民参与政治过程的行为。多数学者往往强调这种参与行为的非职业性，也就是说不包括政府官员和职业政治活动家的行为。[1] 那么，在我国，人大代表的参与行为是否可以纳入政治参与的范畴呢？从法律上说，人大代表参加人大会议，参与由人大常委会组织的视察、调研活动，都是作为代表履行职务的行为。我国的人大从功能上说就是议会。[2] 那么，人大代表是否就是议员呢？我国的人大与西方国家的议会有诸多区别，其中的一个重要区别就是我国的人大代表是兼职的。这些兼职代表都有自己的本职工作，其中一部分是各级党政机关干部，另外相当大一部分则是非党政机关干部，包括工人、农民、企业家、学者、教师、演艺界人士等。笔者认为，这些非党政机关干部的人大代表，是一个比较特殊的群体。一方面，他们作为人大代表从事的一些参与政治生活的活动，属于履职行为；另一方面，由于其兼职的身份，其行为又具有非职业性的意味，往往表现出与具有党政机关干部身份的代表不同的特点。因此，笔者认为，可以考虑采用较为宽泛的或者说柔性的政治参与概念，将非党政机关干部的人大代表这一群体纳入"政治参与"的视野。从历史上，其实"政

1. 王浦劬等：《政治学基础》（第 2 版），北京：北京大学出版社 2008 年版，第 166 页。
2. 蔡定剑：《中国人大制度·序言》，北京：中国社会科学出版社 1996 年版。

治参与"本身的定义并非一成不变，而且，采用更为宽泛的定义，也有助于分析当代中国的政治参与问题。[1]

三、"人民听证"的公民参与维度：实践层面

这部分将着重分析市民旁听的一些基本情况。当然，从目前可以搜集到的资料来看，也只能是分析一些基本的情况。不过，虽然是管中窥豹，但也可见一斑，从中可以看出"人民听证"实践中公民参与问题的一些端倪。

截至 2011 年 1 月，乐清市已经举行了"人民听证"会议 15 次。虽然每次会议举行时，到会的旁听市民都要签到，但乐清市人大常委会目前对这些签到记录的整理尚在进行中。目前可以看到记录的有第三次、第六次、第八次、第十一次、第十四次、第十九次、第二十二次、第二十四次、第二十八次、第三十二次常委会会议，也就是共 10 次"人民听证"会议的签到记录。

从目前的这些记录上看，在这 10 次会议上，共有 384 人次参加了旁听（第三次会议 42 人，第六次会议 44 人，第八次会议 33 人，第十一次会议 61 人，第十四次会议 51 人，第十九次会议 32 人，第二十二次会议 30 人，第二十四次会议 30 人，第二十八次会议 33 人，第三十二次会议 28 人）；其中有多人参加过两次及以上的会议（27 人[2] 参加了 2 次，32 人参加了 3 次，6 人参加了 4 次，2 人参加了 5 次，3 人参加了 6 次，1 人参加了 9 次）。还有一个有趣的现象是，在第三次、第六次和第八次会议上，重复参加旁听的市民比例很高（第八次会议的旁听市民全部参加过第六次会议，而参加过第六次会议的旁听市民除 2 人外全部参加过第三次会议）。

从旁听市民登记表格看，除姓名外，包括的项目还有性别、年龄、政治

---

1. 见陶东明、陈明明：《当代中国政治参与》，杭州：浙江人民出版社 1998 年版，第 104, 107 页。
2. 其中同一个姓名出现了两次，但两次登记的手机号码不同，工作单位也不一致，是否为同一人尚待进一步核实，目前是先按照同一人来统计的。

面貌、文化程度、工作单位、职务、联系电话。从第十四次会议开始，还包括身份证号码。但从实际记录的情况看，除姓名外，许多旁听市民在填报其他项目时大多缺项很多，有些项目，例如工作单位，填写得也比较粗略，有些只是填写了村镇的名称。因此，以目前的资料，很难作进一步的分析。

此外，目前已经完成整理的列席代表的签到记录，仅有第二十二次、第二十四次、第二十七次、第二十八次和第三十二次常委会会议，也就是 5 次"人民听证"会议到会列席的人大代表的签到记录。从这些记录上看，共计 162 人次到会（第二十二次会议 36 人，第二十四次会议 36 人，第二十七次会议 33 人，第二十八次会议 29 人，第三十二次会议 28 人）。

从上述情况看，旁听市民的人数从第十九次常委会会议开始有较大幅度的下降，这与乐清市人大常委会对"人民听证"所作的一项"微调"有关。从第十九次常委会会议，也即 2009 年的第一次"人民听证"会议开始，乐清市人大常委会在实际操作过程中，适当扩大了列席代表的数量。在此之前，列席代表的人数基本控制在 10 人左右，而从 2009 年开始扩大至 30 人左右，这从上述对 5 次"人民听证"会议到会列席的代表人数统计上也可以看出。而自 2009 年开始，同时对旁听市民的人数有所控制，大致保持在 30 人。而在此之前，旁听市民的人数保持在 50 人左右。

四、初步的评析

首先需要指出的是，乐清"人民听证"的实践，其主旨是立足于坚持并完善人民代表大会制度，在人民代表大会制度的框架内，就如何回应现实的社会需要、如何贯彻执行《监督法》进行探索。之所以得出这样的看法，并不是因为"人民听证"这项实践探索是由当地人大常委会主持和推动的，而主要是由于作为这项探索性实践的主持者，乐清市人大常委会主任赵乐强从一开始就强调，之所以推动这样一项实践，就是要把人大原本就拥有的权力运用起来，而不是要标新立异，[1] 他甚至不愿意使用"改革"、"创新"等字眼。这样做的目的，当然不是要"让市政府陷入被动"，"乐清市人大监督宗旨只有一个：满腔热情支持政府工作，寓支持于监督中。监督只是一种手段，实质是大力支持政府工作"。[2] 同时，让公众的参政热情得到释放。[3] 从实践来看，"人民听证"的许多做法也的确谈不上太大的创新性。例如，如上文所述，允许市民旁听人大常委会，这在其他一些地方已有类似的实践。"人民听证"的主要意义在于，通过探索出一套行之有效的机制和程序，使得"书本上的法"能够转化为"行动中的法"，把宪法和法律赋予人大的职权真正落到实处。

关于公民的政治参与，既往的理论和许多研究中都非常强调选举的重要意义。的确，选举是一种主要的公民政治参与形式，因为在代议制民主政治体制下，选举的确是非常重要的一环，而且从实践来看，选举也的确是很大一部分公民唯一的政治参与行为。[4] 此外，大量的研究集中于选举，还存在着更为实际的原因，就是有关选举的数据更容易得到。[5] 但选举只是一种"暂时性的"参与行为，因为一旦选举过程结束，就意味着参与过程的终止。因此，有学者认为，选举期间的参与未必是公民对政府施加影响的最有效手段。对于公民来说，最重要的政治活动可能是在两次选举之间的时期进行，届时，公民试图影响的是政府就与其利益有关的问题所作的决策。[6] 而"人民听证"则提供了一种选举过程之外的公民参与途径。

当然，"人民听证"主要还不是在"民主决策"的环节，而是在"民主监督"的环节上提供了公民参与的渠道。或者说，"人民听证"将加强监督与

1. 王冬敏：《浙江乐清"广场政治"》，载《决策》，2007 年第 12 期。
2. 贺海峰：《赵乐强：人大要"大"》，载《决策》，2008 年第 7 期。
3. 王冬敏：《浙江乐清"广场政治"》，载《决策》，2007 年第 12 期。
4. 曾繁正等编译：《西方政治学》，北京：红旗出版社 1998 年版，第 294 页。
5. 同上，第 274 页。
6. 同上，第 271 页。

扩大公民有序政治参与很好地结合了起来。在代议制民主中，公民政治参与的一项重要功能，就是对政府实施监督，以使其行为不违背人民的意愿，或防止其以权谋私。[1]根据代议制民主理论，人民将权力委托给由人民自己选举产生的代表代为行使，但有一项权力人民是始终保留在自己手中的，这就是当权力的行使者违背委托者的意愿，或者以权谋私的话，人民就可以对其加以纠正或制裁。因此，监督离不开公民的政治参与。政治参与构成了监督体制的一个重要环节。[2]"人民听证"正是在加强监督的过程中引入了公民参与机制，一方面有助于监督力度的加强，另一方面也为公民参与提供了又一渠道。

从实践来看，到目前为止，在乐清通过"人民听证"实施政治参与行为的市民还并不算多。不过，在现阶段，更为重要的恐怕首先是提供尽量充分的参与的可能性和渠道，建立在更加多样化的同时也更加制度化的参与途径，而未必是要追求参与的规模。与此相应的是，我们需要更多关注的是政治参与本身的发展过程，通过这样的过程，法律上允许的参与的定义得以扩大，法律上允许的参与行为可以涵盖更多的人口。[3]而"人民听证"无疑又提供了一条更加制度化的参与渠道，值得给予足够的关注和重视。

五、余 论

最近一段时间，"乐清"这个地方为越来越多的人所提到和熟知，并不是由于"人民听证"，而是由于自 2010 年 12 月 25 日发生并一直延续到 2011 年的"钱云会事件"。此事件相当复杂，在此不作讨论。这里要说的是，此事件的发生，再次为乐清市人大常委会主任赵乐强将乐清当地的经济社会发展状

---

1. 陶东明、陈明明：《当代中国政治参与》，杭州：浙江人民出版社 1998 年版，第 258 页。
2. 同上，第 270 页。
3. 曾繁正等编译：《西方政治学》，北京：红旗出版社 1998 年版，第 272 页。

况比喻为"高压锅"提供了一个例证，并且在一定程度上从反面映衬了"人民听证"的重要价值。

"人民听证"的一个重要价值，就是在人民代表大会制度框架内，提供了一条公民有序政治参与的渠道。其最大功效在于有效整合人大工作资源，在政府部门负责人、人大代表、普通市民三者间搭建了一个固定的沟通平台。[1]这样一个沟通平台如果能够更充分地发挥作用，就可以使人民代表大会这条民意渠道更加通畅，人民群众的利益和意志得到更好的反映和实现，群众的不满情绪能够通过它而得到尽可能的排解，这样就可以大大减少街头的暴力和不满行为。[2]

任何一个社会，都难免充满各种矛盾，对公民来说，总有许多意见要发表，有怨气要发泄。历史已经表明，现代社会虽然存在着很多化解矛盾、排遣怨气的渠道，但议会这条渠道相比较而言是最有利于社会稳定的。因为健全的议会制度具有很大的包容性，可以允许社会各方面的力量发表意见，进行辩论乃至斗争。但这种斗争是在秩序范围内受法律约束的。而在议会制度没有建立或者不健全的国家或地区，暴力冲突就很难避免。[3]因此，在我国，应当高度重视人民代表大会这一联系群众最广泛最有效的制度化渠道，要给予人大制度建设以足够的重视，认真落实宪法和法律赋予人大的职权，使得人大本应具有的反映民意、排解不满情绪等功能更充分地发挥出来，从而使社会保持在稳定、健康的发展道路上。

（原载房宁主编：《中国政治参与报告（2011）》，北京：社会科学文献出版社 2011 年版，第 292—305 页）

---

1. 林一笑：《省人大常委会领导调研我市"人民听证"》，载《乐清日报》，2010 年 6 月 24 日。
2. 蔡定剑：《中国人大制度·序言》，北京：中国社会科学出版社 1996 年版。
3. 蔡定剑：《中国人大制度》，北京：中国社会科学出版社 1996 年版，第 37 页。

江苏徐州贾汪区：公众全程监督政务 [*]

高新军

（中央编译局世界发展战略研究部）

　　贾汪区位于徐州市，历史上因煤成矿，因矿建城。1993 年 12 月 27 日，区划调整后，贾汪区为江苏省最大的城区。1995 年经省人民政府批准，贾汪区行使和享受县级经济管理职能和权限。全区总人口 50 万人。

　　贾汪区实施"公众全程监督政务"制度的目的，主要有三个方面的因素。

　　一是发展和稳定的需要。近年来，特别是 2001 年因"7·22 煤矿爆炸"事故小煤矿全部关闭后，全区各类社会矛盾日益显现。在这些矛盾中，部分是因为政府部门工作效率不高、亲民意识不强造成的，其后果是群众直接到区政府上访，既造成不良社会影响，又消耗了政府的精力，不利于全面工作的开展；也有些是政府工作透明度不够造成的，在决策制定时没有广泛征求群众意见，加之宣传不到位，使群众对政府的利民之举不了解、不理解，从而引发一定的抵触情绪，不利于决策的执行。为减少和化解矛盾，提高政府

---

* 本文参考了徐州市贾汪区政府关于"公众全程监督政务"的有关材料和第三届地方政府创新奖项目调查组对贾汪区的考察报告。在此表示感谢！

掌控全局的能力，促使干部既对上负责，又对下负责，必须有一套新的机制来约束、规范政府及部门的行为，提高群众的满意度和政府的公信度。

二是密切党群干群关系的需要。落实科学发展观、加强执政能力建设、创新行政理念，必须做到为民执政、科学理政、民主行政，在实现好、维护好、发展好人民群众根本利益上体现党的执政本质。通过开门行政，让老百姓充分参与政务，减少中间环节，缩短政府与民众的距离，让老百姓有说话的地方，让老百姓说话管用，引导民众和政府一起想办法、出主意，同心同德地参与到促进经济发展、维护社会稳定之中，从而共同建设和谐社会。

三是加强执政能力建设的需要。党的十六届四中全会作出了关于加强党的执政能力建设的决定，标志着党的工作重心开始从主要侧重于思想、组织、作风和制度建设，向以提高党的执政能力为重点的重大转变。加强党的执政能力建设，既是一个宏大命题，也是一个具体要求。在这个大的时代背景下，贾汪区大胆探索，围绕使执政意识更强化、执政方式更科学、执政机制更完善、执政环境更优化、执政基础更稳固的要求，决定率先实施政务"公众全程监督"制度，全力打造民本政府、法制政府、责任政府、效率政府。

为减少和化解矛盾，缩短政府与民众的距离，提高政府公信度和掌控全局的能力，实现"让老百姓有说话的地方，让老百姓说话管用"，共同促进经济和社会发展，经过调研酝酿，2004 年 5 月，贾汪区政府开始实施"公众全程监督政务"制度，全力打造以民为本的"阳光政府"。

"公众全程监督政务"制度的主要内容包括民意咨询、民代听政、民众质询、民调评价四个方面。

（1）民意咨询：政府干什么事——倾听群众和有关专家意见、建议。在政府重要决策出台之前，有关部门拿出初步决策意见，召开民意咨询会，充分咨询民意，广泛调研论证。通过群众代表和有关专家对拟出台决策有关条款的询问，弥补拟出台决策的不足，校正可能出现的偏差。在此基础上，进一步完善决策文本，提交政府有关决策会议研究。

（2）民代听政：政府定什么事——让老百姓全过程参与。在政府决策过程中，邀请人大代表、政协委员、随机抽取的利益关系群体代表和有关专家列席政府常务会议、区长办公会议等决策会议，旁听决策过程，参与政府决策。在决策会议召开前，区政府将有关议题告知区人大、政协，由区人大、政协抽选能够代表利益关系群体的人大代表和政协委员列席区政府决策会议。同时在参加民意咨询会的群众代表中选取适当名额一并列席决策会议。列席政府决策会议的人大代表、政协委员、群众代表和有关专家在会前广泛征求利益关系群体的意见和建议，会后及时向其通报会议内容和决策结果。凡是涉及广大群众关心的热点、难点问题的重大决策议题，通过广播、电视、报纸、政府网站等媒体报道会议过程和结果。相关决策文本、政府文件通过报纸、政府网站、政务公开栏等形式向社会发布。

（3）民众质询：政府干不好事——接受民众质询。所谓质询就是群众对各级政府及其工作部门工作不满意，要求有关负责人当面回答"为什么"没做好，以后该"怎么做"，从而促使决策不断完善，工作不断改进，执行更加有力。在政府决策执行过程中，群众有疑问或不满意的，通过口头或书面形式向政府提出质询。涉及群众比较多的和比较突出的问题，通过召开民众质询会的方式，集中进行政府和群众之间的沟通。对群众的一般性疑问和申诉，能够现场答复或解决的，有关部门负责人现场答复或研究解决。现场不能答复或解决的，要列出答复或解决计划，明确责任人并限期解决。提出质询的群众或利益群体代表半数以上对受质询机关的答复或解决措施仍不满意的，可以要求再次召开质询会。此次答复或解决措施必须达到群众基本满意并确保落实到位。有关部门不得因自身原因就同一个问题被连续三次提起质询。群众提出的一般性问题以及热点、难点问题都可被列为质询议题，质询议题可以由群众提出后政府排定，也可以由政府直接发布。质询会由相关区长主持，会议程序当场公布，有关部门主要负责人到会当面接受质询，承诺解决办法和办结时间。

（4）民调评价：政府干的怎么样——百姓来评判。民调评价就是让老百姓来投票，评判政府部门的工作。在重大决策执行前后，广泛引入民意调查机制，围绕经济、社会等各方面情况进行调查分析，为政府决策提供参考。重大决策执行后，在上级验收或专家验收的基础上，增加群众验收。邀请群众代表参与决策执行结果的验收，对政府决策的落实情况进行评价。在广播、电视、报纸、政府网站等媒体设置专门板块，组织群众讨论，广泛征求群众的评价意见。重点建设工程，组织群众代表现场观摩验收。区政府指定社会独立调查机构深入利益关系集中人群发放调查问卷，调查群众评价，调查结果向社会公布。对政府某项决策的落实情况，群众意见比较集中，不满意率在50%以上的应依照政策和法律及时整改，涉及责任的要追究有关责任人责任。

"公众全程监督政务"工作四个环节相融相通，环环相扣，每个环节都充分体现了"亲民"、"利民"的鲜明特色，使我们的政府更开放透明，更具亲和力。

贾汪区实施"公众全程监督政务"制度创新解决的主要问题如下。

（1）改变了政治生态，做官的不再容易。"公众全程监督政务"是在群众的参与和监督之下，更加突出政府在解决公共服务方面的问题，满足公民需求方面的有效性和回应力，重视自上而下的决策和执行与自下而上的回应相互作用；开辟了人民群众"知政"、"参政"、"议政"、"督政"的桥梁，激发了广大群众政治热情和社会责任的重要渠道。强化政府与公民的协商与合作机制，真正做到"听政于民、监督于民、尽责于民"，彻底打破了"民可使由之、不可使知之"的陈旧观念，代之以全新的政治文明。各级领导干部进一步转变工作态度和作风，把群众的事当事看、当事办。这是政务"公众全程监督"给贾汪政治生态环境带来的最直接、最明显的变化。

对领导干部来讲，任务完成和职能的正确履行是硬性的，众目睽睽之下，不能搞敷衍塞责、形式主义，必须追求真动作、实政绩；工作结果和效率是

硬性的，只能保质完成、及时兑现。否则，公众就会否决，其后果是相关处罚程序的启动，让执行不力者、工作平庸者退出岗位。这有助于推动广大党员干部特别是领导干部不断加强个人修养，深入基层，倾听群众呼声，了解群众困难，体会群众心情，使各项决策更加体现以人为本，切合工作实际，符合群众要求，真正做到立党为公、执政为民，赢得群众的信任和支持，推动执政能力的提高。

（2）开放了行政流程，做民的说话管用。实施政务"公众全程监督"制度就是要把政府的工作意图、决策过程、要办的事情向群众公开，接受群众监督。这是保障人民群众知情权、参与权的重要途径，是政务公开的深化和创新。有利于加强基层民主政治建设，拓宽人民群众参政、议政的渠道，保证人民群众广泛的政治参与，实现真正意义上的人民当家做主。

在政府日常管理工作或某项事务执行过程中，公众因某一方面的工作认为不满意，可以主动提出，要求对政府及其部门进行质询。质询采取一种面对面的沟通和辩论，这样，公众就有了说话的地方，公众说的话管用。从已经召开的三次民众质询会来看，效果十分明显，大量长期积累的问题和矛盾在极短时间内都得到了彻底解决。同时，公众与政府的沟通不再存在仰角，而是在平等基础上的平视式交流，这样使评估权和行政权达到了最佳契合。这一契合使公众拥有一个宽松的氛围、平实的心情、理解的态度来看待政府；促使干部既对上负责，又对下负责，增强了政府与群众的互动交流，取得了人民群众的理解和支持，在制度上架起党政领导和人民当家做主的桥梁。

（3）完善了评价体系，做事的受到监督。政务"公众全程监督"制度也是一项新的绩效评价模式。其设计原理是，从改进评估系统入手，让公众参与政府决策、执行和评估的全过程，在社会管理和公共服务中实现政府与公众的互动。工作原理是，政府在决策和事务的事前、事中、事后，通过民意咨询（决策之前征求公众意见）、民代听政（人大代表、政协委员、利益关系群体列席决策会议）、民众质询（执行过程中政府官员接受利害关系群体面对面的质询）、民调评价（通过民意调查评估工作绩效）四个环节，让群众充分参与政务。

这样一来，一方面，改进政府绩效评价必须取得公众的关注与参与；另一方面，公众的关注与参与必定能有效地改进政府绩效评价。事实上，对政府绩效的评估，公众反馈的意见是首要标尺，公众不再仅仅是传统意义上的投票人、纳税人、服务的接受者，而是公共部门管理中必不可少的组成部分。公共管理活动最后是否产生好的结果，是否满足公民需求则更为重要，有助于公共部门追求以责任落实为主的行为模式，从而在主观上规避了公共部门的形式主义、浪费和官僚主义。这一评价系统将公众的满意度作为考核标准，尽管是为了定性而设计的量化标准，但却使工作有了追求目标。公共部门必须围绕追求合格满意率而开展工作。

"政务公众全程监督"制度实施以来取得了良好效果，主要体现在三个方面。

（1）群众得到实惠。拆迁补偿、市政建设、环境整治等群众比较关心的热点问题，通过民意咨询、民众质询等环节最大限度地满足了群众需要，拓展了激发广大群众政治热情和社会责任的重要渠道。如夏桥小区综合开发、民和小区拆迁以及大寨河改造工程是贾汪区城建重点工程，为积极稳妥地推进此项工作，区政府责成有关部门分别召开了由群众代表和有关专家参加的三次民意咨询会。会上，群众代表畅所欲言，纷纷就拆迁补偿、户型面积等问题提出自己的意见和要求。针对群众的意见，区有关部门及时与开发商进行协商，对原方案作了修正，最大限度地满足了群众的要求，提前化解了许多不必要的矛盾。这种集中民智、凝聚人心的活动，得到了群众高度赞誉。另外，还建立民众事务调处机制，对信访问题终结处理。目前共接待群众来信、来电、来访180件次，建议类已纳入议题库；求决类通过协调处理，95%的问题都得到解决，来访群众非常满意。区政府利用政府网站实行政务公开，开通了政务监督投诉窗口，受理投诉和建议120余条，全部给予答复、解决和处理，使老百姓得到实惠。

（2）政府效能和公信度大幅提高。到 2005 年上半年，全区机关部门简化办事程序、缩短办事时限的有 1500 多项，提前办结率从"革命"前的 56% 提高到 86%。群众对机关作风的满意度大幅提高，有 96.3% 的人表示没有遇到机关工作人员推诿刁难、吃拿卡要等现象。群众信访量大幅下降，2005 年上半年与 2004 年同期相比，党内信访和社会信访分别减少 38% 和 32%。在群众的参与与监督之下，更加突出政府在解决公共服务方面问题的能力，满足公民需求方面的有效性和回应力，重视自上而下的决策和执行与自下而上的回应相互作用，真正做到"听政于民、监督于民、尽责于民"。从已经举办的 4 次民众质询会上看，1000 余名群众代表就 10 个大问题 84 个小问题向公安、工商、城管、房管等 20 家单位主要负责人进行了质询。这些主要负责人接受质询后的普遍感受就是在台上如坐针毡，通过老百姓尖锐的提问，才知道自己还有那么多工作没做好，才知道群众还有那么多的怨言和不答应，今后一定要更加自觉地接受群众监督，兢兢业业做好做实每一项工作。从对各单位落实情况的检查来看，群众质询的问题已基本被解决。在政务"公众全程监督"制度的督促下，政策执行更加顺畅有力。

（3）改变了政治生态，政府与公众平等协商与合作的基本格局形成，促进了社会和谐。"公众全程监督政务"变官员对上负责为对下负责；"听政于民、监督于民、尽责于民"在制度上保证了干部与群众共同"当家理政"，已经成为社会矛盾的"减压阀"和"缓冲器"。这一机制仅在民众质询环节就累计受理群众反映的问题 500 多个，使政务梗阻得到及时疏通，密切了干群关系。它做到了决策上大家一起细商量，避免了失误。决策的民主化氛围更浓了，区政府曾在召开的七次政府常务会议上，分别邀请了 20 位人大代表、政协委员、群众代表及有关专家列席会议；受邀代表不但有了参与权，还有了发言权，他们的许多合理化意见和建议已被区政府采纳，直接影响了政府决策。这种从政府工作的源头实施最大限度的民主，让群众从头至尾参与政府工作全过程的做法，强化了政府和群众的协商与合作机制，增强了政府解决公共服务问题的能力与质量。同时，这项机制使干部得到锻炼：民众质询使干部感到了压力，干部的责任感更强了。在开放型的现代社会，各级领导都是公众人物，都要接受群众评判，并影响、感化和带动更广泛的群体围绕目标而行动。这些都要求各级干部不断加强个人修养。个人修养的提高，既需要个人主动，也要外力推动。在个人主动性不足的情况下，政务"公众全程监督"就是一个很好的逼其就范的契机。政府官员要在不断适应变化、摆正角色中快速提高自身的个人素质；使其更能适应群众的要求，赢得群众的信任和支持，推动政府执政能力的提高。

贾汪区"公众全程监督政务"的创新之处体现在以下三个方面。

（1）构建了公众全程参与和监督政务的完整制度，开辟了人民群众"知政"、"参政"、"议政"、"督政"的桥梁。"公众全程监督"包括民意咨询、民代听政、民众质询、民调评价四个环节，环环相扣。

（2）形成保障公众全程监督、促生服务型政府的完整配套机制。

首先，区委、区政府领导组成实施"公众全程监督政务"制度领导小组，并成立政务监督办公室（与区政府督导办一套人马，两块牌子）负责具体实施。

其次，为便于群众参与和监督，对四个环节的制度都制定了相关程序，同时，对评价机制和监督机制予以完善。将公众全程监督与当地媒体、政府网站紧密连接，扩大影响范围。

再次，构建了自我化解矛盾的民众事务调解机制。目前，90%以上求决类新信访难题都得到解决，建议类信访纳入决策议题库。

最后，为保证群众代表更具广泛性，与群众自愿报名相结合，区政府建立了由社会各界人士代表组成的3728人的代表库。

（3）扩大了民众参与地方政府治理的渠道。贾汪区区委区政府，在面对2001年"7·22煤矿爆炸"事故后，关闭大批小煤矿所产生的危机时，自觉运用民主治理的方式，通过扩大民众参与程度、监督全程政务的方式，来克服当地政府的官僚习气，化解了危机产生的矛盾，从而取得了良好效果。这是在中央民主执政、科学执政、依法执政、以人为本指导思想转变的大背景下，当地政府面对危机、克服危机的一场自觉革命和变革。它说明，这是在危机意识下，有创新思维的地方主要领导干部，运用民主手段打造透明政府、责任政府、服务型政府的一次成功尝试，也说明对于民主执政来说，公民参与的极端重要性。它可以说是我国地方政府化解矛盾、消除腐败、遏制官僚主义的一剂良药，是人民所热望，也是我国政治民主法制的方向。

完善社会监督机制　促进公正执法进程

——开阳县检察院人民监督员监督"三类案件"情况调查

黄　林　王祝庆

（贵州省贵阳市开阳县人民检察院）

人民监督员制度是检察机关自觉接受社会监督，保障公正执法的重要改革探索，作为贵阳市检察院第一批人民监督员制度工作试点单位，经过近一年的试行，对加强检察机关社会监督机制，提高职务犯罪案件办案质量，促进公正执法进程起到了重要作用，同时也得到社会各界人民群众和检察机关内部的认同。但在试行中也存在一些亟待解决的问题和不和谐反响。为此，我们带着上述问题，对贵阳市开阳县人民检察院人民监督员制度试行的情况，进行了相关调查，以便提高认识、统一思想，更加完善和规范人民监督员监督机制。

一、"三类案件"现状分析

人民监督员的职责，主要是对检察机关查办的职务犯罪案件中的三类案件进行监督。即：（1）犯罪嫌疑人不服逮捕决定的；（2）拟撤销案件的；（3）拟不起诉的。

（一）人民监督员监督三类案件情况

2004 年 9 月，开阳县人民检察院作为贵阳市第一批试点单位，正式启动人民监督员选任程序，经报同级人大给予了确认。同时相应成立了人民监督员办公室，2004 年 12 月 17 日对本院公诉科拟报的那 X 挪用公款不予起诉案；12 月 24 日，对本院反贪局拟报的唐 XX 贪污公款撤案两个案件，经审查符合三类案件监督范围，正式启动监督程序，人民监督员审查两案全部材料，听取拟报部门意见，询问案件承办人的意见后，进行了独立评议、表决，并记录在案。两案全部同意检察机关拟定意见。

（二）普通刑事三类案件情况分析

根据笔者掌握的数据分析：1. 拟报不诉案件占受理数 5%；2. 决定不诉案件占受理数 3.9%，占拟报不诉案 78%；3. 职务犯罪占决定不诉案件 38%；4. 决定不诉案件性质：①绝对不诉率 14%；②相对不诉率 66%；③存疑不诉率 18%。5. 决定不诉职务犯罪性质为：①相对不诉 82%；②存疑不诉 18%。6. 在不报逮捕决定的 7 件申诉案件中全部为普通刑事犯罪，公诉审查处理为：①有罪判决 3 件，占 43%；②捕后证据发生变化变更，强制措施建议公安机关撤案 3 件，占 43%；③退侦公安机关后无结果（外逃）1 件，占 14%；7. 撤销案件 1 件，为历年职务犯罪积案，占职务犯罪立案数 2%。

从上述数据中可以看出：（1）在拟报不诉案件中有 22% 不符合不诉条件；（2）普通刑事案件不诉率高于市院考核规定 4.2%；（3）决定不诉案件中，绝对不诉、存疑不诉共占 32%，所占比例高，案件存在一定质量问题；（3）职务犯罪占不诉案件 38%，其中存疑不诉占 18%，并有积案撤案一件，同时也说明职务犯罪案件特别是渎职案件，办案质量有待提高；（5）在不服逮捕决定的申诉案件中，虽因证据变化、申诉程序梗阻等原因造成公诉部门因诉讼证据不充分，改变强制措施，并由公安机关撤回的无果诉讼案件4件，占57%。这也充分说明了我们在批捕程序上对不服逮捕决定的申诉案件，在复核程序上存在滞后的问题。通过数据分析，我们也清醒的认识到检察院"三类案件"存在着办案质量不高，业务部门在工作衔接上存在梗阻等问题。同时也认识到在检察机关增设人民监督员对检察机关相关执法活动进行监督的重要性和必要性，也深刻认识到这是新时期对检察制度改革和完善的必然要求，是落实"立检为公，执法为民"的执法思想的具体体现。

表3　不诉案件情况统计表

不诉案件情况统计表　　　　　　　　　　　　　　　单位：件

年份	公诉案件受理数	职务案件立案数	拟报不诉案件	决定不诉				职务案件不诉				建议公安机关撤问
				合计	绝对不诉	相对不诉	存疑不诉	合计	绝对不诉	相对不诉	存疑不诉	
2002	271	13	19	17	3	10	4	6		4	2	7
2003	245	14	8	6		5	1	4		4		6
2004	229	19	10	6	1	4	1	1		1		5
合计	745	46	37	29	4	19	6	11		9	2	18

不诉逮捕申诉及撤销案件统计表　　　　　　　　　　单位：件

年份	不服逮捕诉案			公诉部门审查结果					撤案		
	合计	刑案	职务案件	合计	撤销逮捕	判决	改强撤变撤回	公安撤回	合计	性质	处理结果
2002	1	1		1			1				
2003											
2004	6	6		6		3	3		1	（积案）职务犯罪	撤销案件
合计	7	7		7		3	3	1	1		

二、试点工作中存在的问题和根源

人民监督员制度经过近一年的试点工作，为统一思想、总结经验，我们在院领导班子、中层干部、检察干警以及现任人民监督员中，分别采用座谈会、集体讨论、个别征求等方式，收集意见、建议十余条，集中归纳存在以下几个问题：

（一）人民监督员监督权于法无据问题

人民监督员制度的试行较好解决了法律监督机关的外部监督问题，有效地对检察机关侦查权进行规范和制约，同时也体现了检察机关在一定范围内接受人民群众监督的理念。对加强检察权的社会监督，提高办案质量，促进公正执法进程起到了推动作用，同时也得到国家机关、社会各界以及检察机关内部认同。但是同时存在着三个问题：1. 人民检察院是我国宪法赋予行使检察权（法律监督权）唯一的国家机关，我国《宪法》第129条规定："中华人民共和国人民检察院是国家的法律监督机关"；第131条规定："人民检察院依照法律规定独立行使检察权，不受行政机关，社会团体和个人的干涉"。人民监督员既然不是法定司法人员，就没有行使执法的权利，而他所行使的是对检察权质疑，监督国家法律监督机关的权力是否与宪法相违？是否干扰了独立检察权？应在立法程序上解决外部监督权和独立检察权的冲撞。2. 由于缺乏权力机关的认同，人民监督员在行使监督权时就必然缺少刚性，长期下去，就会演变为附和检察机关拟报意见，或提点鸡毛蒜皮意见，从而失去监督意义。3. 作为国家法律监督机关，更应严格执法，身正方能压邪；如我们不严格依法办事，就会丧失人民群众对检察机关的公信力。所以在法律地位上确认人民监督员监督权力应尽快纳入立法日程。当然，人民监督员制度是检察机关主动引入的社会监督，是强化检察工作外部监督的重要改革和积极探索，是深化"强化法律监督，维护公平正义"的一项具体措施，具有司法民主性和法律的正当性，在试行中也充分证明了建立人民监督员制度的必要性和可行性。同时也得到各级权力机关的肯定和确认，在立法证据上也完全符合社会主义法治社会的政治文明和司法文明总体要求，立法条件已成熟。

（二）人民监督员法律地位确认问题

人民监督员制度试点工作，对于其法律地位确认，引起了较多质疑。认为人民监督员制度是检察机关在查办职务犯罪案件中，主动引入的外部监督，在严格意义上讲应是检察权的一种延伸。它不同于人民法院的人民陪审员制度，2004 年 8 月 28 日全国人大常委会已通过《关于完善人民陪审员制度的决定》，将人民陪审员的法律主体资格予以确认，其享有与法官同等权力。而人民监督员在法律程序上没有权力机关确认，其所行使对检察权的监督，在实际上是无法律程序上的实质权力，在法律地位可谓是处于"名不正而言不顺"的尴尬境地。由于没有从法律上予以确认，试行人民监督员制度是为强化检察权的社会监督力度，建立新的外部监督机制原意，将可能演变为于法无据、无法可依、苍白无力的摆设，势必伤害现任人民监督员的感情和支持检察工作的热情。要实现人民监督员制度这一公众参与检察司法，完善外部监督机制，就应该在法律地位给这一新生事物定位。

（三）人民监督员监督范围的认同问题

当前，试行人民监督员制度的监督范围限于检察机关自行查办的职务犯罪案件的"三类案件"以及"五种情况"，对于刑事案件没有纳入监督范围，这一问题存在着一定争议：1. 我国《刑事诉讼法》第 15 条所规定的六种情况不追究刑事责任，对已进入诉讼程序的案件，应当撤销案件，决定不予起诉等终止诉讼程序；《刑诉法》第 142 条也明确规定公安机关移送的刑事犯罪案件，符合第 151 条规定的，也应作不予起诉决定。根据我国《宪法》确定的"法律面前人人平等"原则，这些规定适用于所有的刑事犯罪，当然也包括职务犯罪。人民监督员的监督范围只规定对检察机关自行侦查的职务犯罪案件中的"三类案件"进行监督，这就有违"法律面前人人平等"这一法律基本原则。也有"穿皮鞋和穿草鞋"分别对待的不公平、不公正之嫌。有违社会主义法治的司法公正和程序公正的总体要求。2. 因在试行阶段，无外区域数据对比，就对我院 2002 年至 2004 年中普通刑事三类案件数据分析：在三年我院已作不诉决定的案件中，刑事案件不诉率占 72%，职务犯罪不诉率占 38%；在因错误立案的绝对不诉的 14% 案件，就全部为普通刑事案件。在存疑不诉的 18% 案件中有 2/3 为普通刑事案件。在三年不服检察机关逮捕决定申诉案件中，全部属于普通刑事案件。不言而喻普通刑事三类案件中，刑事案件占主导地位，如果只对职务犯罪的三类案件进行监督，就存在着有违法律面前人人平等的原则，也违背了司法公正和程序公正的总体要求。2. 就我院 2002—2004 年普通刑事三类案件的统计数据来看，普通刑事不诉案件占 2/3，职务犯罪案件只占 1/3；其中，存疑不诉的普通刑事案件占 2/3，绝对不诉的案件均为普通刑事案件。不服逮捕决定申诉的 7 件都是刑事案件。人民监督员的监督权就应包含全部普通刑事案件。不能因一个是职务犯罪（俗称：官家犯罪），一个是普通刑事犯罪，同样是触犯国家法律的犯罪，就因犯罪性质、犯罪主体（身份）不同，在诉讼中受到不同待遇，在人权保护中有区别对待的方式，本身就违背了公平、公正原则。

（四）人民监督构成主体确定问题

人民监督员的产生程序，是按最高检察院《关于实行人民监督员制度的规定（试行）》，由机关团体、企事业单位和基层组织民主推荐、征求本人意见，考察后确认，在试点工作中出现了两个问题：

1. 人民监督员应具备法律专业知识和富裕的时间。在实践中人民监督员选任是由基层单位推荐，检察机关考察，再报同级人大常委会或检察机关确认。而这些人民监督员大都是在职人大、政协、企事业单位的领导干部和工作骨干。人民监督员监督的对象是检察机关法律监督权，这就要求其要有较高的法律专业水平和雄厚法律知识储备，还要有学习新法律知识的充足时间。现任人民监督员一般在职工作繁忙，且社会兼职也多，也就没有充沛的精力去开展监督工作，法律知识不能及时更新和补充，即使再有水平的人，也不可能尽职尽责，这样又怎么能较好地行使其职责。

2. 在对人民监督员的选任中，基本上没有私营企业和个体劳动者，他们作为社会主义市场经济重要组成部分，也是与人民群众贴得最近，最容易倾听群众呼声的人，作为乡（镇）村就更没有选任人民监督员这个机会了，这在某种程度上影响了人民监督员监督权的公信力。

三、完善人民监督员机制的思考

通过调查分析，针对上述存在的问题，再次组织干警学习最高检察院《关于进一步扩大人民监督员制度试点工作的方案》文件精神，最终统一了思想、提高认识，人民监督员制度是为完善直接侦查的外部机制而进行检察改革，目的是提高办案质量，促进公正执法进程，只能加强不能削弱，既是改革又是一个实践过程，现时的阵痛，是新制度诞生的先兆。为此，我们建议：

（一）进一步完善人民监督员法律地位确认

人民监督员制度是得到中央批准试行的，目前仍处于试行阶段，在我院两件案件试行中收到较好效果，首先是使检察机关自行办理案件质量得以提高，大家更加重视不仅要重实体法，更不轻程序法。其次是这种社会监督，对防止检察权滥用，维护司法公正公平起到了良好法律效果和社会效果，得到社会各界公众的认可，也得到了检察机关内部的认同，制定完善人民监督员制度（法）立法时机已渐成熟，也可以修改《人民检察院组织法》增设完整详尽的专门规定，应尽快抓好这一有利契机，让人民监督员在立法上得予确认。使人民监督员在权力上享有检察官的同等待遇，从而加强外部监督的刚性权威。

（二）进一步明确人民监督员监督范围问题

人民监督员的监督范围，目前最高检察院规定为检察院查办的职务犯罪案件中的"三类案件"和"五种情况"。我们认为将人民监督员的监督范围扩大到所有刑事犯罪范畴，在理论上有据，在实施上有可行性，在社会上有公认性。这样既能使人民监督员代表民众参与检察工作，提高检察工作透明度，同时也体现出了法律面前人人平等这一原则，真正体现了行使检察权的民主性、公正性、公平性，也能更好地展现出人民监督员监督机制的优越性和我国的法治精神。

（三）扩大人民监督员构成主体加宽社会监督覆盖面

关于人民监督员选任的范围最高检察院在《关于实行人民监督员制度的

规定（试行）》第二章中已作界定，条件要求十分严格。但我们建议扩大人民监督员的范围，将私营业主、个体劳动者，以及能代表农村群众意志的代表纳入人民监督员的范围。上级检察院可以根据高检的《规定》下达机关、团体、企业事业、基层组织和私营业主、个体劳动者所占比例，尽量加大行使检察权公平公正的监督覆盖面。

（四）完善人民监督员制度要外部监督与内部制约有机结合

要深化完善人民监督员制度，使这项工作达到提高执法水平和办案质量、确保依法公正履行检察职责、维护社会公平和正义的目的，需要检察机关内部制约和人民监督员制度有机结合。因为人民监督员制度仍在试行阶段，就必须要有检察权在一定的范围内从程序上接受人民群众监督的理念。认真听取人民监督员的意见，改变以前"少数人说行，一支笔签了定"的旧模式，在人民监督这种外部监督下，提高检察干警的整体素质和执法水平，把办案质量视为检察机关的生命线，主动接受人民监督，不断完善人民监督员制度，从制度上保证检察权的正确行使。

（原载《贵州社会主义学院学报》，2005 年第 4 期）

以技术制约权力

——深圳监察局行政审批电子监察系统案例分析

严海兵

（华东政法大学政治学与公共管理学院）

"权力导致腐败，绝对的权力绝对导致腐败。"阿克顿勋爵这句话深刻揭示了权力与腐败的关系，迄今为止仍然是对权力必须得到制约的最有力辩护。在西方政治理论的语境下，制约权力的思路主要有两条：一是以权力制约权力，它要求国家的立法、行政、司法三种权力分别由三个机关独立行使，并形成相互制衡关系；二是以社会制约权力，其基本含义是通过来自社会领域的组织、团体等非政府力量来制约作为特殊的公共权力的国家权力，以防止国家权力的腐败和对个人的侵害。[1]由于中国的权力设置原则和现实结构与西方差别很大，上述防止腐败的两种思路目前在我国难以发挥作用。并且，上述思路也没有彻底解决权力在具体执行中的腐败问题，因为由权力导致的腐败在任何国家都有不同程度的体现。有鉴于此，置身中国情境之下，我们必须充分发掘现有体制的潜力，探索新的制约权力、遏制腐败的方式。深圳市

---

1. 参见郭道久：《以社会制约权力》，天津：天津人民出版社 2005 年版。

监察局行政审批电子监察系统可以说正是这种探索的有益尝试。2007年11月19日到21日，笔者有幸参加"中国地方政府创新奖"调研组，随同何增科教授对深圳市监察局"行政审批电子监察"项目进行了实地考察。本文在此次调研的基础上，对行政审批电子监察系统产生的背景、系统的结构与功能、系统实施的效果与限度等进行了比较全面的介绍和分析。

一、改革与困境：行政审批电子监察系统诞生的背景

（一）深圳市行政审批制度改革

自改革开放以来，我国行政审批制度经历了多次改革。地方政府大规模的审批制度改革则是从深圳市开始的。由于处在经济改革和发展的前沿，深感传统的审批制度弊端对经济社会发展的严重阻碍，1997年深圳市率先进行行政审批制度的专项改革。在深圳市监察局"行政审批电子监察"项目启动之前，深圳市共进行了三轮行政审批制度改革。

始于1997年的行政审批制度改革包括政府各部门自查自报、逐项审查、各部门协调和召开市政府工作扩大会议审查项目精简结果四个工作步骤。经过这四个步骤的改革，深圳市审批、核准事项由原来的1091项减少到628项，减幅达42.44%；其中原有审批项目737项，减少了418项，减幅为57.8%。为进一步优化投资环境，提高政府部门工作效率，在新一届市政府的领导下，深圳市于2001年进行了第二轮行政审批制度改革。新一轮改革在第一轮审批制度改革保留的628项的基础上，再减少审批、核准事项277项，减幅接近38%。

2003年的第三轮行政审批制度改革，是在中国加入WTO的大背景下进行的，重点是改善审批服务方式，提高审批服务质量。此次改革保留了行政许可239项，非行政许可的其他审批197项，并对所保留的每一项行政许可项

分别从内容、法律依据、条件、程序、收费、时限等 14 个方面进行了严格规范。在审批方式和审批服务方面，改革的主要举措有：从分散审批向集中审批转变，建立行政服务大厅——市民中心，更好地实现联合办公、降低企业和市民审批申请成本；从分散监督管理向集中监督管理转变，统一收费，银行进驻办公大厅，保证落实收支两条线，现场设立集中监督管理机构；结合机构改革提高审批工作人员素质；加强中介组织管理，使中介组织从官办的事业单位（俗称"二政府"）转变为企业化经营的民间组织，在职能、人事、财务方面与所挂靠的政府部门彻底脱钩，割断其与政府部门的行政隶属关系。[1]

（二）行政审批制度改革中存在的问题

深圳市行政审批制度改革作为全国的开路先锋，在优化深圳市投资环境，促进招商引资方面发挥了显著作用。2000 年以来，深圳市批准立项的外资企业、私营企业大幅度增长有力地说明了这一点。并且，深圳市的改革也带来了良好的示范效应。其他省市地方政府纷纷前往学习考察，中央政府也于 2001 年 9 月成立领导小组，推动全国行政审批制度改革的推广和深入。但是，在取得一定成效的同时，改革也步入了困境。经过改革，政府部门在审批过程中的权力寻租现象仍然比较严重，甚至已经削减的审批项目又出现了反弹。据《羊城晚报》披露，正当第三轮行政审批改革启动之际，深圳市行政审批项目实存 497 项，比第二次改革后政府公布保留的 385 项多了整整 112 项，增幅近 30%。[2] 现实中存在的问题向行政审批制度改革提出了新的挑战：如何巩固行政审批制度改革的成果，避免短期效应？如何跳出审批项目"精简——

1. 俞可平等：《政府创新的理论与实践》，杭州：浙江人民出版社 2005 年版，第 197—198 页。
2. 《砍剩 385 项又冒出 112 项》，载《羊城晚报》，2003 年 7 月 25 日。

膨胀——再精简——再膨胀"的怪圈？如何从根本上遏制行政审批中的权力腐败？

要解决上述问题，摆脱审批制度改革的困境，首先我们必须弄清已经进行的审批制度改革陷入了怎样的误区，或者说改革本身存在哪些问题。在行政审批制度改革过程中，各地政府的做法大体相同，概括起来主要有：[1]（1）大力削减行政审批项目的数量，许多地方的减幅都达到 40% 以上；（2）采用新的集中审批办公模式，纷纷建立"政府行政审批服务中心"（有的地方叫"行政服务中心"、"政务服务中心"等），实行"一门受理、一站式审批、一条龙服务"；（3）推进行政审批电子化、公开化和规范化的建设，包括大力推行电子政府，发展网上审批，建立行政审批事项公示制度和服务承诺制度等等。这些措施在短期内都显示了一定的成效，但是随着审批制度改革的逐步深入，改革本身存在的一些问题也日益暴露出来。这些问题主要表现在：（1）过分注重"数字效应"，片面追求数量指标，导致改革基本目标偏离；（2）改革在削减数量的同时，忽视了监管，导致取消的审批项目反弹，边减边设；（3）过度追求"改革政绩"，对审批项目的精简缺乏科学评估，不该削减的削减，不该合并的合并；（4）行政审批的"中心模式"重形式轻内容，缺乏有效协调和制度保障，一些中心仅仅是集中办事点，无助于行政效率的提高；（5）缺乏相关的配套改革措施，比如责任追究制度、听证制度、财务监管体制等改革不到位，导致行政审批改革缺乏整体的推动力，对腐败的遏制有限。

关于行政审批制度改革之所以会存在种种问题，难以走出困境，有学者一针见血地指出，这"本质上是因为现行行政审批制度本身以及当前行政审批制度改革操作都缺失一种有效冲击传统观念的机制、缺失一种对审批行为和改革行为进行有效监督从而实现部门或个人利益与社会利益激励相容的机制"。而没

1. 邢颖、胡仙芝、张霁星：《中国加入 WTO 与行政审批制度改革研讨会综述》，载《中国行政管理》2002 年第 8 期，第 22 页。

有发展出从根本上解决问题的这种机制的一个根本原因则是，指导我们改革的理论假设存在问题——我们总是把政府部门及其公务人员假设为能够有效自律的"圣人"。[1]下面我们将看到的行政审批电子监察系统正是凭借对"圣人"假设的突破，使行政审批制度改革摆脱了困境，不但巩固了改革的既有成果，而且推动了改革的进一步发展。

二、突破与超越：行政审批电子监察系统的运用

（一）系统的由来

"深圳市行政许可电子监察系统"是深圳市建立专项基金发展电子政务以来的首个项目。该项目既是联合国开发计划署与监察部合作研究的"中国廉政建设项目"的直接成果，也是配合深圳市第三轮行政审批制度改革探索行政审批监督新方式的有益尝试。早在2003年，深圳市监察局作为"中国廉政建设项目"研究试点单位之一，就承担了"监察机关如何充分发挥监察职能作用"的课题任务。2004年，根据中央领导和监察部对项目研究工作的要求，深圳市监察局结合深圳实际，提出了建设行政许可电子监察系统，对全市行政许可事项实施情况进行全程监督的具体思路和设想。项目一经提出，就得到了深圳市各级领导的肯定和重视。为了促成项目早日实施，深圳市政府专门成立了项目建设领导小组，常务副市长亲自挂帅组织协调，市政府办公厅、市监察局、市科技和信息局等部门共同参与落实建设任务。

在各方面的大力支持下，系统于2004年6月开始规划，2004年11月1日投入试运行，2005年1月1日，系统正式运行，覆盖了深圳全市31个部门239项行政审批项目。2005年9月进行二期挖潜改造，2006年3月完成改造。拓展

---

1. 汪承亮、高尚全：《闭环监督：行政审批制度改革研究》，载《中国工业经济》，2004年第8期，第37页。

后的系统扩大了监管覆盖面，完成了对 28 个部门 197 项非行政许可的其他审批事项的监控，并创新增加主题监察，新开发建设了重大投资项目审批电子监管子系统。该系统利用信息技术手段和视频监控设备对全市所有行政审批事项的实施情况（包括每个审批事项的受理、承办、审核、批准、办结的情况）和办事大厅进行实时的电子监控。系统在运行过程中，遇到违反审批条件或审批程序、超过审批时限、违规收费等情况，会立即自动发出警告信息。

（二）系统的构成

深圳市行政审批电子监察系统由电子监察平台、视频监控系统和行政审批外网网站组成。（见图 5）

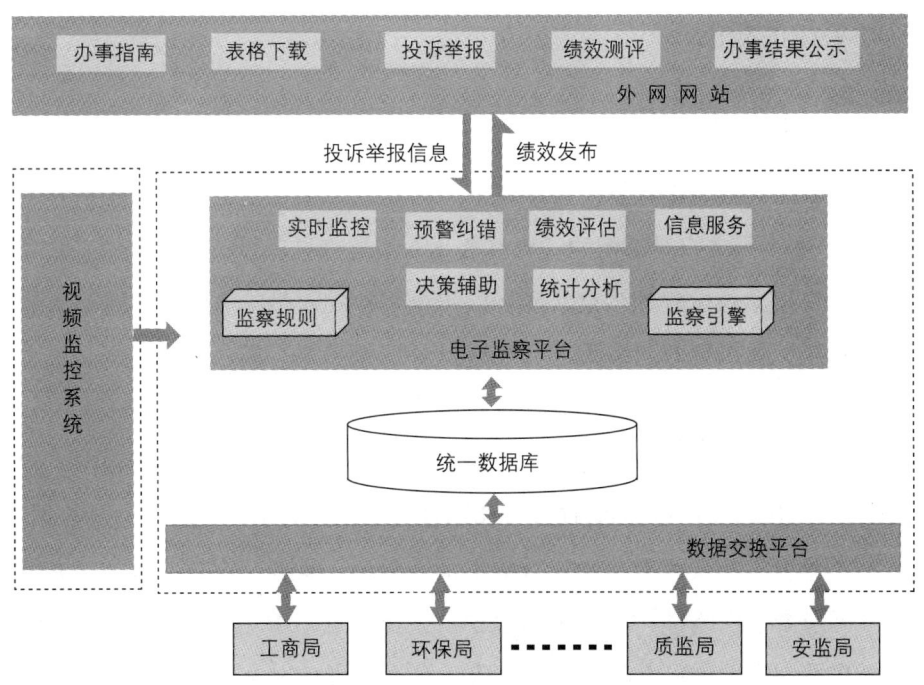

图 5　深圳市行政审批电子监察系统

电子监察平台是电子监察系统的核心。它构建在市政府政务内网上，与互联网物理隔离，包括监察数据采集子系统、行政审批监察子系统、行政审批效能评估子系统、综合查询子系统、统计分析子系统、投诉处理子系统、系统管理子系统等。

视频监控系统主要是通过在市行政服务大厅、建设局、交通局、国土局、公安局等办公现场设置视频监控点及相关网络，进行远程视频图像监控，实现对公务员工作作风、服务态度和办事效率的有效监督，并及时处理办公现场可能发生的问题。

行政审批网站是电子监察系统对外的窗口，构建在互联网上。它设有行政许可政务公开、投诉受理、行政许可论坛、行政许可满意度调查等直接服务于老百姓的子系统。主要提供行政审批信息服务和接受群众投诉等。

（三）系统的功能

系统具有四大功能：

一是实时监控。实时监控通过两个方面实现：一方面，运用电子监察平台与全市 38 个行政审批部门的行政审批业务系统直接对接，自动实时采集每一项行政审批办理过程的信息，实行同步全程监控；另一方面，通过设置视频监控系统，在市行政服务大厅和大厅以外的工商局、国土局、规划局、公安局、交通局等 9 个办事大厅设置视频监控点，进行办公现场监督。实时监控的内容包括：（1）综合监察。可以全面掌握全市行政审批的办理情况，根据实际需要进行各种方式的统计分析和综合查询，随时掌握最新的动态数据。（2）过程监察。主要是对每一项行政审批的受理、承办、审核、批准、办结等五个环节全过程监督。（3）异常监察。主要是对不予受理、不予批准、补交告知以及因审批决定引起行政复议或行政诉讼等情况实施的监督。目的是防止审批过程中发生违规操作的行为。

二是预警纠错。是指对行政审批超越时限、违规收费、违反审批程序、违反政务公开规定和对符合条件的申请人不予批准等违规行为，分别发出预警信号、"黄牌"和"红牌"信号，并自动通过手机短信息通知承办人、审批人和批准人等责任人，监察机关进行监督整改和追究责任。根据《深圳市实施行政许可若干规定》，工作人员将每个行政许可事项的 14 个规范化要素预先设置到系统中。当行政审批事项的办理达到法定期限的最后一个工作日时，系统将通过手机短信自动向承办人和系统管理员发出提示信息，督促承办人员尽快处理。当所办行政审批事项超过法定期限一个工作日时，系统将通过手机短信自动向主管处长、承办人和系统管理员发出"黄牌"警告信息。[1] 出示"黄牌"警告信息后在规定期限内仍未能改正错误的，系统将通过手机短信自动向分管局长、办公室主任、主管处长、承办人和系统管理员发出"红牌"警告信息。[2] 对于受"黄牌"警告的工作人员，不仅通报批评，还要进行相关法规和责任意识的培训，而出现"红牌"时则要追究有关单位和责任人的行政过错责任。

三是绩效评估。根据《行政许可法》的规定，结合深圳市实际情况制定

---

1. 发出"黄牌"警告的情况还有以下 12 种：①对符合法定条件的行政审批申请不在法定期限内作出准予行政审批决定的；②初审机关不在法定期限内将初步审查意见和全部申请材料报送上级行政机关的；③不在办公场所公示依法应当公示的材料的；④申请人提交的申请材料不齐全、不符合法定形式，不一次告知申请人必须补正的全部内容的；⑤未依法说明不受理行政审批申请或者不予行政审批的理由的；⑥不向申请人提供按规定应当采用的行政审批申请书格式文本的；⑦不在市行政审批电子监察系统公开行政审批结果的；⑧作出准予行政审批的决定，应当颁发行政审批证件，不向申请人颁发合法、有效行政审批证件的；⑨对于检举违法从事行政审批事项活动的投诉举报，不及时进行核实、处理的；⑩对转出的行政审批投诉未在规定期限内答复；⑪漏报、瞒报、错报或者不实时报送行政审批数据的；⑫其他违反规定实施行政审批、性质轻微的。
2. "红牌"警告还适用于以下 11 种情况：①无法定依据实施行政许可或者继续实施市政府已取消的行政许可项目的；②无法定依据擅自取消或者停止实施法定行政许可项目的；③擅自增设行政许可程序或许可条件的；④对不符合法定条件的申请人准予行政许可或者超越法定职权作出准予行政许可决定的；⑤对符合法定条件的申请人不予行政许可的；⑥对依法应当根据听证结果作出行政许可决定，不根据听证结果作出准予行政许可决定的；⑦依法应当根据招标、拍卖结果或者考试成绩择优作出准予行政许可决定，未经招标、拍卖或者考试，或者不根据招标、拍卖结果或者考试成绩择优作出准予行政许可决定的；⑧依法应当根据检验、检测、检疫的结果作出准予行政许可决定，未经检验、检测、检疫，或者不根据检验、检测、检疫的结果作出准予行政许可决定的；⑨擅自改变已经生效的行政许可的；⑩擅自收费或者不按照法定项目和标准收费或者违法收取抵押金、保证金的；⑪其他违反规定实施行政许可、性质严重或造成严重后果的。

了《深圳市行政审批绩效评估量化标准》，分 9 个大项 70 个小项考核部门的
审批绩效，分 8 个大项 49 个小项考核岗位人员的审批绩效；系统根据量化标
准，自动对各部门、各岗位的行政效能进行打分、考核和排名；对部门的考
评结果每月在内网、外网和新闻媒体上向各级领导和社会公布，接受群众
监督。

四是信息服务。系统可向群众、各级领导、各部门提供行政审批的各种
信息。通过行政审批网，企业和群众可以任意查询全市行政审批事项的审批
内容、法律依据、审批条件、许可期限等办事指南；还可以随时查询每项行
政审批事项的审批进度、办理结果等。通过与工商企业注册登记查询系统等
业务信息系统的连接，可以实现信息资源共享。监察部门可以随时将系统监
控和突击检查所获得的情况以《电子监察情况专报》形式向市领导提供决策
参考信息。

（四）系统的创新

"行政审批电子监察系统"创造性地把信息网络技术与行政监察结合起
来，以技术来制约权力，较好地解决了审批监察难、审批规范难、审批究责
难、审批自由裁量权过大等问题。具体来说，该系统的创新性主要体现在以
下几个方面：

第一，"行政审批电子监察系统"的开发应用，是行政监察手段的革新，
使得对行政审批的监督由软约束变为硬约束、由柔性约束变为刚性约束。如
何避免行政审批人员在履行职责的过程中人为的随意性；如何避免他们刁难
审批申请人，甚至进行寻租行为，一直是行政审批监察中的难题。而系统的
开发运用，以行政审批法定化为基础，以信息技术为手段，有效限制了行政
审批中的自由裁量权，使行政审批必须严格按照设定的规则来实施。电子检
查系统铁面无私，对任何人都一视同仁，是名副其实的"黑脸包公"。系统试

运行的前 21 天，共发出 54 张"黄牌"。"黄牌"发出后，某单位有人打电话说情，想销掉"黄牌"记录，但电子系统是自动运行的，任何人都难以作假。

第二，"行政审批电子监察系统"的开发应用，是监察方式的变革，使行政监察由事后监察为主转变为事前、事中、事后监察紧密结合。传统的监察方式是有了群众举报以后，监察局派人调查，根据调查结果对违纪违规部门或人员提出纠正意见，严重的给出行政处分。这种监察基本上属于被动的、事后的监督。而系统的开发应用为实施事前、事中监督提供了一个较为有效的途径。它对行政审批实施前就进行了规范和约束，审批实施中各个环节的情况又都进入了监察的视线，形成了全方位与全过程监督紧密结合的监督体系，建立了"不想腐败、不敢腐败、不能腐败"的防腐壁垒，可以及时发现和有效杜绝不规范现象和违纪违法问题，防止利用行政审批谋取不正当利益。

第三，"行政审批电子监察系统"的开发应用，是政府效能监察工作的深化，使绩效评估由主观评价转变为量化评价。系统对考核的每一项内容都设定了具体的量化测评要求和价值分值，根据自动监控所获得的数据和监察机关日常监督监察所掌握的情况，自动进行绩效测评，帮助审批机关针对不足改进工作，使效能评估更加客观和深入。

第四，"行政审批电子监察系统"的开发应用，促进了行政审批流程的规范化和审批过程的公开化，使行政审批由封闭转变为公开。在传统的审批模式下，信息传导是单线式的，上级领导和监察部门难以有效克服与职能部门之间的信息不对称。而如今，市领导和检察机关都可以进入电子监察系统，全面了解和监督每一笔审批业务的实施情况，改变了行政审批实施过程仅由审批部门内部掌握的状况。系统是跨部门的综合信息系统，实现了部门间审批业务系统的互联互通，初步建立了全市政府部门横向的信息资源交换平台。行政审批的情况和证照、批复等信息传输到这个系统上，相关职能部门都可以查询和共享，防止申请单位提供虚假证照、批复等资料。该系统还可以通过"行政审批网"、"网上留言板"等平台与群众进行有效沟通。

（五）系统的效果

"行政审批电子监察系统"运用技术手段制约权力，显示了十分明显的监督作用，巩固了行政审批制度改革的成果，推动了施政行为的依法、规范、公开和高效。具体来说，该系统的应用效果表现在以下几个方面：

一是有效遏制了行政审批中的腐败现象。行政审批是直接面对公民服务的政府行为，也是最容易滋生腐败的环节。自2001年以来，我国进行了几次行政审批制度改革，大大减少了行政审批的数量，方便了广大群众。但是，在先批条子后上项目、马拉松式盖公章、个人说了算的传统审批方式下，行政审批权力腐败现象并没有得到明显改观。电子监察系统应用以前，利用审批权力"吃拿卡要"、"暗箱操作"一直是群众投诉和举报的首要问题，系统运行以来，深圳市监察局受理的涉及审批工作腐败问题的信访举报明显减少。2007年，深圳市在停止了新办"网吧"审批5年后，重新启动了这项审批。全市1万多家申请人获准开办的数额只有746家，竞争十分激烈，但是监察局和文化局收到的有关审批人员收受好处的投诉只有2起，并且查无实据。

二是增强了公务人员的责任意识，提高了办事效率。行政不作为、审批效率低下一直是行政审批制度改革的另一个难题。"门难进，脸难看，事难办"是对这种现象的生动描述。系统运行以前，深圳市行政审批超时限问题比较普遍，全市行政审批业务提前办结率不到3%。而2005年1月至2006年12月，全市办结的175万多件审批业务中，只有2件超时被"黄牌"警告；审批提前办结率（指提前一天以上）也从系统运行前的不到3%提高到平均80%。

三是推动了政务公开，促进了依法行政，巩固了行政审批制度改革的成果。系统的运行，实现了对全部审批业务的全程公开，促使38个部门全部实行审批信息网上公开。到2007年11月，共发现和纠正了各单位许可事权委托不规范、部门协调不到位、收费不符合规定、审批规定互相冲突、政务公开不到位等方面的问题 15 个，向社会公开绩效测评情况 25 次，处理群众投诉 1544 件和群众留言 1385 件，公开处理结果 381 件。通过行政审批过程的公开化和规范化，打破了上级领导和监察部门与政府职能部门之间的信息不对称，有效遏制了在行政审批制度改革中被精简的审批事项的反弹，巩固了改革的成果。

四是改善了行政管理，提高了行政服务水平。为适应电子监察系统的运行，各部门制定了具体严格的工作流程、服务指南、公开公示制度、岗位责任制度和监督措施，提高了服务质量。系统运行前，群众有关审批工作的投诉中，涉及服务态度和服务质量的投诉占 40%—50%。系统运行后，公务员服务意识显著增强，为了缩短审批时限主动加班工作，行政服务质量有了很大提高。2005 年以来，系统收到的 1556 件投诉中，涉及服务态度方面不到 10 件，其余大部分与对政策理解不准确、法律规定不协调等有关，有的与审批工作本身没有直接关系。

五是促进了电子政务建设的深入发展。电子监察系统的运行有赖于政府各职能部门实现电子政务和网上办公，反过来，开发应用电子监察系统对各部门的电子政务建设又具有"倒逼"功效，大大加快了整体电子政务建设步伐并促进了政务信息资源的共享。"行政审批电子监察系统"的数据来源于 31 个政府职能部门。在系统运行之初，有 17 个部门已建成业务信息系统，行政许可后台办理实现了信息化，因此它们的数据采集工作相对容易。而另外 14 个部门的行政许可后台办理工作仍采用传统的人工方式，数据采集需要依靠专门开发的手工录入模块或行政服务大厅业务管理系统来进行。由于数据采集增加了这 14 个部门的工作量，这些部门便开始考虑本部门业务信息系统的开发问题，最终促使它们实现了信息化办公。

（六）系统的影响

深圳市行政审批电子监察系统于 2005 年 4 月通过了国家 863 计划验收、科技成果鉴定和国家级专家组评审，并获得深圳市"科学技术进步奖"。系统的成功运行，在国内外产生了广泛影响。吴官正、尉健行同志和中央纪委监察部、省委省政府以及市委市政府主要领导亲临视察。中央电视台（《新闻联播》、《焦点访谈》）、《人民日报》、人民网、新华网、监察网站、《中国纪检监察报》、《南方日报》等多家媒体进行了广泛报道。

中央纪委、监察部和国务院审改办、信息办先后两次在深圳召开全国性会议总结交流并发文加以推广。香港廉政公署专程来考察学习，各省市前来参观学习人数达7000人次以上。在2006年4月"全国行政审批电子监察系统建设现场会"上，深圳市监察局明确提出向其他省市无偿赠送"系统"软件，目前已赠送广东省、内蒙古自治区、湖北、福建、浙江、云南等10多个省级检察机关。

市监察局还应邀在透明国际组织2005年会议、亚太地区第五届地区反腐败会议以及亚太经合组织反腐败研讨会上专题介绍行政审批电子监察系统。

三、一致与差异：有关行政审批的地方政府创新比较

笔者注意到，有关行政审批的地方政府创新项目，近年来影响比较大的，除了"深圳市行政审批电子监察系统"，还有天津市南开区"超时默许"行政审批机制，该项目是2006年第三届地方政府创新奖为数不多的十个获奖者之一。[1] 因此，有必要对这两种地方政府创新机制进行一下比较。

天津市南开区"超时默许"行政审批机制于2002年8月开始试行，2003年1月正式实行。"超时默许"机制的主要做法是：行政审批部门对受理的事项，如果在规定时间内未作出准予或不准予许可的决定，又未经法定程序延长审批时限，逾期未办结的，将自动视为默认同意。"超时默许"机制的运行主要借助OA系统软件来完成，其流程为：行政受理、抄告相关、并联审批、

---

1. 参见包雅钧：《从天津市南开区"超时默许"机制看行政审批创新》，载俞可平主编《中国地方政府创新：案例研究报告（2005—2006）》，北京：北京大学出版社2007年版。

限时办结、超时默许。在受理期限到期前一天，系统自动将该事项标成红色，同时每 30 秒有两声提示音作为警示，警示 24 小时后行政许可部门仍未作出准予或不准予的决定，则由部门事先授权的计算机系统将自动生成并打印出盖有部门公章的许可证件。送达相应人后，按规定追究相关部门和人员的责任。

通过上述介绍，我们可以看出，深圳和天津的两个项目都运用信息技术规范了行政审批行为，提高了行政审批的效率，体现了效率政府、责任政府的原则。但是，二者又有明显的区别：首先，机制创新的性质不一样。电子监察系统是行政审批监督方式的创新，而"超时默许"机制则是行政审批办理方式的创新；其次，电子监察系统通过监督促进了电子政务公开，改善了行政审批服务态度，而"超时默许"机制则无此功能。第三，电子监察系统本质上是对行政不作为和腐败的预防机制，而"超时默许"机制本质上是一种事后责任追究机制，不过这种追究机制具有很强的隐性威慑力。第四，从技术层面看，电子监察系统是包括电子监察平台、视频监控系统和行政审批网站三大部分以及若干子系统在内的复杂的系统网络，而"超时默许"机制只是在部门自身业务系统上附加的一个应用软件系统。

因此，相比"超时默许"机制而言，"行政审批电子监察系统"的功能更强大、创新覆盖的范围更广，但是，其开发维护的成本更高[1]，推广起来也更不容易。

四、经验与反思：对行政审批电子监察系统的延伸评价

（一）建设经验与推广限制

纵观"行政审批电子监察系统"从开发到应用的全过程，有几个方面的

---

1. 据了解，"深圳市行政审批电子监察系统"开发应用成本约为 900 万元，各区的投入约为 200 多万元，系统每年运行维护成本约 30 多万元。而"超时默许"软件系统的研发费用仅为 35000 元。

经验值得注意。系统的开发运用首先得益于深圳市政府重视信息化工作，在全国率先推动电子政务建设。系统运行之初，深圳市承担行政许可职能的31个部门中有17个已经建成了业务信息系统，实现了行政许可后台办理工作流程的信息化，这就为"行政审批电子监察系统"的建设提供了前提条件。因此，在其他地方推广该系统，必须考虑当地政府的电子政务建设的实际状况。如果在电子政务建设落后的地方推广电子监察系统则需要更大的财政投入。一般来说，电子政务建设落后的地区往往也是经济比较落后的地区。这使得该系统在中西部地区的推广具有一定的限制。

其次，系统的开发运用还有赖于深圳市政府的大力支持和推动。"行政审批电子监察系统"本质上是监察局对政府职能部门进行监督的手段。要让各部门主动接受监察局对其行政审批工作的全程监控，尤其是接受360度旋转监控镜头对现场工作人员的工作内容、服务态度、办事效率进行实时视频监控，显然不是件容易的事情。而如果没有相关部门对监察局的配合，监察局就不能采集到各部门的业务数据，系统建设更是无从谈起。正是基于这样的考虑，"行政审批电子监察系统"项目提出之后，市政府便成立了由常务副市长许宗衡为组长，市政府秘书长唐杰、市监察局局长张伟雄为副组长的项目领导小组，负责协调31个政府部门的相关配合工作。在市政府的积极推动下，监察局与31个行政许可的职能部门签订了《深圳市行政许可电子监察系统建设责任书》，明确了各部门参与系统建设的责任，指定了有关责任人（由部门负责人担任）。由此可见，深圳市政府对项目建设所给予的高度重视和支持，是"行政审批电子监察系统"开发运用获得成功的关键因素。从这一点来看。该项目的推广应用，还取决于地方政府领导者的眼光和魄力。

（二）以技术制约权力的理论反思

1. 技术主义监督思路的限度

"行政审批电子监察系统"以信息技术为手段对行政审批实施程序监督，

体现了一种典型的技术主义的思路。"社会关系的非人化，计算技术的精密化，专业知识的社会重要性的增强，技术理性对自然与社会过程控制的蔓延"[1]成为我们这个时代的基本特征。从理论上讲，公共行政中的技术主义源于 20 世纪组织理论研究的技术决定论，这种技术决定论表现在三个方面：首先是将问题技术化，其次是将解决问题的方案技术化，第三是将组织变革工具技术化。[2] "行政审批电子监察系统"的开发思路，正是首先将行政审批监察难、规范难的问题归结到程序监督这一技术层面上，然后利用信息技术手段突破了这一难题。这种思路与技术决定论的暗合，让我们不得不对它的前景表示担忧。因为作为工具理性意义上的技术手段，在解决问题的同时，也会产生新的问题。首先，现实问题总是复杂多变的，技术手段的标准化、规范化优势在处理快速变化了的具体问题时可能会转变成僵化的劣势。当新的问题出现时，技术手段的适应具有一定的时滞性，而人的反应能力恰恰能够弥补这个缺点。所以，非人格化的技术手段在否定了人的现场介入的同时，也陷入了新的困境。其次，现代技术尤其是信息技术已经发展到大多数人经过简单培训就可进行傻瓜式操作的水平，但是，这并不表明技术本身的复杂性就不复存在。事实上，真正掌握一项技术运作原理的往往只是极少数人。那么，在这种对技术掌握的信息不对称的情况下，如何能够保证这些少数"技术人员"的公正无私也是一个难题。最后，利用技术手段对行政审批的监督仍然是直线式的，没有形成一个封闭的环。因为任何复杂精巧的技术都会有一个终端控制，以技术制约权力的方式无法对终端控制者形成有效的监督和制约。这种思路以其规范化、程序化的特点打破了对一般政府工作人员的"圣人"预设之后，又把这种预设加在另一部分人身上，尽管这部分人的数量极少。

---

1. ［美］戴维·约翰·法默尔：《公共行政的语言——官僚制、现代性和后现代性》，北京：中国人民大学出版社 2005 年版，第 6 页。
2. 张康之：《公共行政中的技术主义》，载《理论与改革》，2008 年第 2 期，第 6 页。

2. 压缩自由裁量权的合理性

"行政审批电子监察系统"之所以能够有效遏制行政审批腐败行为，主要在于其运用刚性的技术手段规范了行政审批程序，大大压缩了审批过程中的自由裁量权。然而，自由裁量权在公共管理中并不是绝对的恶，也有其存在的必要性。在西方传统中，关于自由裁量权有两种分歧的观点：一种观点认为，不存在公共行政的自由裁量权的问题，即认为公共管理者能够简单明确地适用法律以解决实际问题。另一种观点承认自由裁量的模糊性，并认为法律的每一次适用都涉及对法律的进一步阐释，在阐释法律时应该以公平作为指导管理者作出决定的价值。第一种观点来源于柏拉图，第二种观点源于亚里士多德。[1] 如果按照亚里士多德的观点，毫无疑问，电子监察系统对审批自由裁量权的压缩，是以在资源配置中损失了公平的可能性为代价的。因为，在执行法律的过程中，管理者必然会遇到一些立法者未能预料的问题，自由裁量的问题始终无法避免。绝对排除自由裁量的话，就有可能虽然获得了法律的正义，但却失去了公平的正义。

（原载俞可平主编：《中国地方政府创新案例研究报告（2007—2008）》，北京：北京大学出版社2009年版，第64—76页）

---

1. ［美］乔治·弗雷德里克森：《公共行政的精神》，张成福、刘霞等译，北京：中国人民大学出版社2003年版，第89页。

公民监督政府：行政监督的活力源
——以宁波市为例

张荣昌

（宁波行政学院行政管理教研室）

越来越多的有识之士认为，当前完善我国行政监督机制，最重要的是完善公民监督政府的机制，这将为行政监督注入新的"活力源"，对于扩大公民政治参与，保障党的方针、政策和国家的法律、法规的正确贯彻实施，惩治腐败，促进政府机关的高效、廉洁、公正建设，至关重要。

一、限制政府权力：以公民权利制衡政府权力是关键

当今中国社会在走向"和谐"，政府职能也在发生转变，但是，行政权力还要进入到社会的各个领域，行政机关还会得到越来越多的自由裁量空间。如何监督好日益扩张的行政权力，实质上是如何"以权力制约权力"，公民对于行政机关的监督，"以权利制衡权力"常常能达到"以权力制约权力"所达不到的效果。要看到，不管行政权力如何复杂，它大都与具体的公民发生具体的联系，行政权力运作得规范，公民就会成为受益人；行政权力一旦失范，公民就会成为直接的受害者。所以，公民对于行政机关的作为往往有着

敏锐的感知，行政机关的一举一动都关系到自己权利或利益的得失。公民一旦对行政机关的行为进行主动监督，权力的自我膨胀将会得到遏制，行政行为中的一些疏忽、漏洞及违法行为就会被及时发现。以权利制衡权力，已经成为保障现代民主政治的一块盾牌。一个或多个公民一旦自觉对行政机关进行监督，那就意味着一些行政权力将受到制约，而当全体公民都有了自觉监督行政权力的意识，都有了为自己权利而奋斗的执著，那就意味着，整个国家权力都会处于"无微不至"的制衡之下。推进依法行政的一个关键，就是要构建公民投诉政府的"直通车"，创造各种途径和平台，鼓励公民对行政机关的行为进行监督，以公民权利制衡政府权力，让政府权力的公共性有根本的保障，这既是政府的责任，也是每一个有责任感的公民的力量。

以往我国对行政机关进行监督，主要是依靠国家权力机关和专门监督机构（公权力组织）。但实践证明，仅靠不同公权力组织的监督或公权力组织的内部监督，在很大程度上是事后监督，并只局限于对公权力组织和公务人员违法、违纪、渎职等劣迹的监督，其实质是公权力组织及公务人员行为结果的矫正、惩处机制。这就很难解决"监督者之监督"这一制度性缺陷，甚至形成"监督——失控——监督——失控"恶性循环的怪圈，由监督而引起的社会成本也会越来越大。从公权力的本源性来分析，公权力因公共事务管理的需要而产生，代表公民的意志而成立，为公民的利益而行使。因此，公众是当然的监督公权力的主体。从某种角度来说，公权力组织的监督也常常依赖于公众监督。在监督机关查处的案件中，很少是由监督机关主动发现并启动惩处程序的，而往往源于公众的诉求和揭露。因此，为了加强公众对公权力的监督，一方面，要强化代表公众意志的人民代表大会以及人民代表的作用；另一方面，要构建公民参与监督政府的机制，增进公众对公共事务管理的监督权、参与权。通过科学的制度设计，将公权力置于公众的监督之下，强化日常的公众监督，从源头和过程上保证对行政机关进行监督，预防和治理腐败。

以宁波市为例，随着社会主义市场经济的确立，经济与社会的发展，人们正拥有越来越多的选择和自主空间并进而对政府提出新的要求和期望，诸如：要求政府的公共政策更加符合最广大人民群众的根本利益；要求把政府权力置于有效的公民监督中；要求政府讲责任、讲回应、讲效率；要求政府高效、廉洁、公正、透明等。为了全面推行依法行政，切实保障行政管理相对人的知情权、参与权和救济权，进一步健全行政执法责任制、行政错案追究制和行政监督制度。进一步提高行政效能，克服职能重叠、职责交叉和推诿、拖拉、扯皮现象，进一步转变机关作风，严格考核奖惩，提高服务质量，坚决克服行政不作为现象。彻底解决全市投诉窗口分散、渠道不畅、权责不相符、群众投诉难等问题，2000 年 8 月，宁波市委、市政府专门建立一个便于群众个案受理，直接监督政府的廉政投诉"直通车"——"96178"廉政投诉中心，主要开展各种维护公民合法权益的活动。该中心以受理对市委、市政府的决定、决议、命令拒不执行或执行不力，阻碍政令畅通，妨碍宁波经济发展行为的问题为主要内容，重点是受理阻碍政令畅通、损害群众切身利益的有关问题。凡是符合"96178"廉政投诉中心受理条件的投诉件，先由中心予以受理登记，再根据投诉的内容，按 3 种方式办理：一是转办；二是督办；三是自办。一般在 15 个工作日内办结。办理结果，由中心负责向投诉人反馈。中心成立 4 年来已成为名副其实的廉政投诉"绿色通道"，受到了人民群众的欢迎和拥护，为宁波经济和社会发展保驾护航，锻造现代高效廉洁政府发挥了重要作用。

二、公民监督政府的"四个一"运作模式及其特点

所谓"四个一"的运作模式，即：一条由"三合一"组成的 24 小时畅通的投诉热线，一个以 96178 为龙头的投诉办理系统，一支快速有力的督查队伍，一个配合受理查处对典型案例进行跟踪曝光的媒介专题栏目。这个"四

个一"的运作模式较好地解决了当前政府部门投诉窗口分散、渠道不畅、责权不一致、投诉效率低等诸多难题,是党风廉政建设标本兼治、关口前移的行政监督体制创新。"96178"谐音为"一有气就拨"。"96178"通过受理投诉,从老百姓的视角、位置来看待监督政府的工作,为百姓说话、替百姓撑腰,从而使党和政府赢得了民心、赢得了主动。这种"四个一"的运作模式,一是强化了纪检监察机关的保护职能和监督职能,使其更好地发挥职能优势,为党委、政府中心工作服务;二是能促进职责范围内的专项治理、执法监察、政务公开、行风建设等工作;三是能够把政府监督、社会舆论监督和人民群众监督有机地结合起来,形成有效的监督制约机制,发挥监督合力。五年来,这种"四个一"的运作模式,发挥了经济建设的维护者、廉政建设的监督岗、社情民意的晴雨表、消除矛盾的"减压阀"的作用,展示了广阔的发展前景和强大的生命力,是完善我国行政监督体制的一种新实践。

从当前宁波市"96178"廉政投诉中心的运行情况来看,至少有如下几个基本特点。

一是实现"公权力回归"。马克思主义认为,在人民权利的层面上使用民主概念的时候,民主即广义的民主权利,人民是这个社会"公权力"的主体。民主的实质就是人民当家做主。建设社会主义民主政治,必须坚持人民的利益高于一切,做到权为民所用、情为民所系、利为民所谋。如果一个社会的财富被少数人掠夺,那么这个社会市场机制的运作就会被扭曲,这个社会的经济也就没有活力。如果一个社会的"公权力"被少数人垄断,那么这个社会的公正、公平机制的运作就会被扭曲,这个社会的发展也就没有活力。既然公权力来自于社会,就得让它回归社会。如果公权力异化为奴役社会的工具,那么这个社会一定会问题丛生。宁波市"96178"廉政投诉中心的最重要特点,就是肯定公民的利益和权力,实现"公权力回归"。

二是增强公民监督政府能力。西方政治理论对于权力问题的主要原则是"一切政治权力都必须是有限制的"。这一原则运用于行政管理过程,就是一切行政权力属于人民，公众是当然的监督行政权力的主体。在我国，人民是国家的主人。《宪法》明确规定，国家的一切权力属于人民。但是，由于我国尚处在社会主义的初级阶段，几千年剥削制度传下来的腐朽思想还残存在许多人的头脑之中，国家行政机关及其工作人员还存在着严重的官僚主义和其他腐败现象，只有广泛吸收并坚决依靠广大人民群众实行对政府及其工作人员的民主监督，才能防止国家行政机关及其工作人员由社会的公仆变成为社会的"主人"。宁波"96178"廉政投诉中心直面群众，强调吸收广大人民群众来参与政府管理及其对行政管理活动的监督，有利于及时纠正政府各方面管理工作中的一些决策失误，有效地防止国家行政机关及其工作人员的失职、渎职、越权、滥用权力等腐败行为，有利于整合各种不同社会利益之间的行为，正确处理和协调各种不同社会利益之间的矛盾。无疑是以人民群众当家做主为基础的民主监督形式。

三是有效整合廉政资源。反腐败能够取得成功的关键，是有一张廉政资源整合网。宁波市"96178"廉政投诉中心以"96178"投诉专线电话和"96178"投诉专用信箱为基本受理方式；拥有反应快速、查处有力的专门督查队伍和由各县（市）区及市级有关部门组成的投诉网络系统，并与宁波电视台共同建立"96178"新闻跟踪专栏。这张廉政资源整合网把全市各方面的廉政资源充分发掘出来，编织成一个条块结合，上下联动，内外呼应，畅通有序，覆盖全社会的廉政投诉网络。众所周知，在我国，人民当家做主，要依靠党的领导，要靠人民的民主实践，但更要用法治来保障，这三者是有机辩证的统一。只有用法治来保障人民能有效监督政府，政府依法行政才能有实效。这就需要将行之有效的民主监督形成制度进一步完善化，并逐步纳入法制化的轨道。

三、进一步推进公民监督政府的对策

不断开拓反腐倡廉新的动力源。十六届三中全会提出了"建立健全与社会主义市场经济体制相适应的教育、制度、监督并重的惩治和预防腐败体系”，这就为新形势下反腐倡廉开拓了新的动力源，提供了广阔的发展空间。宁波市建立“96178”廉政投诉中心，将行政监督、公民监督和舆论监督有机结合，将损害群众切身利益问题作为反腐倡廉的主攻点，将完善行政监督体制和机制作为反腐倡廉的突破点，整合廉政资源，合成作战，发动人民群众积极参与监督政府，积极主动地从源头上预防和解决腐败问题，也较好地解决了一系列政府与社会的矛盾。它告诉我们，反腐败需要新的动力源，需要广大公民的支持和参与，需要真正把权力回归人民，这是一条千真万确的客观规律。

积极推进行政民主化和法治化建设。构建和完善以公民的监督为基础、同专门机构密切结合的行政监督机制，其出发点、最终归属是实现“科学执政、民主执政、依法执政”的目标。它表明，在法治社会，公权力监督的内容包括两个层面：一是权力行使的合法性和正当性；二是行使公权力的效率。只有作为行政行为相对人的公众，其监督才能两个层面兼顾。公民监督政府的实质是一种民主治理方式，是一种最广泛的民主实践。它动员公民起来负责，参与行政监督，这有利于行政服务方式的转变，也有利于领导服务作风和机关服务作风转变。它意味着监督政府的重心部分开始向公民社会转移；意味着公民主体利益意识的觉醒；意味着公民行政参与的实质性阶段。它为推进行政民主化和法治化建设，摸索出一套新经验，开辟出一条新途径。它标志着一个“公共管理”时代的来临，昭示了“治理时代”的先声。

建设“阳光政府”。全面实施政府“阳光工程”，是切实维护群众合法权益，从源头上预防和治理腐败的有效措施。建设“阳光政府”的具体要求：一是全面推行政务公开。包括行政依据公开、内容公开、程序公开、时限公开、结果公开、救济渠道公开等方面。坚持政府信息以公开为原则，不公开为例外，主动公开六方面信息：管理规范、发展计划和规划方面；与公众密切相关的重大事项方面；公共资金使用和监督方面；政府机构、工作目标和人事方面；有关行政许可方面；法律、法规、规章规定应当公开的其他政府信息。

　　建立政府与公众对话机制。譬如，行政立法、行政许可、行政处罚以及涉及价格政策的制定，征地和房屋拆迁补偿的调整，教育、医疗、保险制度的改革等有关群众切身利益的行政行为，都要建立听证制度。对政府重大活动、重大决策、重要政策调整以及涉及广大群众利益的重大事项，都应当定期或不定期举行新闻发布会，让群众及时了解和掌握政务情况。要通过网络、电视、电台等媒介与群众直接对话或面对面进行座谈交流，依法、合理解决群众反映的问题。开通"阳光热线"电话，畅通群众投诉渠道。要全面升级政府门户网站，建立信息互动平台，建起政府与公众之间互相交流的桥梁，及时了解公众对政府工作的意见和想法，接受社会各方面的监督，大力开展政务公开网上监督和网上评议活动。

　　确立行政监督要有讲"效益"、讲"契约"的新观念。市场经济要求行政监督行为讲究效益，讲究成本。公民监督政府行为也要按照市场原则进行操作，以期用最少的社会资源耗费来获得最佳政府高效、廉洁的效益。行政监督要有崇尚"契约"的新观念。即在行政监督中，强调行政道德规则内省教化的同时，也要强调以法律规则治权或治吏的认识，加深对法律规则的理解和运用。与东方的文化传统不一样，西方文化历来崇尚所谓的"理性"文化，理性精神就是规则精神，理性文化就是契约文化，所以，必须把我国传统的伦理型行政文化同西方的规则性、契约性行政文化有机地融合到一起，确立现代化的"契约"行政文化观念。

　　此外，完善我国行政监督机制，还需要坚持"以教育为先导；以制度为中坚；以监督为保障；以自觉为底蕴"的原则，这对于促进政府机关的"高效、廉洁、公正、透明"建设，同样是十分重要的。

（原载《国家行政学院学报》，2005 增刊）

建立反馈机制　提高民主监督实施

——扬州市政协推进民主监督的实践与思考

沈广国　于　进

（江苏省扬州市政协）

去年（2006 年，编者注）初，《中共中央关于加强人民政协工作的意见》（以下简称《意见》）颁发后，新的形势、新的机遇为人民政协工作提供了更加广阔的空间。扬州市政协在认真学习贯彻《意见》的基础上，从建立反馈机制入手，在强化政协民主监督职能方面作了一些思考和探索。

一、认真贯彻《意见》，明确建立反馈机制的重要性

《意见》明确指出："各级党委和政府要认真倾听来自人民政协的批评和建议，自觉接受民主监督。要完善民主监督机制，在知情环节、沟通环节、反馈环节上建立健全制度，畅通民主监督的渠道。"而从信息论的观点看，信息流动的完整过程包括传播、收集、分析、利用、反馈等，其中反馈是信息能否发挥作用的关键一环。因此，建立反馈机制非常必要。

首先，建立反馈机制有助于促进党政部门决策的科学化、民主化。按照省委关于"三在前、三在先"的要求，政府部门在重大决策前应广泛征求政

协委员的意见，对委员们所提建议、意见的采纳情况也要及时向委员反馈。这样至少能够说明一个事实：即相关单位或部门对委员的建议、意见认真研究讨论过。实际上，吸纳或部分吸纳委员的意见、建议并及时做出反馈，有助于监督并促进决策部门多角度考虑问题，从而使党政部门的决策更具代表性，更加科学化、民主化，最大限度地避免决策失误。

其次，建立反馈机制有助于强化政协的民主监督职能。在政协工作中，委员通过书面形式提意见或建议是政协实施民主监督的一种经常形式，也是政协履行职能的主要方式之一。长期以来，委员们对提案办理的满意率相对较高，主要是因为每件提案都有反馈，感觉提案提了有"效果"。而部分委员对民主监督不够满意，　个很重要的原因就是委员所提建议、意见发出后往往得不到反馈。反馈本身就是接受监督的具体体现，没有反馈的监督等于没有监督，而建立反馈机制就能够了解被监督者的态度，有助于强化政协的民主监督职能。

再次，建立反馈机制有助于调动委员参政议政的积极性。建立反馈机制，把政协委员和社会各界人士表达愿望、提出诉求的各项活动纳入民主法治的轨道，有利于充分调动广大政协委员的参政议政热情和参与民主监督的积极性，让党委和政府更加广泛地了解委员和其代表的社会各界的意见和要求，使委员们有机会协助党委、政府做好新形势下协调关系、化解矛盾、理顺情绪、构建和谐社会的工作，促进党委和政府进一步改进工作作风，提高行政效能。

二、创新工作方式，建立多渠道的反馈机制

《意见》同时指出，人民政协民主监督的主要形式有：政协全体会议、常委会议、主席会议向党委和政府提出建议案；各专门委员会提出建议或有关报告；委员视察、委员提案、委员举报、大会发言、反映社情民意或

以其他形式提出批评和建议；参加党委和政府有关部门组织的调查和检查活动；政协委员应邀担任司法机关和政府部门特约监督人员等。民主监督的多形式，决定了向委员反馈意见的方式也应当多渠道。近年来，我们采用的反馈形式主要有：

书面反馈。即委员所提提案、建议和意见以及《社情民意》等发出后，承办单位做出及时认真的研究，以书面材料报送给委员，向委员反馈采纳情况。这样，委员们及时了解了办理结果，就能正确理解相关部门的意图，更好地支持政府及部门的工作。

当面反馈。即在政协或相关方面召开的会议上，委员们提建议和意见时，政府或有关部门派员参加会议，对委员所提问题共同探讨，进行面对面的沟通、交流或解答，这种形式既能使委员更好地知情知政，又具有很好的互动性，便于双向交流和提高协商监督效率，解决问题往往也比较彻底，委员们一般更乐于接受。

考察、视察反馈。委员对事关全局的重点项目、重点工程比较关注，有关部门邀请部分委员实地考察、视察。这种方式通过向委员介绍现状，让委员亲身感受，同时当面听取委员意见，效果也很好。

通报反馈。对集体提案和委员联名所提的建议、意见，政府或承办部门约请有关委员以通报会的形式公开答复，进行集体反馈。

批示反馈。对委员提出的社会普遍关注的热点问题和事关全局的社情民意，有关领导亲笔做出批示，由"两办"将批示复印并转呈给所提意见、建议的当事委员。这种反馈既能反映领导对所提问题的基本态度，又能体现领导对委员意见的重视程度，因而能够更好地调动委员参政议政的积极性。

三、建章立制，努力实现反馈工作的规范化、制度化

建立反馈机制是实施民主监督的一种好形式，应该不断地完善和推广，

而且要逐步做到经常化、规范化、制度化。

一是交办制度。政协常委会议、主席会议形成的建议案、委员的提案应由党委、政府的"两办"会同政协的有关委员会牵头，提交政府相关部门办理，同时明确办理要求，并及时反馈。政协委员所提建议、《社情民意》、界别活动周搜集的意见、建议等由政协办公室和有关委员会梳理后以书面形式送交政府和有关部门，并在给定的时间内反馈给意见当事委员，力求做到条条建议有人办，努力提高交办监督工作实效。

二是专报制度。政协重要的《建议案》、《社情民意》等，凡直报或专报给党委、政府主要领导、分管领导后，党委、政府"两办"应及时将有关领导批示和意见交办落实情况书面反馈给政协。并将有关部门对领导批示办理和落实的情况分别报送给相关领导及政协办公室和相关专委会，以便及时沟通互动，形成双向或多向反馈，实行重要意见建议反馈的专报制度。

三是会办制度。对集体提案以及涉及多个部门办理的《建议案》、提案、《社情民意》等，当有关个别部门单独办理有一定难度的，由党委或政府分管秘书长牵头召开合办会，同时将办理结果及时向政协办公室和有关专委会或当事委员反馈。

四是督办制度。政府对有关部门办理政协《建议案》、提案、《社情民意》等情况，每年都要组织两次督查，督查过程中约请政协有关委员参加。而对一些可以由政协直接督办且有关对口部门能够直接办复的建议、意见，则应实事求是地简化程序，由政协分工领导或相关专门委员会牵头，直接督促有关职能部门及时办复，以提高对政协或委员意见、建议督办工作实效。

五是考核激励制度。政府各部门要高度重视建议、提案和社情民意的办理工作，将办理政协建议、提案等工作列为重要议事日程。逐步形成各单位主要负责同志亲自过问、亲自主持办理、亲自督促检查、亲自审核签发答复意见的工作考核制度。党委、政府的综合考评考核部门还将政协提案、建议案等的办理落实情况列为对相关部门年终考评考核的重要内容，对领导重视、办理及时、答复规范、办理质量高且反馈及时、委员满意度高的部门给予表彰奖励；对办理不及时，办理工作马虎，委员不满意的除责成有关部门重新办复，直到委员真正满意为止外，对有关部门还要进行通报批评，以不断提高对政协建议、提案、《社情民意》等的办复质量。

（原载《江苏政协》，2007 年第 12 期）

民主监督的成功实践

——关于厦门市民主党派成员参与"纠风"工作的调查与思考

曾汉中
（厦门市委统战部）

（一）

1995 年起，厦门市监察局借鉴外地经验，在福建省率先开展行风评议活动，每年选择一些部门、行业和窗口单位作为评议对象，聘请评议代表对他们的行风状况和社会服务承诺制落实情况进行评议。几年来，共聘请市级评议代表 175 人次，先后对工商、税务、公安、邮电、电业、卫生防疫、港务、技术监督、城监、市政、规划、土地房管、海关、交通运管、贸发委以及公交、煤气、自来水等十几个部门的行风建设和社会服务承诺制进行检查评议。这些评议代表绝大多数是民主党派成员，承担繁重任务的各小组组长、副组长也大都是民主党派的老领导和骨干。他们以强烈的社会责任感和参政党成员的使命感，以对党和人民事业极其认真负责的态度，全身心地投入到这项工作中，付出艰辛的努力，被领导和群众誉为"一支能攻善战的队伍"。

不辞辛劳，明察暗访，掌握第一手材料。深入基层广泛听取群众意见，到被评议部门的基层所、站明察暗访，是各评议组的主要工作方式之一。每年开展这项工作，都正值7、8、9三个月，酷暑难当。评议代表们往往是头顶烈日，栉风沐雨，不计报酬（有时还自掏车费），不顾年老体弱，义无反顾地投入到工作中。几年来，他们的足迹遍及厦门岛内岛外的主要被评议部门单位和街道居委会，掌握了大量的第一手材料。有一次，群众反映湖里某税务所下午上班不准时、仍在睡大觉的情况，几位同志立即顶着午后的烈日，赶在上班前实地察访。不仅证实了所反映的问题，还发现一些其他问题，当场进行纠正，并及时向国税局领导反馈，对相关人员做出严肃处理，促进了整个税务系统的深入整改。另有一次，评议代表在基层察访时了解到某医院出售高价治性病的药品，当即赶到该医院，乔装成患者与之周旋，从而揭露出该院违反规定擅自让外地游医从事性病专科门诊，欺骗、敲诈患者的严重问题。在电视台曝光后，引起社会强烈反响，该院领导和相关人员受到严肃查处。

敢讲真话，敢于碰硬，不怕得罪人。被评议的部门和行业往往是与群众生活密切相关，又带有一定的特权和垄断性质的，长期以来形成了唯我独尊、骄气霸气十足、听不进批评的顽症。"纠风"初期，阻力相当大。一些部门单位的同志甚至领导，认为评议代表是"找茬"、"添麻烦"，是往他们脸上"抹黑"，损害执法部门的形象，有的甚至搬出上级文件，称不宜对该部门的不良现象进行公开批评。评议代表没有知难而退，在市领导和纪检、监察部门旗帜鲜明的支持下，他们与各部门领导坐到一起，摆事实、讲危害、查原因，反映群众的真实意见，对少数国家公职人员的素质及其工作作风、工作效率、服务态度提出尖锐批评，促使有关领导逐步转变观念，采取有力措施抓整改。

在工作中，由于一些人为干扰和复杂原因，一些群众反映强烈的问题长期得不到解决。评议代表们出于公心，坚持原则，锲而不舍地不断进行反映和呼吁，使问题得到解决。

立足整改，跟踪督查，以群众的满意度为标准。民主评议行风活动的宗旨是"纠建并举",既要善于发现问题,敢于揭露弊端;更要进行跟踪追查,立足于落实整改措施,建立完善规章制度和制约机制。几年来,对于一些重点单位的老大难问题,评议代表们始终非常关注,不仅帮助提出整改措施,而且对落实情况不断追踪反馈。位于岛外的杏林医院原先管理十分混乱,软硬环境都很差,外商反映强烈。为帮助杏林医院尽快改变面貌,评议代表在1年多时间里10多次到该院,督查整改进展情况,听取病人意见,及时向院方反馈。在该院领导的高度重视下,如今杏林医院的面貌发生了根本性的变化,旧貌换新颜,外商、群众都非常满意。一位评议代表感慨地说,当初我"骂"杏林医院最"凶",去那里的次数也最多。现在和当初比,真是不可同日而语啊。

(二)

我市开展民主评议行风建设和社会服务承诺制活动至今已经有5年了。这项活动的成功开展,其意义不仅仅在于反腐纠风、兑现承诺,它对于实现社会风气根本好转,提高城市文明程度,加快厦门的建设发展,可以说都有全面深刻的影响。由于这项活动有民主党派成员的广泛参与,因此对其成效的评估就有着不同寻常的意义。

一是行政执法部门和承诺制单位的服务意识、职业道德水准和基础设施建设都明显加强,与人民群众生活密切相关的软硬件环境日益好转。首先是各部门、行业从建章立制、强化管理入手,建立严格办事程序,加强对员工的思想教育,不断健全完善内部制约机制,加大惩处力度,使群众原来意见最大的办事效率不高、服务态度不好的现象有了很大改变。就大部分被评议的部门、行业而言,"门难进,脸难看,事难办"状况基本不复存在了。其次是加大对基础设施、硬件设备的投入,为人民群众办实事。各相关部门、单位都投入巨资用于基本建设,如购买公交车辆、改建装修营业大厅、兴建新市场、购买电子设备实现电脑管理、加强员工业务培训等等，大大改善和方便了人民群众出行办事的环境。据粗略统计，近年来被评议部门和承诺制单位用于改善基础设施的资金就不下数千万元。有关部门积极整改的显著成效，换来人民群众的赞许和信任。1995年开始实行行风评议时，公安、工商、税务的得分排在倒数几名，1998年行风集中评议大会上，工商局获得最高分，国税局、地税局都已跃入"良好"行列。

二是促使有关部门和单位摆正位置、转变观念，增强接受监督的意识。行政执法部门和具有垄断性质的行业长期形成了一种唯我独尊的"老大"意识，使一些同志很难放下"架子"倾听群众意见，总认为家丑不可外扬，自己的事自己能处理，因而在开始进行行风评议时，感到难以理解，甚至有抵触情绪。行风评议的重要成效之一，就是使部门单位的领导同志看到了行风评议对改进本部门工作的不可替代的推动作用，尝到了"甜头"，变"要我抓"为"我要抓"，不仅积极主动支持评议工作，而且较好地增强群众观念，树立接受监督的意识。市公安局主要领导在一起民警违纪案件最终得到处理后，深有感触地说："看来有时外部监督要优于内部监督。"目前，全市有29个重点部门成立了纠风领导小组、"纠风办"、"承诺办"等内设机构，有13个部门单位聘请了250多人次的市级行风监督员，一些部门还形成了分布面很广的社会监督网。一些与群众生活密切相关的如邮电、煤气、电业、自来水等单位，不仅改善服务态度、提高工作效率，在处理群众的投诉时，也能做到查处得力、不护短。

三是赢得人民群众的信赖，密切政府与群众的联系，树立了民主党派的良好形象。随着纠风工作的深入开展及其成效日益显现，市监察部门和行风评议代表在群众中树立了很高的威信。他们经常收到群众来信和电话，提供了许多有价值的线索。"纠风办"每年两次组织评议代表在公园南门公开接受群众咨询投诉，从开始时人来寥寥，到今年一次受理280多份投诉材料，就不难看出群众对这项工作的信任。

（三）

参政议政、民主监督是民主党派的主要职能。厦门市民主党派成员参与纠风工作，是民主党派参与实施民主监督的一次成功实践，其经验也给了我们许多有益的启示。

启示之一：实施民主监督是一项系统工程，取得成效离不开各部门的支持协作。首先是市委市政府领导的重视和支持。在开展工作、查处问题遇到阻力时，市委领导总是旗帜鲜明地支持纠风工作，使纠风工作能排除阻力，顺利开展。市政府将监察局聘请的特约监察员升格聘为市政府特约监察员、市政府勤政巡视员，并赋予他们持证检查监督、当场纠举的权力。其次是监察局、纠风办作为职能部门的全力支持和组织协调。如每年纠风工作的部署，评议代表察访的组织实施，与各部门的联系、反馈、督查等等，做了大量具体细致的组织协调工作。以其职能部门的权威，作评议代表们的坚强后盾，并积极为他们开展工作创造便利条件。第三是新闻媒体的积极配合和介入。评议代表明察暗访的经过，特别是现场摄录镜头经媒体公开披露后，在社会上引起强烈反响，形成强大舆论压力，对有关部门震动很大，有力地推动了纠风工作的深入开展。第四是各相关部门的理解和支持。没有他们认真严格落实整改措施，各方面的努力要最终化为积极成效是不可能的。

启示之二：民主党派开展民主监督有不可替代的作用，能很好体现自身优势。民主党派的民主监督与纪检监察部门的党内监督、人大的权力监督相比，不具有强制性；但就参与纠风工作而言，也有自身独特的优势和作用。主要表现在：一是政治上的优势。共产党领导的多党合作和政治协商制度是我国的基本政治制度，赋予民主党派监督执政党及政府部门的权利。民主党派成员参与纠风等社会监督工作，是履行参政党职能的体现，得到各级党委、

政府领导的重视与支持，也容易得到被监督部门和群众的认可。二是地位超脱的优势。民主党派与共产党团结合作，共同致力于社会主义事业；但它不是执政党，也不是权力部门，地位超脱，相对于"当局者迷"来说，有一种"旁观者清"的洒脱，更能从群众的角度认识和体会不正之风的危害。同被评议单位也不存在利害关系，不怕丢乌纱帽，不怕穿小鞋。三是人才上的优势。民主党派素有人才库、智力库之称，推荐担任特约监察员和行风评议代表的同志，政治素质、知识层次都比较高，特别是一些曾任党派领导的老同志，既敢讲真话、疾恶如仇、直言无忌，又有参政议政的实践经验，善于从全局高度来考虑问题把握分寸，在掌握事实材料的基础上，提出问题、分析问题有理有据，鞭辟入里，令人信服。四是联系群众的优势。民主党派成员既是社会大众中的一员，又是参政党的一份子，各自联系、代表着一部分群众，对群众的要求呼声感同身受，特别是经过深入调查研究，更密切了与群众的联系，提出的问题和反映的意见有较深厚的群众基础。

启示之三：民主党派的民主监督可以在我国现行监督体系中发挥更大作用。聘请评议代表对行业风气、社会服务承诺制进行评议的工作在我市取得显著成效，这固然可喜，但所隐含的问题也令人深思。它意味着在现行管理体制中，一些部门、单位单靠自身的力量还很难纠正自身存在的不正之风和腐败问题（当然不是绝对的），不得不依靠主要由党派成员、政协委员等组成的社会监督力量来进行评议、监督、纠正。借助外部的监督力量来推动本部门建立健全工作机制，也是体制由不完善走向完善的必由之路。在这个过程中，由于民主党派较为超脱的地位和自身所具备的优势，可以作为"外部监督"的重要方面来发挥其积极作用。

（原载《中国统一战线》，2000 年第 2 期）

完善审计监督　促进廉政勤政

——以浙江省金华市领导干部经济责任制审计为例[*]

丁开杰

（中央编译局世界发展战略研究部）

浙江省金华市于 1995 年结合本地实际情况，在领导干部经济责任审计工作的实施机制、程序等方面进行了大胆创新和改革，保证了领导干部经济责任审计工作的贯彻实施，对其他地方政府开展领导干部经济责任审计[1] 具有很大的启发和借鉴意义。为深入了解金华市开展领导干部经济责任审计的经验，2001 年 9 月和 2002 年 10 月，我们前往浙江省金华市开展了两次实地调研活动。在调研活动中，我们按照创新程度、自愿程度、效益程度、重要程度、节约程度以及推广程度等六项指标对项目进行了评估。[2] 我们对项目实施者和

---

[*] 本文得到了浙江省金华市审计局等单位的大力支持和协助，谨致谢意。在 2001 年 9 月和 2002 年 10 月的两次调研中，中央编译局当代所李惠斌研究员和清华大学公共管理学院钟开斌先生也给予了大力的支持和帮助，也在此表示感谢。

[1]. 广义的经济责任审计包括一切审计。狭义的经济责任审计，则是特指我国在近些年来出现的旨在明确国家机关和国有企业事业单位领导人经营管理责任而进行的一种审计活动，领导干部经济责任审计是由独立的专门机构（或组织）和专职人员接受干部管理部门委托，依据国家法律、法规和有关政策，对党政机关、人民团体、事业单位的党政领导干部或企业领导人员在其职责范围内履行经济责任的情况，根据一定的标准和依据，遵循既定程序，运用相应的方法进行审查分析，依法进行监督、评价和鉴证的活动。

[2]. 俞可平主编：《中国地方政府创新：2002》，北京：社会科学文献出版社 2002 年版，第 24—25 页。

项目受益者分别进行了访谈，既了解了金华市本级的制度创新和实践，也了解了义乌市、浦江县、永康县、兰溪县等金华市辖属县市在领导干部经济责任审计工作上进行的制度创新活动。

本文结合在浙江省金华市开展的实地研究，从制度创新和制度变迁两个角度研究金华市领导干部经济责任审计工作的制度变迁过程和制度创新特征以及制度绩效。

一、制度演进：浙江省金华市领导干部经济责任审计的发展

金华市位于浙江省中部，为省辖地级市，经济处于浙江省中等水平。早在 20 世纪 80 年代中期，随着承包租赁经营体制在企业的实施，我国一些地方出现了"工厂搞垮，厂长提拔"的现象。金华市也不例外。1988 年至 1989 年，在兑现承包合同的过程中，金华市国有企业职工提出了"报表能不能真实地反映企业的经营情况"等疑问，要求对厂长经理进行经济责任审计。接着，在 1990 年，金华市人大代表提出了对厂长经理进行经济责任审计的要求。根据这个提案，为了配合第二轮承包经营责任的发展需要，金华市审计局开始对一些公司进行经济责任审计。随后，金华市从对厂长经理进行经济责任审计发展到对党政"一把手"进行经济责任审计，经历了起步阶段、规范阶段和可持续发展的完善阶段等三个阶段。

（一）起步阶段

十三届四中全会后，我国开始逐步建立社会主义市场经济体制，国有企业改革深入发展。而在现实经济活动中，由于制度方面存在不少漏洞和薄弱环节，出现了"拍脑袋作决策，拍胸脯作保证，拍大腿喊后悔，拍屁股就走人"的不负责任的现象，客观上给腐败现象的滋生蔓延留下了可乘之机。随

着国有企业改制的进行，群众对领导干部经济责任审计制的呼声也越来越高。1994 年 6 月，金华市委、市政府身体力行，自加压力，在市级机关全面实施、大力推进"两公开一监督"工作，即"公开办事制度，公开办事结果，接受群众监督"。这项工作的开展提高了政务运行的透明度，规范了行政行为，提高了工作效率和干部依法行政的水平，促进了党风廉政建设，进一步密切了党群、干群关系。最重要的是，这项工作的开展把党政"一把手"经济责任审计工作提到了日程上。1995 年，金华市审计局在向市委常委汇报工作的会议上提出了对党政"一把手"进行经济责任审计的要求，金华市领导干部经济责任审计开始进入新的发展阶段。

（二）规范阶段

在领导干部经济责任审计工作试行了一段时间之后，1995 年 10 月 23 日，金华市纪委、组织部、监察局、审计局联合发文——《金华市（本级）领导干部调、离任审计实施办法》（金纪发〔1995〕23 号），《办法》指出，"为了认真贯彻落实党的十四届四中、五中全会精神和市委的'两公开一监督'制度，进一步加强各级领导干部的勤政廉政建设，完善干部考核、使用制度，客观公正地评价领导干部任职期间的经济行为，明确经济责任，接受监督检查，特制定本办法"。这个办法的出台标志着金华市正式实施领导干部经济责任审计工作。

此后，在总结县市经验的基础上，省和中央也相继出台了相关的政策和法规。浙江省委、省政府于 1996 年制订了《浙江省领导干部经济责任审计办法（试行）》；浙江省人大常委会于 1997 年颁布了《浙江省国有企业经理、厂长离任经济责任审计条例》；浙江省委组织部和省审计厅则相继下发了《关于实施领导干部经济责任审计若干问题的意见》、《关于贯彻〈浙江省国有企业经理、厂长离任经济责任审计条例〉若干意见的通知》等具体操作办法。而在金华市，经过两年多的实践和探索后，具体承办领导干部经济责任审计工作的金华市审计局于 1998 年出台了《领导干部经济责任审计暂行操作规程》，使得该项工作走上了规范化和程序化。1999 年，中办、国办颁发了《县级以下党政领导干部任期经济责任审计暂行规定》和《国有企业及国有控股企业领导人员任期经济责任审计暂行规定》（以下简称"两个规定"）。"两个规定"明确规定：县级以下党政领导干部、国有企业及国有控股企业领导人员在任期届满或者任期内办理调任、转任、轮岗、免职、辞职、辞退、退休等事项前，以及在企业进行改制、改组、兼并、出售、拍卖、破产等国有资产重组的同时，应当接受任期经济责任审计。"两个规定"第一次以行政法规形式规定了任期经济责任审计的目的、主体、客体、程序、方法和审计评价内容。任期经济责任审计从此有法可依。

随着中办、国办两个暂行规定及其实施细则的颁布实施，领导干部经济责任审计工作进入了一个新的发展阶段。"两个规定"下发后，浙江省金华市各级党委政府迅速把经济责任审计作为加强干部管理监督，促进领导干部廉洁自律、认真履行职责的重要手段落实到实际工作中。金华市委、市政府明确规定领导干部未经经济责任审计不能解除经济责任。同年底，金华市委出台《中共金华市委关于加强对党政"一把手"管理监督的意见》，把经济责任审计列入加强对"一把手"监督的重要措施。2000 年 2 月，金华市建立了由市委副书记、常务副市长为召集人，纪委、监察、组织、人事、审计等部门分管领导参加的金华市经济责任审计工作联席会议制度。2000 年 2 月 23 日，中共金华市委办公室、金华市人民政府办公室联合下文——《关于转发浙委办〔2000〕1 号文件贯彻执行中办国办两个经济责任审计暂行规定的通知》（市委办〔2000〕32 号），就贯彻执行中共中央办公厅、国务院办公厅"两个规定"提出了具体的措施和要求，并把领导干部经济责任审计列入了金华市委、市政府、市纪委的重点工作。在《金华市人民政府办公室关于印发〈2000 年市政府主要工作任务〉的通知》中，金华市政府明确要求"领导干部经济责任审计配合机构改革和国企改革，对市政府各部门和国有控股企业分期分批进行一次领导干部任期经济责任审计"（金政办发〔2000〕4号）。这个通知进一步强化了领导干部经济责任审计工作作为干部监督管理手段的重要性。自此，金华市委组织部、金华市审计局、金华市纪委监察局、人事局等部门积极协调，将领导干部经济责任审计工作推向了规范的实施阶段，形成了纪检监察监督、组织干部人事监督和审计监督三位一体有机结合的干部管理监督新机制。

1. 金华市委组织部从加强干部管理的角度出发高度重视领导干部经济责任审计

在干部任用、提拔、离任前以及任期内，对领导干部进行经济责任审计，是加强对经济部门干部管理使用的一项重要制度。2001年，在金华市纪委第二次全体会议和金华市组织工作会议上，市委组织部门将领导干部经济责任审计作为辅助管理、使用干部的有力措施予以支持、配合和帮助，分别对领导干部经济责任审计工作做了部署，提出了要求。2001年4月9日，中共金华市委组织部印发了《关于下达2001年全市组织工作重点调研课题的通知》，特别将"完善领导干部经济责任审计制度问题研究"列为调研重点，要求各有关单位、各县（市、区）委组织部、组织部各科室"对领导干部经济责任审计制度落实情况进行总结分析，实事求是地肯定成绩，着重分析目前这一制度运行中存在的主要问题，制定完善这一制度的规范性文件。"（金市组通〔2001〕9号）

2. 金华市纪律检查委员会高度重视从源头治理腐败，把领导干部经济责任审计作为自己的"连襟工作"给予极大的协助配合

2001年3月30日，在《关于印发市直单位2000年度落实党风廉政建设责任制重点工作的通知》（金纪发〔2000〕13号文件）中，金华市纪委指出，"为了努力形成党政齐抓共管，部门各负其责的反腐败工作机制，推动我市党

风廉政建设全面深入平衡发展，根据市纪委二次全会精神和党风廉政建设责任制要求，在征求有关单位意见基础上，现确定一批年度党风廉政建设重点工作，按职能分解落实到有关单位，由责任单位负责主抓。要求各责任单位提高认识，加强领导，把党风廉政建设重点工作纳入到本单位总体工作部署中去，制定总体工作方案，确定专人负责，加强督促检查，确保抓出实效，使之成为我市党风廉政建设新的亮点"，金华市审计局要"配合机构改革和国企改革，对市政府各部门和国有控股企业分期分批进行一次领导干部任期经济责任审计；通过审计，总结经验，分析问题，提出意见和建议，年底向市委市政府写出书面报告"。

3. 从实践中提炼理论，用理论指导实践，金华市监察学会、审计学会经常针对反腐败、领导干部经济责任审计工作开展调研活动、征文活动

早在 1999 年 5 月 12 日，金华市审计局和审计学会就出台了《关于开展"如何有效对领导干部的在、离任经济责任审计"课题研讨的实施意见》（金市审〔1999〕37 号），号召审计工作人员和研究人员积极开展对领导干部经济责任审计工作的研究。2000 年 8 月 16 日，金华市审计局和金华市审计学会再次联合发出了《关于开展审计理论课题研讨的通知》（金市审〔2000〕82 号）。2000 年 7 月 14 日，中共金华市纪律检查委员会下发了《关于金华市监察学会换届及征集反腐败工作理论与实践调研论文的通知》，《通知》指出理论研讨的主题为"通过改革体制、机制和制度，促进从源头上治理腐败"，并将领导干部经济责任审计的做法作为一个重要的课题。《通知》还指出："为了进一步深入探索审计工作中的新领域，规范审计工作程序……决定在全市审计系统开展两个审计理论课题的研讨，一是审计在国有企业改革和发展中的作用；二是党政机关和国有企业领导干部任期经济审计的意义和作用。"

在各部门的共同努力和积极配合下，领导干部经济责任审计在金华市得以推广，深入发展，取得了很多成绩。2001 年 12 月，金华市经济责任审计项目在首届中国地方政府改革与创新奖评奖活动中脱颖而出，进入前 10 名，获得首届中国地方政府改革与创新奖的优胜奖。

（三）可持续发展的完善阶段

从我国经济责任审计制度的完善情况来看，主要有三个重点：一是抓规范；二是抓质量；三是抓配合。在获得"中国首届地方政府改革与创新奖"优胜奖后，金华市继续认真贯彻全国、省、市经济责任审计工作会议精神，积极探索，努力进取，深入开展经济责任审计工作，主要从以下几个方面进行了完善和改进，使得金华市领导干部经济责任审计工作进入了进一步发展完善阶段：

1. 加强领导、充实力量，建立经济责任审计领导机构和工作机构，向领导干部宣讲领导干部经济责任审计知识

领导干部任期经济责任审计工作政策性强，涉及面广，情况复杂，党政主要领导的重视是开展好这项工作的基本保证。至 2001 年底，金华市本级和 9 个县（市、区）都已经建立了经济责任审计联席会议制度，担负起领导和规划、指导和协调本地经济责任审计职能。同时，随着金华市机构改革工作的深入，金华市本级及所辖的义乌市、东阳市、婺城区、金东区审计局分别设立了经济责任审计专职处室，专门负责经济责任审计工作。这使领导干部经济责任审计工作得以可持续发展。

2001 年 10 月，中共金华市委组织部、金华市审计局联合编写了《领导干部经济责任审计知识读本》，向党政一把手宣讲经济责任审计知识，进一步教育了领导干部，使领导干部开展工作有章可循。《知识读本》指出，"近年来，领导干部经济责任审计作为干部管理和监督的一种有效途径，在推动党政领导干部严格执行财经纪律、全面履行职责，促进党风廉政建设中发挥了良好

的作用。为了有助于领导干部对经济责任审计知识有个全面、系统的了解，进一步提高对经济责任审计重要性的认识，特辑录有关政策文件编印成知识读本。"《知识读本》包括三部分，全面介绍了领导干部在社会主义市场经济条件下应承担的经济责任和法律责任，其中第一部分介绍有关经济法规对领导干部违反规定所承担的责任；第二部分介绍党委、组织部门对领导干部进行监督管理的一些规定；第三部分介绍开展经济责任审计方面的有关规定。这个知识读本将组织部门对干部的管理和监督工作与审计部门对领导干部的经济责任审计密切地结合起来，进一步明确了金华市委组织部和市审计局在领导干部经济责任审计工作上积极合作，加强行政监督，从源头上治理腐败的信心和方向。

2. 结合实际建章立制，不断健全经济责任审计工作机制

继 1999 年底制定《关于加强对党政"一把手"管理监督的意见》，金华市又先后颁发了《中共金华市委办公室、金华市人民政府办公室关于进一步加强领导干部经济责任审计工作的通知》、《中共金华市委关于调整不胜任现职领导干部的若干意见》等文件，就加强对领导干部经济责任审计工作作出了新的规定。2002 年，金华市委组织部为加强对领导干部的审计监督，促进经济责任审计成果的转化运用，拟订了《金华市领导干部经济责任审计评价办法（试行）》。这些规章制度的建立，使得金华市的经济责任审计工作机制不断健全和完善。

3. 认真总结，不断探索和寻求经济责任审计的新经验和新方法

2002 年，金华市各审计机关继续将经济责任审计工作列为重点，在认真总结研讨往年经济责任审计工作的基础上，不断探索经济责任审计工作的新方法和新经验。金华市审计局提出并实施了"坚持每年初就全市经济责任审计提出全年工作意见，坚持每年实行经济责任业务学习培训，坚持每年初开

展经济责任审计工作调查和质量检查"的"三坚持"工作方针。义乌市审计局提出了"统一思想认识、统一审计方法、统一查处标准、统一审计重点、统一审计评价"五统一的方法。浦江县审计局领导干部经济责任审计实施ABC分类审计、一二三分等评价、你我他分责联动审计新方法。永康市审计局经济责任审计推行了"三个会"制度，即审计实施前，召开履行经济责任审计报告会；审计实施中，召开被审计单位中层干部、职工代表、管理对象座谈会；审计实施后，开好审计结果见面会。兰溪市审计局经济责任审计与组织部门做到"四个同"，即一同研究确定审计对象；一同进点；一同征求被审计单位（者）的意见；一同参与审计回访。

4. 提升层次、勇于实践，积极试行县（市）长经济责任审计

改革开放以来，浙江经济发展迅猛，县域经济异常活跃，成为浙江经济的有力支撑。而县（市、区）长作为一个区域经济的决策者、管理者和地方财政预算执行的第一责任人，其依法行使的经济决策权、经济管理权、经济政策执行和监督权状况如何，对当地经济发展的影响很大。所以，开展县级及以上领导干部的经济责任审计工作非常必要和重要。从发起领导干部经济责任审计以来，金华市主要是对市、县、乡（镇）等县级以下党政一把手进行经济责任审计。随着社会经济发展的需要和领导干部经济责任审计工作的完善，浙江省金华市也积极探索，勇于实践，提升了审计层次，试行了县（市）长的经济责任审计工作。2002年7—8月，按照浙江省委组织部、省审计厅的统一安排，金华市审计局抽调10余名审计骨干，赴浙江省温州市永嘉县对现任县长进行了异地经济责任审计。

二、制度设计：金华市领导干部经济责任审计的四项机制

制度创新是个系统工程，需要一系列制度安排来保证它的运行和发展。在制

度创新过程中，金华市领导干部经济责任审计从 1995 年开始逐步形成了四项有效机制：

（一）领导思想重视，形成了经济责任审计的保障机制

实践证明，开展领导干部经济责任审计是从机制和源头上预防和治理腐败，促进依法行政的一项有效措施，是增强拒腐防变和抵御风险能力的重要手段。金华市开展经济责任审计工作起步较早，经历了启动、试点到逐步推广的过程。特别是 1999 年中办、国办关于经济责任审计"两个规定"下发后，金华市各级党委、政府高度重视领导干部经济责任审计工作，狠抓落实，把这项工作作为加强对党政"一把手"监督的一项重要措施，列为重点工作。金华市委、市政府主要领导在有关会议上多次强调了这项工作的重要性，提出了立项要求，并在经费、人员上予以了必要的支持和保证，从而形成了经济责任审计的保障机制。

（二）建章立制，形成了经济责任审计依法运作机制

社会主义市场经济是法制经济，领导干部经济责任审计工作的开展实质上是法制经济的内在要求，或者说是依法行政的要求。有鉴于此，金华市积极从规范入手，不断完善领导干部经济责任审计制度，初步形成了经济责任审计依法运作机制。

1. 通过党委、政府和干部管理部门制定规范性文件，使经济责任审计工作有章可循

到 2000 年底，金华市共制定不同层次的经济责任审计规范性文件 12 个。其中，1997 年金华市委组织部、市审计局联合出台的《领导干部经济责任审

计实施意见》，对审计的目的、对象、内容、范围、程序做出了规定，标志着金华市经济责任审计进入了制度化、规范化轨道。1998 年 11 月 9 日，金华市审计局制定下发了《金华市审计局领导干部经济责任审计暂行操作规程》，使金华市的领导干部经济责任审计工作更加朝向制度化、规范化发展。2002 年后，制定出一些相应的规范制度文件，加强了部门之间的配合，在实际中也取得了一定的效果（82 个文件），比如金华市委组织部颁布实施了《关于调整领导干部的若干意见》，以及《评价办法（试行办法）》。正式出台了两个大的制度。其中，评价办法在评价标准量化上有了新的思路，新的突破，推进了领导干部经济责任审计工作。

2. 建立联席会议制度，设立专门的经济审计机构，强化组织领导

经济责任审计是一项涉及面广、关联度高、政策性强的工作，特别是纪检、组织、审计三个部门能否协调一致，搞好配合，是这项工作能否顺利开展的一个重要保证。2000 年 2 月，金华市建立了由市委副书记、常务副市长为召集人，纪委、监察、组织、人事、审计等部门分管领导参加的金华市经济责任审计工作联席会议制度，形成了纪检监察监督、组织干部人事监督和审计监督三位一体有机结合的干部管理监督新机制，保证了领导干部经济责任审计工作的开展。2000 年 7 月，金华市召开了首次经济责任审计联席会议，对进一步深化完善经济责任审计工作提出了建议。目前，金华市本级和 9 个县（市、区）都建立了由党委、政府领导为召集人，纪委、监察、组织、人事、审计等部门领导参加的经济责任审计工作联席会议制度，加强了对经济责任审计工作的领导规划、协调和指导（见表 4）。经济责任审计相关部门之间相互配合、加强协作，初步形成了市、县、乡三级领导干部审计制度。2002 年，金华市全市 9 个县市（市本级包括）设立了经济审计专职部门，充实和加强了经济责任审计工作力量，使审计队伍适应了新形势下经济责任审计工作的需要。

表4　金华市浦江县领导干部经济责任审计联席会议成员单位工作职责

部门	责任
县委组织部	1. 按分类审计要求，负责提出县委管理干部年度经济责任审计计划和领导干部离任名单，向审计局发出书面经济责任审计委托书。 2. 负责做好被审计对象审计前有关事项的衔接和信息的沟通工作，为审计工作顺利进行创造条件。 3. 利用审计结果，对党政领导干部提出职务调整、诫勉、奖惩等建议。 4. 对领导干部经济责任审计中的一些突出问题，视情给予谈话教育。 5. 负责会同审计等相关部门对被审计单位执行审计决定、审计意见书等情况进行监督检查，并一年一次将审计结果的执行情况在一定范围进行通报。
县纪委监察局	1. 在经济责任审计前，提供被审对象有关经济方面的信访、线索。 2. 对经济责任审计中发现的疑难问题，视情作进一步的调查，发现有干部违纪事实，需要追究党纪、政纪责任的，应予立案调查。触犯刑律的，应适时将案件材料移送有关司法机关处理。 3. 对领导干部经济责任审计中的一些突出问题，视情给予谈话教育。 4. 充分运用审计结果，对审计对象的廉洁勤政情况进行监督。
人事局	负责利用审计成果，按照《国家公务员暂行条例》和有关规定，对有关责任人员提出惩戒等处理意见。
审计局	1. 负责组织部委托的经济责任审计项目，依法实施经济责任审计。 2. 负责向联席会议提供经济责任审计的汇总资料，并按规定报送经济责任审计结果报告。 3. 负责将审计结果分等进行汇总向相关部门和领导报告。
财政地税局	1. 保证经济责任审计专项经费的落实。 2. 负责经济责任审计决定中涉及税收问题的执行收缴工作。

资料来源：《浦江县关于领导干部经济责任审计工作联席会议制度的实施意见》（浦审联〔2002〕1号）

（三）规范操作，形成经济责任审计质量保证机制

金华市审计部门把审计质量视为审计工作的生命，认真总结、不断探索，寻求新的审计办法，新的经验，从五个方面来规范全市的经济责任审计工作：

1. 健全经济责任审计情况报告制度，明确审计机关除审计结果报告严格按规定程序报送外，年底向市委、市政府提交综合性的书面报告。

2. 审计人员的政治思想、业务技术水平等综合素质的提高是提高审计质量的总体要求，特别是对于牵涉到人的经济责任审计，参与审计的人员应该严守

审计纪律，恪守审计职业道德，做到依法审计，客观公正，实事求是，保持严谨、稳健、负责的职业态度。为此，金华市审计部门积极组织全市性专题培训，推进审计队伍"人、法、技"建设，以适应经济责任审计工作的需要。

3. 完善内部质量控制制度是保证领导干部经济责任审计的关键环节。有鉴于此，金华市审计局专门制发了《金华市领导干部经济责任审计暂行操作规程》，在浙江省率先对领导干部经济责任审计工作的操作做出统一规范（见图6），得到了浙江省的高度肯定。

（一）审计立项。
（1）领导干部经济责任审计实行计划管理；
（2）综合立项；
（3）单独立项；
（4）相关立项。体现原则性和灵活性的结合。
（二）制定审计方案。（"账户入手，下审一级"的审计要求）
（三）制发审计通知书。
（四）实施审计。
（五）审计报告。
（六）审计结果报告。

图6　金华市审计局领导干部经济责任审计暂行操作规程

资料来源：浙江省金华市审计局《领导干部经济责任审计暂行操作规程》

4. 制定了专项质量考核指标，1999年、2000年连续两年召开了全市经济责任审计项目质量检查工作会议。从审计实践看，建立一套科学合理的审计评价指标体系是十分必要的，它对于客观公正地评价领导干部（人员）的工作业绩和经济责任，防范审计风险，实现审计目标和进一步深化经济责任审计工作都具有重要的理论和实践意义。目前，金华市已经按照审计程序、操作、评价三个方面在浙江省率先制定了百分制质量考核指标，对经济责任审计项目质量专项检查。

5. 开展经济责任审计理论和实务研讨。1999年、2000年金华市审计局

与金华市审计学会联合召开了两次经济责任审计专题研讨会，重点对经济责任审计操作、评价等课题进行研讨。通过课题研讨，探索有效实施领导干部经济责任审计路子，规范审计操作，保证工作质量，防范审计风险，科学地界定和评价领导干部经济责任，促进党风廉政建设，提高依法行政效能。

6. 计划比较周密。从 1997 年开始，金华市委组织部就把每年审计的情况输入电脑，随时统计规划。2002 年年初，金华市审计局则提出了"三个坚持"的工作思路，即"坚持全年工作意见，每年进行专题的业务培训，每年就此进行调研与质量检查"，保证了工作的有序性。

（四）配合协调，形成了经济责任审计成果运用机制

部门之间的协调配合着重体现在审计计划、组织实施和成果运用等重要环节。审计部门除严格按规定上报审计结果报告外，十分注重审计成果的提炼和转化，使之真正成为干部使用和监督的重要依据：一是从当地经济发展的高度考虑，通过审计，对既有普遍性、又会影响大局的共性问题进行归类，撰写出专题性或综合性报告及信息向上反映，为金华市委、市政府决策服务。二是从当地社会发展的高度考虑，审计中发现被审计者责任心不强、处事不公、群众反映强烈，甚至影响社会稳定的人和事，采取直接向市政府、组织人事、纪检监察部门专报，审计中发现被审计者有严重违规违纪线索的，及时移交纪检监察部门或司法部门作进一步查处。纪委、组织部门根据审计部门提供的审计结果报告，从三个方面实现了审计结果考核任用干部的有机结合：一是注重经济责任审计资料的收集、整理和反馈，纪委将审计结果归入干部实绩档案，写入干部考察资料。二是实行领导干部谈话诫勉制度，避免小错酿大错。根据审计结果，纪委、组织部给予批评、诫勉谈话的有 10 人次。三是领导干部经济责任审计结果与组织调整处理相结合。在处理中，坚持区别对待、体现政策的原则，成绩突出的给予肯定、通报或提拔重用；一般性问题，组织出面谈话教育，打

招呼、敲警钟；问题较多够不上处分的，予以诫勉；因工作失误造成严重损失或有经济问题的，调整职务、降级降职或免职；严重违纪的，纪检监察机关立案查处；触犯刑事法律的，司法机关依法处理。审计、组织、纪检监察、司法部门的积极协作，加大了经济责任审计成果运用的力度。

三、制度创新与变迁：不断发展演进的经济责任审计

从历史的长河看，制度总是不断发展演进的。在一般情况下，制度变迁是一个渐进性的连续的演变过程，是通过制度在边际上的不断调整而实现的，或者说制度创新推动着制度的变迁过程。金华市领导干部经济责任审计的实践就是一个不断演进的过程，是一个制度失衡和制度均衡交替变化的过程，也是一个制度替代、转换和交易的过程[1]（见图7）。

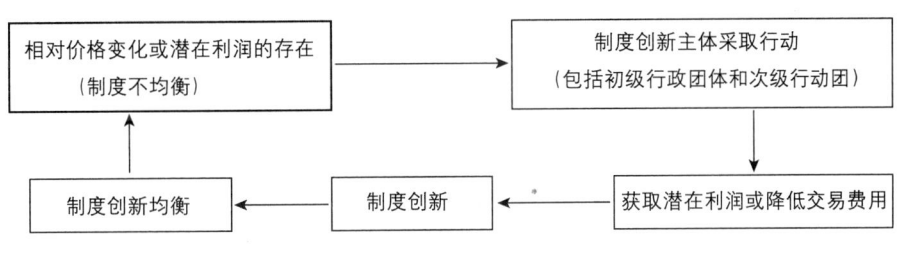

图7　制度变迁的发生机制

金华市的领导干部经济责任审计是从金华市本级起步的，在金华市委组织部向金华市审计局提交委托书后，金华市审计局对市本级各部门的党政一把手进行了经济责任离任审计。这个阶段的领导干部经济责任审计工作是出于经济社会发展的需要，是一个需求诱致性变迁阶段。此后，金华市委、金

---

1. 柳新元：《利益冲突与制度变迁》，武汉：武汉大学出版社 2002 年版，第 38 页。

华市人民政府根据工作的要求，将领导干部经济责任审计工作推向了金华市各县（区、市），这个阶段则是供给强制性变迁阶段。在进行一段时间的实践后，金华市各县（区、市）针对经济责任审计工作面临的困难，进行了积极的探索，从而推动了金华市的领导干部经济责任审计工作。这个阶段则又是需求诱致性的制度变迁过程。比如，永康县在开展领导干部经济责任审计时坚持开好经济责任审计报告会、审计实施工作会议、审计结果见面会等"三个会"，增强了审计质量，提高了审计结果的运用程度（见图8）。兰溪市审计局在审计过程中做到"五个结合"，有效地开展了领导干部经济责任审计工作（见图9）。义乌市审计局坚持用"五个统一"开展经济责任审计工作，努力采用"四个结合"，提高经济责任审计质量，取得了明显成效（见图10）。针对审计工作中的两大矛盾，一是审计力量和审计任务的矛盾；二是任用在前和审计在后的矛盾，浦江县审计局认真贯彻"全面审计，突出重点"的指导思想，在金华市审计局的指导下，通过认真的实践和探索，总结出经济责任审计实行分类审计、分等评价、分责联动的"A、B、C"审计新方法，摸索出了一条缓解审计任务重、审计人员少矛盾的新路子（见图11）。在各县市的经验之上，金华市审计局不断调整了自己的审计方法、审计规程、审计对象，逐步走上了完善和发展的阶段。这时，金华市领导干部经济责任审计工作又进入了供给强制性的制度变迁阶段。

在领导干部经济责任审计工作的实践中，金华市做出了很多有益的制度创新和技术创新。具体体现在以下几个方面：

1. 扩大审计范围，进行事前、事中、事后的全程审计。金华市的领导干部经济责任审计工作采取"三年一审，一审三年"的方法，不仅进行离任审计，而且还开展了任期审计。"先审后任后离"，"任离结合，以任为主"，"有离必有审，审对任有用"，把审计关口前移，加大审计力度，变离任审计为主为任期审计为主。对有经济责任的领导干部未经经济责任审计，原则不予以提拔任用；未经经济责任审计的，不办理离任手续。

　　（一）履行经济责任审计报告会，由党政一把手在中层以上干部参加的会上作述职报告；

　　（二）审计实施过程中，召开职工代表、中层干部审计实施工作会议。

　　（三）审计实施后，召开审计结果见面会，促进审计质量的提高，防范审计风险，起到了"审计一个人，防范教育一大片"的作用。

图8　永康县领导干部经济责任审计的"三个会"

资料来源：浙江省金华市永康县审计局

　　兰溪市审计局于1995年开展领导干部经济责任审计。在审计过程中，兰溪市做到"五个结合"。一是离任审计与在任审计相结合，在完成离任审计任务计划的前提下，每年安排部分在任领导的经济责任审计；二是经济责任审计与人大开展"两项评议"活动相结合。在开展行政执法评议和领导干部述职评议中，配合人大对评议的单位领导进行经济责任审计，得到人大的全力支持；三是经济责任审计与财务收支审计相结合，对领导干部经济责任审计的同时，对其所在单位的财务收支的真实性、合法性进行审计；四是审计本级财务与调查下属单位财务相结合，对一些重大经济活动情况、疑点问题，延伸到下属有关单位进行调查审计；五是审计处理、处罚与通报相结合，发现问题，除依照有关法律法规作出处理处罚或移送司法机关处理外，还通过信息简报、报刊、电台等舆论工具予以通报，对一些苗头性、普遍性问题，则以综合报告、意见建议等形式向市委、市政府作出专题报告。

图9　兰溪市开展领导干部经济责任审计的"五个结合"

资料来源：浙江省金华市兰溪审计局

　　2. 在审计方法上进行创新，增加群众参与度，有效规避了审计风险。除了"内查外调"、"询访谈话"等常规的审计方法以外，金华市审计局还探索了一些有效的审计方法。（1）下审一级，甚至下审二级、三级。在一些被审计单位，账面上虽然没有问题，但实际上存在转移问题。通过下审一级，甚至下审二级、三级，有效地防范了审计风险。（2）进行审计公告。2002年4月，义乌市审计局实行在进点审计之前，在被审计单位发布审计公告。公告要求被审计单位的广大干部群众提供审计线索和对审计人员执行审计纪律进行监督。这一举措在被审计单位中引起了极大的反响。广大干部群众纷纷来电来信提供审计线索，审计人员对所提供的线索进行了逐条逐项的审查核实。经审计，查出 9.9 万元的小金库一个；少扣少缴个人所得税 85 万元；以广告费抵实物、以广告费抵消费，双向不入账 38 万元；利用虚假发票套取现金 15 万元等严重违反财经纪律的行为。（3）审计工作报告公示制。一项制度的发展和存在需要一定的社会基础，领导干部经济责任审计工作的开展也需要争取群众的支持和理解，增加群众的参与度。金华市永康县采取审计工作报告部分公示制，公示内容包括什么时候、谁对哪个单位什么时间的经济责任进行了审计，联系方法也公开，从而最大限度地了解群众的意见。而且通过公示，干部、群众了解到每一任领导干部都要经过审计，都要有所交待，干部群众对领导干部经济责任审计的态度、观念得以进一步端正，领导干部接受经济责任审计的自愿性也逐步提高。

3. 重视审计评价，注重财政资金使用的合法性和合规性。2002 年上半年，金华市某单位把一笔社会筹集的资金买了一套房子，从资金使用决策方面，大的违规没有，投向也没有问题，但没有起到什么作用。因为这笔资金应该用于社会救济，是否向弱势群体倾斜是评价使用效益的关键，所以该单位的行为是违规的。金华市审计部门重视审计评价，从而有效提高了审计质量。

4. 充分考虑和结合人大对经济责任审计的要求，推进民主化进程。领导干部经济责任审计项目是由组织部门、纪检部门授权的，但是因为政府的主要行政领导是人大任命的，人大有必要了解领导干部的经济责任审计，所以随着民主法制进程的发展，人大也有对领导干部进行经济责任审计的要求。另外，随着法制意识的增强，人民群众对领导干部经济责任也越来越关注。所以，除了在领导干部述职前进行财务审计以外，金华市人大自1997 年也开始重视对领导的经济责任进行审计。在 1997 年的人大审计规程中，金华市人大就提出了"参照经济责任审计规程"的意见。这个举措推动了党风廉政建设，也增加了任用干部的准确性。

　　2001 年 3—5 月，义乌市审计局受组织部门委托，对涉及行政区域调整的 21 个乡镇的 38 位党政一把手进行经济责任审计。义乌市审计局坚持用"五个统一"开展经济责任审计工作，努力采用"四个结合"，提高经济责任审计质量，取得了明显成效。

　　（一）五个统一

　　1. 统一思想认识，即彻底消除先离任后审计无所谓的思想，统一到对组织负责、对领导干部负责的认识上来，统一到对审计人员自己负责的认识上来。

　　2. 统一审计方法。一是以送达审计为主，必要的开展就地审计和延伸审计，具体采用详查法进行；二是进行审计公告。其目的在于提高审计质量，尽可能地防范审计风险；三是财政财务收支审计与经济责任审计相结合进行，发两个通知书，按两个审计项目组织实施。

　　3. 统一查处标准。一是细化责任；二是结合义乌市政策和实际情况；三是因各种原因，本次审计尚未查明的重要事项和无法落实的疑点问题等情况要说明。

　　4. 统一审计重点。按照义乌市经济责任审计实施细则的要求，重点审计财政收支及效益、财务收支及内控制度、债权债务、接待费及配发的办公用品、国有资产管理等内容。

　　5. 统一审计评价。改变以往评价放在报告末尾的做法，将评价直接放在报告的前部分，便于有关部门和领导使用和参阅。总体评价包括被审计单位财政、财务收支及其他机关经济活动的真实性、合法性、效益性和内控制度等。

　　（二）四个结合

　　1. 审计与调查结合。除了审计账、证、表外，还要找所在单位干部职工座谈，调查了解对被审计对象的看法和意见。

　　2. 查账和盘点相结合。

　　3. 查所在单位与所属单位相结合。针对当前行政事业单位"上转下"的违纪现象，在查主管部门的同时，对所属二、三级单位也进行延伸审计。

　　4. 审计报告与所在单位和被审计个人见面相结合，认真倾听离任者对审计报告的意见和申辩，以客观公正、实事求是地反映干部整个任职期间的情况，做到离任不交马虎账，上任不接糊涂账。

图 10　义乌市 2001 年对乡镇领导干部经济责任审计的做法

资料来源：浙江省金华市义乌审计局

　　针对审计机关普遍存在的审计任务繁重、审计力量不足的矛盾，浦江县审计局认真贯彻"全面审计，突出重点"的指导思想，在上级审计机关的指导下，通过认真的实践和探索，总结出了"A、B、C"分类审计、"一、二、三"分类评价、"你我他"分责联动的审计新方法。具体做法如下：

　　一是按被审计单位管理职能，资金性质及数额将被审计对象分为 A、B、C 三类，A 类每年审计 1 次，B 类每届审计 2 次，C 类每届审计 1 次，使干部任用监督的关口前移，同时增强了审计项目安排的科学性，一定程度上缓解了审计力量不足的矛盾。

　　二是实施"一、二、三"分等评价，按制订的 9 条评价标准，把领导干部经济责任审计的结果列为"一、二、三"等。凡被列为责任审计之三的领导干部要建议组织、纪检部门进行一次诫勉谈话教育，使领导干部经济责任界定更为明确，加强了对领导者监督管理的力度。

　　三是你、我、他分责联动。以领导干部经济责任审计联席会议为依托，明确各联席会议成员分工，各司其职，分责联动。加强了部门之间的协同配合，促进了经济责任成果的运用。

图 11　浦江县的分类审计、分等评价、分责联动

资料来源：浙江省金华市浦江县审计局

　　5. 将财政地税部门纳入经济责任审计工作联席会议成员单位，积极构建公共财政体系。这个举措既能争取到财政地税部门的经费支持，又能促进财政地税部门的财政收支管理工作。如金华市浦江县在开展领导干部经济责任审计工作中，将财政地税部门纳入了经济责任审计工作联席会议，一方面使浦江县的领导干部经济责任审计工作得到了财政地税部门每年 20 万的专项资金支持，另一方面则使浦江县财政地税部门的财政财务收支管理得以加强，有力地帮助财政地税部门管好了"纳税人的钱"、理好了"地方政府的财务"。

　　6. 对领导干部实行"一把手报告制度"、"廉政承诺"等监督管理制度，加强了对领导干部的监督和管理。作为领导干部经济责任审计的授权单位，金华市委组织部从干部监督管理角度，实行了"一把手报告制度"。这项制度

从 2000 年开始试点，2001 年就在全市铺开，在浙江省推广。中共中央组织部对"一把手报告制度"比较肯定，专门在浙江省召开了现场办公会。此外，金华市纪委、市委组织部还实行了"廉政承诺"，机关部门、县市的领导干部包括一般干部在内都要进行廉政承诺。这些监督管理制度使得领导干部经济责任审计工作得以顺利进行。

7. 积极开展对县以上领导干部的经济责任审计，提高审计层次。2002年 7—8 月，按照浙江省委组织部、省审计厅的统一安排，金华市审计局抽调 10 余名审计骨干，赴浙江省温州市永嘉县对现任县长进行了异地经济责任审计。

四、金华市领导干部经济责任审计制度创新的绩效

在一个国家的审计发展历程中，初期的审计监督都与官员履行责任的检查息息相关，随着社会的民主化进程加速，现代国家的审计也愈来愈关注政府官员履行责任的情况。国家审计不仅对"事"，而且更应该对"人"，加强对责任人的监督。

金华市领导干部经济责任审计将组织监督和行政监督结合在一起，真实地再现了领导干部任职期间的主要经济工作实绩，为干部管理监督工作提供了较为客观的量化依据，形成了干部管理监督的新机制。它从机制和源头上预防和治理腐败，加强了对领导干部的主动监督，维护了国家的财经秩序，促进了领导干部的廉洁自律和党风廉政建设，提高了领导干部的责任意识和执政水平，促进了经济和社会的发展，维护了国家和人民的利益，促进了社会民主化。

从成本—收益的角度来看，领导干部经济责任审计是原有审计工作的延伸和调整，它将原有的财务收支审计和经济责任审计有机地结合在一起，基本上不需要另增加人力物力，所需经费由地方财政专项列支，没有给受益者

或其他事业单位增加财政负担，从而坚持了节约的原则。

（一）领导干部经济责任审计拓宽了干部监督的渠道，树立了正确的用人导向，为客观公正地评价考察任用干部提供了重要依据，提高了选人用人的准确性

经济责任审计能否发挥应有的作用，关键在于审计成果的正确处理和运用。社会主义市场经济体制的逐步建立为领导干部施展才干提供了广阔的舞台，但同时也向我们的干部考察工作提出了挑战。过去的干部考察工作，一般都是通过领导干部自我评价和召开座谈会等形式作些调查了解，很少涉及单位经济行为，对干部本人廉政情况也难以全面准确把握。这种考察方法很难从深层次的经济活动中了解干部的真实情况，以致一些干部在任职期间表面上表现不错，但离开岗位后问题就逐渐暴露出来，经济上负债较多，单位效益低下，出借资金难以收回，使国家、集体受到损失，这类事例屡见不鲜。实施领导干部经济责任审计，倡导定性与定量相结合，联系领导干部任期目标，通过对相关的经济指标等情况进行分析考核，对其任期工作业绩作出科学评价，能够达到客观、公正地确认其经济业绩，全面评价考核领导干部任期业绩的目的，为正确评价和使用干部提供了依据，同时有利于干部更好地履行职责，防止短期行为。金华市通过开展领导干部经济责任审计，运用和发挥审计的专业特长，用财务收支和经济活动的具体数据、指标，从财务经济活动的角度来评价领导干部，能够比较客观、真实地反映领导干部的实绩，反映出领导干部的决策能力和管理水平，为合理选拔任用干部提供了重要依据；也对促使干部正确运用权力、廉洁自律、避免浮夸等发挥了积极作用。这种审计将审计监督回归到对人的监督上，进而避免只见账、不见人的浅薄现象。通过领导干部经济责任审计，发现了一些工作卓有成效的干部，也查出了一些重大违法违纪人员，通过与有关部门配合查处领导干部的违法违纪

行为，还可以发现其所在单位、部门管理上的深层次矛盾和问题，有利于揭露和惩治腐败，促进廉政建设。从 1997 年到 2001 年底，浙江省金华市审计机关一共对 490 个行政事业单位和 39 个企业单位的 602 名主要负责人的经济责任进行审计。通过领导干部经济责任审计，对行政权的运行起到了预防、纠错、补救和促进作用。随着社会民主与政治昌明的发展，领导干部经济责任审计增强了对行政权力的约束。

（二）严肃了财经纪律，维护了经济秩序，促进了地方经济的健康有序发展

在新旧体制转轨过程中，市场经济秩序方面出现了许多矛盾和问题，一些部门、单位和企业财务收支及相关经济活动混乱，违纪违规现象不断发生，严重影响了经济的发展。审计是政府手中的"一把刀，一把剑"。几年来，金华市通过开展领导干部经济责任审计，不仅使领导干部增强了抓好经济工作的自觉性，也使他们更加重视审计工作，全市经济效益有了很大提高。据统计，金华市通过经济责任审计，共查出违纪金额 24237.2 万元，其中：领导应负直接责任 4440.13 万元，应负主管责任 15483.16 万元；损失浪费金额 7852.77 万元；决定处理处罚金额 12969.3 万元；指明要求纠正金额 10141.9 万元。通过查处，对于维护正常的经济社会秩序，增强领导干部的财经法纪观念，促进经济健康发展起了积极作用。金华市委、市政府根据领导干部经济责任审计反映出来的问题，综合纪检、监察、财政和审计等部门的建议，在全市推广"五项工作与三公开相结合"，落实"收支两条线"规定、推广政府采购、建立会计核算中心、实行预算外资金集中管理、规范建筑市场等五项工作与政务、厂务、财务三公开相结合，建立了统一有序的监督管理机制。

（三）加大了对领导干部的监督力度，揭露和惩治腐败，促进了党风廉政建设

经济责任审计立足于财政、财务收支审计，落脚点在于查明个人经济责任，既对事又对人，而且审计涉及领导干部任职期间，一般较长，往往能够发现年度财政、财务收支审计不易发现的问题，有利于揭露和惩治腐败分子。另外，通过实行领导干部经济业绩的审计考核，使被审计单位及其党政一把手进一步增强了抓好经济工作的责任感，实实在在地抓了经济工作，消除了那种完不成任务弄虚作假欺骗上级的念头。

金华市坚持"三年一审，一审三年"的方法，对党政部门的"一把手"进行了经济责任审计。通过审计，金华市审计部门发现违纪违规线索，纪检监察、公安司法机关协作配合，查处了大量经济违纪违法案件，其中影响比较大的有：兰溪市原经委主任及两名干部的巨额贪污、挪用案；永康市粮食局特大贿赂串案等。从 1997 年来，全市已有 8 人被追究刑事责任，13 人受党纪处分，在惩处腐败分子、追究部分领导干部违规责任的同时，也警示教育了广大党员干部，加强了领导干部的财经法纪意识和对单位经济、财务管理的责任意识，提高了干部的管理水平。被审计干部说，"审计是一个检查，是一个监督。压力不大，希望每年来审计，有什么不对的地方马上指出来，小问题如果不能被及时地指出，就会酿成大问题。"（见图12）。总体而言，领导干部经济责任审计着眼于防范，健全了监督制约机制，有利于发现财务管理漏洞；健全了财务管理制度，提高了财务管理水平，促使领导干部自我约束、自我完善；增强了纪律观念，促进了廉政勤政建设。

　　审计是一个检查，是一个监督。压力不大，希望每年来审计，有什么不对的地方马上指出来，小问题如果不及时指出，就会酿成大问题。上下对经济问题没有议论了，整个单位的作风也就好起来了。

　　我们要有三个朋友：一是财务顾问；二是法律顾问；三是审计朋友。"当干部到处都是陷阱"，往往自己不知道如何防范风险。通过审计，提高了自己的责任意识，作了三个改进：一是认真学习党政领导干部离任审计专业书；二是要求财务、出纳、会计认真学习财经法规，为领导干部做好"挡风墙"，用规章制度来提醒领导。财务对领导干部的提醒很重要，财务的素质也是关键。很多财务也不知道哪些要进行财务审计，让负责财务的同志学习经济责任审计知识能使我们很好地执行财经法规纪律。

　　实践证明，我们也很安全，所有项目都进入审计实质上是对大家的将来负责，对保护干部有很好的作用。比如一些似是而非的内容通过审计就清楚了，分清了责任。

　　过去往往"屁股指挥脑袋"，很多干部对财经法规纪律的认识模糊。造成这种认识的表现有几个方面：（1）交"税"问题。这往往使领导责任和集体利益联系在一起；（2）职工福利。按正规渠道，职工没有什么福利，但领导干部为了职工福利，有时候也要打一些擦边球。这对领导有压力；（3）固定资产问题。历届领导换来换去，但审计到你的头上了，就是你的责任。决策失误、法律意识不强、财务管理不完善都是廉政建设的障碍。

　　通过审计，现在学会了如何给自己随时敲警钟，对财务管理更加重视了。

图12　一个被审计干部对领导干部经济责任审计的体会

资料来源：2002 年 10 月—11 月，浙江省金华市实地调研。

（四）　为纪检、监察部门查处违纪案件提供事实依据

　　1999 年 4 月，义乌市纪委、监察局委托市审计局，对某镇一项建设工程的工程量进行审计。结果发现该工程建设中存在虚报工程量、抬高决算材料价格、未施工工程列入决算等诸多问题，原审定造价为 429.30 万元，而审计复核实际造价为 305.56 万元，核减工程款 123.74 万元，这一审计结果为义乌市纪委、监察局承办经济案件提供了实施依据，得到了义乌市党委、政府和办案机关的充分肯定。

（五）核实了家底，客观公正地鉴定了前后任的经营业绩和经济责任

经济责任审计立足领导干部所在部门、单位的财政、财务收支的真实、合法、效益情况，一方面能够摸清家底，有利于继任者了解接任单位的真实情况，明确工作思路，缩短适应期，尽快进入角色；另一方面由于明确了离任者的经济责任，事实上也就划清了前后任的责任，改变了"新官不理旧账，旧官一走了之"的不良状况，有利于工作交接，保持工作的连续性。

（六）为政府宏观调控起了参谋作用，为党委、政府进一步强化资金管理提供决策依据，为深化改革起了促进作用

金华市审计部门针对深化改革中有关"热点、难点"及倾向性问题，撰写出专题信息或综合性报告为政府决策服务。从 1997 年至 2000 年底，审计部门被上级或当地党政机关和新闻单位采用信息 391 篇，其中：金华市本级的《深化领导干部经济责任审计，促进党风廉政建设》信息引起了浙江省政府的高度重视。根据领导干部在经济领域发现出来的问题，金华市委、市政府综合了纪检监察、财政、审计等部门的建议，在全市推广了"五项工作与三公开相结合"的源头治腐工程。义乌市自 1998 年起共开展经济审计 44 项，针对审计中发现的问题，审计局及时进行了分析、归类，并向市委市政府作了专题汇报，也提出了如何抓好单位资金管理的意见和建议，引起了市领导的高度重视，促使重新出台了《义乌市预算外资金管理办法》。1999 年市审计局的《半数以上乡镇用公款支付个人保险费》的信息发布后，引起了省长的关注和重视，使得这一问题得以迅速纠正。

五、金华市领导干部经济责任审计的几个有待解决的问题

行政监督的新一轮改革是一个探索前进的过程，金华市领导干部经济责任审计工作为行政监督提供了一个途径，取得卓有成效的进展。但是，由于多种原因，金华市领导干部经济责任审计工作仍然存在一些困难，对领导干部经济责任审计工作的深入开展形成了障碍。

（一）审计任务重，而审计人员少，经济责任审计任务分配的时间相对集中，缺乏一个长远的规划，影响领导干部经济责任审计的深入发展

领导干部经济责任审计是近几年来审计机关新增的一项业务。虽然根据中央精神，要加强经济责任审计，建立专门机构，金华市大部分县市已经建立了专门的经济责任审计机构，但是由于地方政府现在处于机构改革阶段，增加经济责任审计人员已不大可能，金华市各级审计机关均未增加编制。而每年的经济责任审计任务却很重。1997 年以来，金华市全市共有529 个单位的 602 名领导干部被列为审计对象，再加上上级审计部门和本级政府下达的 1490 个审计项目，共 2092 个项目。全市审计部门虽有 198 人，但在一线开展审计工作的人员共 122 名，占 61.6%，每人每年平均就得审计 4.3 个项目[1]。往往是组织部门委托多少个审计，审计部门就做多少个审计项目。

---

1. 金华市委组织部课题组：《完善经济责任审计制度，加强对领导干部的监督管理》，2001 年 5 月 29 日。

（二）事后审计，审计成果转化滞后，监督效果差，尚未真正解决"两张皮"现象。经济责任审计与干部管理、监督和使用还存在部分脱节的现象

经济责任审计能否发挥应有的作用，关键在于审计结果的正确处理和运用。但是目前任期经济责任审计，绝大多数是领导干部调离岗位或转任升任后才进行审计。领导干部除了违法问题外一些违规违纪问题难于追究。这样，任期经济责任审计就流于形式，起不了监督领导干部廉政勤政的效果。

（三）对领导干部经济责任的评价不够具体，需要提高干部评价的针对性

目前，金华市还没有一套对领导干部经济责任进行科学合理的评价标准，对领导干部的评价还比较难，还不够具体。虽然从 2001 年开始，金华市对审计报告提出了一个规范，但是涉及责任评价方面，就很难把握。根据目前的情况来看，对领导干部的评价，笼统的比较多，比较原则化，对责任大小、问题起因上的主客观原因、责任定性上的失误与故意以及领导干部个体的经济管理能力、努力程度、功过得失等方面缺乏具体的分析和评价。目前的审计方法还比较单一，缺乏不同于一般财务审计的特色。具体体现在：一是重账内，轻账外；二是重内部查证，轻外出调查；三是重取证，轻分析；四是重综合审计，轻专项审计。

结束语

建立审计制度，强化审计监督，是国家运用法律手段管理经济，规范和调整市场经济中的各个主体关系不可缺少的重要手段。浙江省金华市领导干部经济责任审计是在借鉴其他地方开展领导干部经济责任审计工作的经验之上，结合本地实际情况，从审计程序、审计范围和审计方法等方面进行的创新活动。无论是从创新程度，还是从受益者的自愿程度、项目的效益程度与重要程度，以及项目的节约程度和推广程度来看，浙江省金华市的领导干部经济责任审计工作都具有很强的理论意义和实践意义。

最后需要指出，随着我国加入WTO，加强对政府行为的监督，改革原有的行政监督体制，增强监督的力度，对保证经济的稳定增长是必不可少的。从长远来看，金华市在进一步开展领导干部经济责任审计工作的过程中，需要处理好两个关系：一是要处理好组织部门和审计部门的关系；二是要处理好重点审计与一般审计的关系。只有处理好了这两个关系，领导干部经济责任审计工作才能够更加协调、有序、健康地发展下去。可喜的是，从我们的调研情况来看，金华市近年来已经在这两个方面做出了不少努力，在各个部门的共同努力下，领导干部经济责任审计工作已经成为了一项成文的制度发展下来，具有很强的可持续性。

（原载俞可平主编：《地方政府创新与善治》，北京：社会科学文献出版社2003年版）

从技术化行政到民主化行政

——以青岛市"多样化民考官"机制的发展轨迹为个案

陈雪莲

（中央编译局世界发展战略研究部）

　　行政理念确定行政价值目标、引领行政发展方向。传统公共行政向现代公共管理转变的过程中，行政理念的建构经历了从工具理性到价值理性的历史性变迁，新公共行政随之由传统的价值中立、技术理性优先转向以公正和民主为价值指向。新公共行政的价值追求是社会公平正义而不是单纯的行政效率，行政是民主治理过程而不是单纯的管理过程。在新的价值取向引导下，现代行政的理念和目标是责任和服务，行政活动承载着多种责任而不再是简单机械的服从，行政的目标是通过最优的管理实现最佳的服务。因此，现代行政改革的内容已经超越管理技术层面的革新，走向民主行政、责任行政和服务行政的构建，这也是当今许多国家行政改革的目标。中国政府的行政改革是否也在实践着新公共行政的理念和价值目标？对于"一党领导下的多党合作制"的中国来说，行政改革由技术层面深化到价值层面，意义尤为深远。

　　中国的行政改革是否已经开始由管理技术、管理制度的改革转向更深层次的行政价值理念的变革？这一改革的动力、压力乃至阻力是什么？由技术行政向价值行政转变的新行政体制改革会给中国政治体制改革进程带来什么样的新思路和新空间？山东省青岛市的绩效考核改革经历了从注重绩效考核指标设计的科学性向强调绩效考核的公众参与性的转变，这正是一场由技术化行政到民主化行政的改革。本报告以青岛市政府绩效考核工作的演进为个案，在介绍和分析"多样化民考官"机制的诞生背景和发展轨迹的基础上，探讨上述问题的答案。

一、从技术行政到民主行政的历史基础

　　传统行政管理模式以"政治—行政二分法"和"科层制"为理论基础，以提高公共部门行政效率为目标。20世纪70年代末期，以绩效管理为核心的新公共管理运动仍将提高政府部门行政效率为主要目标，力图通过最少的行政消耗获取最大的行政效果。如撒切尔时期的英国行政改革以及里根时期的美国行政改革，"效率"是政府绩效评估最重要的指标。进入20世纪90年代，政府绩效评估的重点开始由效率标准转向效益标准，同时开始关注公共服务的质量和效果。如英国的"公民宪章"运动中政府强调对公共服务的内容、方式和标准做出具体承诺，保证公共服务的质量，提升公民满意度。1993年，美国颁布的《政府绩效与结果法案》提出政府绩效评估的重点是服务质量和用户满意度。从西方发达国家行政改革重点的演变历程可以看出，管理工具、管理技术和管理方式的提升是传统行政管理改革的目标，追求公众满意度是现代行政管理区别于传统行政管理的根本性标志，现代行政管理的任务是满足顾客（公众）的需要，而不是官僚政治的需要。

　　中国自改革开放以来不断推进行政管理体制改革，经过30年的努力，在政府职能转变、政府机构优化、依法行政、公务员队伍建设、提升社会管理和公共服务水平等领域取得明显成效。但是已有的改革主要是政府内部组织结构和运行机制上的调整和优化，在这其中更注重管理工具、管理技术和管理方式的革新。而新形势下，高效的政府需要以公众为导向，才能有效解决政府时常遭遇的管理困境和信任危机。中国政府在 2008 年提出的深化行政管理体制改革的总体目标中充分认识到了时代背景的转换对政府改革目标的影响。新的行政改革目标是"通过改革，实现政府职能向创造良好发展环境、提供优质公共服务、维护社会公平正义的根本转变，实现政府组织机构及人员编制向科学化、规范化、法制化的根本转变，实现行政运行机制和政府管理方式向规范有序、公开透明、便民高效的根本转变，建设人民满意的政府"。[1] 在新的行政改革目标中，政府职能由过去的"为经济建设创造良好发展环境"拓展为同时"提供优质公共服务、维护社会公平正义"，政府运行机制和管理方式不仅仅要"规范有序"，更需要"公开透明和便民高效"，政府首先应该是"人民满意的政府"。这一系列对政府职能、运行机制、管理方式、价值定位的界定，意味着公众对行政流程的参与、监督和评价是必不可少的要素，民主不再只是政治体制改革的话语，同样是行政体制改革的目标。中国的行政体制改革将超越技术和工具层面的革新，深化为民主行政的构建。

二、"多样化民考官"机制的内容及特征

青岛市从 1998 年起逐步建立的"目标绩效管理体系"被理论界誉为"青岛模式"——整体推进型绩效评估模式。[2] 2006 年起，青岛市考核办开始在目标绩效管理体系框架内重点探索实施多样化"民考官"，以人民群众满意度考核评价区市党委政府以及市直政府部门的工作绩效。青岛绩效管理管理体系改革的形成、发展以及转变在全国各地涌现的政府绩效管理实践中具有很强

---

1. 见中共中央十七届二中全会《关于深化行政管理体制改革的意见》，2008 年。
2. 中国地方政府绩效评估体系研究课题组：《中国政府绩效评估报告》，北京：中央党校出版社 2009 年版，第 297—327 页。

的典型性和代表性。

(一) 诞生背景

青岛绩效管理体系改革在起步阶段，推行的是目标责任制管理，以提高政府执行力为目标。随后，随着改革的深入，建立起目标考核与督查工作双动力机制，以提高政府效能为目标。在 1998 年至 2006 年期间，政府绩效考核改革的重点是完善考核指标体系的设计、优化考核的流程、创新考核方式方法。如，在指标体系的设计上，借鉴战略管理、质量管理、标杆管理等先进理论和管理方法，合理分类分组考评。针对区市的考核，以"五个建设"（经济建设、政治建设、文化建设、社会建设、党的建设）为框架提出"五位一体"的考核体系；针对市直单位的考核，提出从业务职能工作目标、日常工作目标和监督评议三个方面进行"三足鼎立"的考核。在考核方式方法上，青岛市被认为是在全国范围内率先实行答辩制评估。青岛市在目标绩效考核工作中的成绩受到广泛认可，被理论界总结为"地方政府绩效评价四种典型模式"之一。[1] 由此可看出，青岛市在绩效评估技术上已经达到较高水平。

目标绩效考核只是对政府内部管理流程的评估，重点是评估政府机构的执行力和效能，这只是政府绩效评估的最初形式。随着现代公共服务型政府理念的深入，政府评估的内容逐步侧重于公共服务质量评估，这一评估必须有公共服务对象——公众的参与，评估结果也必须向公众公开并向服务对象负责。中组部 2006 年发文《体现科学发展观的地方党政领导班子和领导干部综合考核评价试行办法》（中组发〔2006〕14 号），号召把民意调查作为评价领导班子和领导干部工作绩效的重要方法，但无具体操作规则。青岛市考核办意识到，以民意指标来量化并考核党委政府部门的工作绩效，是深化绩效

---

1. 另外三种模式指"甘肃模式"、"思明模式"和"珠海模式"。

考核工作的新方向。要提高绩效考核的导向性、真实性和权威性，必需丰富民主形式、拓展民主渠道，扩大公众评价的比重。在宏观政策鼓励下和改革需求的推动中，市考核办从 2006 年 11 月开始具体探索如何以人民群众满意度来考核评价区市党委政府工作绩效。经过三年多的逐步完善，形成了以"多样化民考官"为突出特点的政府目标绩效考核体制。

（二）运行机制

　　青岛市"多样化民考官"机制的核心内容是"调查对象多元化、调查内容民本化、调查途径多样化"。"调查对象多元化"包括普通居民、学生家长、低保户、失业人员、中小企业管理者；"调查内容民本化"包括人居环境、文化建设、社会事业、社会保障、机关作风和行政效能。"调查途径多样化"包括电话调查、入户调查、窗口调查和网上调查。组织机制方面，针对市直单位的考核机制分为党群法检机关考核和政府部门考核两类，市考核办负责牵头抓总，市委办公厅、市政府办公厅按照分工负责具体组织实施；各考核委成员单位负责抓好各自领域内的专项考核，并配合市考核办和市委办公厅、市政府办公厅完成各项考核任务。针对区市的考核机制：市考核办统筹协调，各专项考核单位负责抓好各自领域内的专项考核，并配合考核办完成各项考核任务。

　　在政府绩效评估中引入公众评价和民意调查出现在许多地方政府的绩效评估改革实践中。青岛市的"民考官"机制是青岛市目标绩效管理体系中的一部分，从三个方面不同于普通的民意调查式绩效评估。

　　首先是民意的真实性和民意在整体绩效评估结果中的比重较高。民意调查的组织权在政府外部，引入第三方评估，确保民意的真实性。2009 年，在针对区市的目标绩效考核体系中，民意调查占 21% 的比重（见图 13），在针对市政府部门的考核中，"社会评议"占 35% 的比重（见图 14）。而 2007 年的目标绩效考核体系中，民意调查没有纳入针对区市的目标绩效考核体系，"社会评议"仅占8%，民意所占比重在逐年上升中。

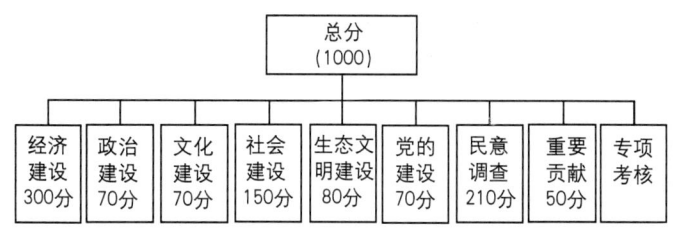

图13　青岛市2009年度区市目标绩效考核体系框架图

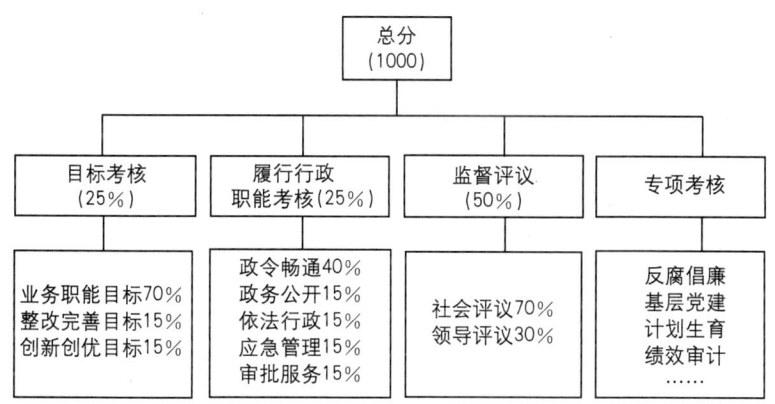

图14　青岛市2009年度市政府部门目标绩效考核体系框架图

其次，民意的采集和反映有多种渠道，称之为"多样化"。青岛市"多样化民考官机制"有三个实施载体：一是电话民意调查，以真实有效的"民意排行榜"考核工作绩效。2006年开始，在国内首创性地采用"电话民考官"，运用计算机辅助调查（CATI）技术，通过随机电话访问的形式，针对普通市民和学生家长、低保人员、失业人员以及中小企业经营管理者等特定群体，以解决老百姓最关心、关注的问题为重点，围绕社会保障、劳动就业、教育医疗、环境保护、社会治安等内容，调查市民对区市党委政府"促进经济社会又好又快发展、解决民生民计问题"措施的真实评价。民意电话调查结束后，现场公布调查数据。在国内首创了"民考官"现场直播系统，通过网络视频技术，将调查情况直播到区（市）、街道办事处或镇两级党委政府，让基层干部直面市民评价，增强了调查的信度与实效。二是引入独立第三方，实施"外考内"模式，强化外部主体的参与。2008年采取公开招标的形式，委托国内知名专业机构零点调查公司实施第三方评价，独立评价市直公共服务和社会管理部门的履职绩效情况，提高绩效评价的独立性和专业性。评价主体涵盖了市民、企事业单位、外来务工人员等各类知情者群体，促使党政机关自觉接受外部监督，进一步转变工作理念和工作作风。三是"特邀考官制"，聘请"两代表一委员"（即人大代表、党代表、政协委员）和专家学者担任"特邀考官"，构建专业化考官队伍。充分发挥考官贴近群众、知识丰富、了解情况的优势，请他们全程参与决策目标、执行监控、考核评议等各个环节，根据效益性、创新性、重要性和工作难度四个评价维度，对市直单位实施"四维评审"。

第三，有相对制度化和规范化的考核结果使用机制。"多样化民考官机制"在考核结果的有效使用上，有三个途径：一是将民意考核结果上报组织部门，作为领导班子调整和干部使用的参考依据，连续两年不合格的区市和市直单位，其主要负责人工作岗位将进行调整；二是民意调查结果占区市年度绩效考核成绩的21%，社会评议占市政府部门年度绩效考核的35%，民意成为政府各部门年度奖惩的重要依据；三是运用考核结果优化政府工作，市考核办跟踪督办老百姓反映强烈的问题和政府工作中存在的薄弱环节，要求责任单位限时整改，及时反馈答复办理情况，促进热点难点问题的解决。如青岛市四方区某居委会的居民在2007年年底的电话民意调查中反映小区河道改造问题，2008年年内由区政府出资将该河道改造成居民体育锻炼场所——体育文化大道。此外，在电话民意调查现场，请各区市、职能部门分管考核工作的同志出席，听取受访市民的意见和建议，有条件现场协调解决的当场提出解决方案。

（三）特点与成效

相较于国内其他地方政府正在进行的政府绩效考核制度改革，青岛市"多样化民考官"机制的主要特征有：①突出"民意"在政府绩效考核中的特殊地位，有利于推动民主政府和责任政府的实现和完善；②运行成本相对较低，具有一定的可推广性。"民考官"的数据收集工作主要依托于统计局社情民意调查中心、"两代表一委员"等已有的机构或机制。2008年委托第三方调查机构进行民意调查的成本为17.8万，2009年计划将"第三方调查"调整为"政府述职、市民评议"的新考核形式，进一步降低考核成本，优化考核质量。③通过相对稳定的机制设置确保考核结果能够切实运用于政府流程优化和改造，而不是流于"形式民主"。2008年，青岛市有5个市直单位被问责扣分，直接降低了考核等次。④"多样化民考官机制"为实现"以民主促进民生"提供了一个有效的制度平台。即在考核内容上注重民生，在考核过程上保证民主，在考核结果上体现民意。在考核内容上，50%以上的指标为民生指标；在考核过程中，通过媒体发布预告，请市民监督；在考核结果上，将"民考官"分数确定为"第一指标"，逐年提高权重，2009年达到21%；在"民考官"问卷设计方面，把"命题权"交给群众，面向市民征集民意调查"金点子"，让市民设计考核政府的"民意指标"。2008年，有51.5%的调查题目是吸收采纳市民意见的结果，确保群众意愿得到充分体现。

"多样化民考官机制"的创新意义在于在行政程序中引入民主机制，以民主约束官员、通过公众参与优化政府流程、以民主促民生。具体说来，该机制首先较好地解决传统"官考官"考核体制中存在的信息失真、考核造假问题。面对电话随机访问和问卷随机抽样的调查，被考核部门很难造假，有助

于考核部门更为全面、公正、客观地掌握党委政府工作绩效的真实情况；其次，有助于政府官员转变工作作风和价值观念，"民考官"促使官员增强群众意识、责任意识，重视民意和民声；第三，提高政府透明度，社会公众作为第三方的"民考官机制"，即有效地增加了政府考核信息获取渠道，也扩大了民意表达渠道，从而强化和锻炼了群众参与意识和参与能力；第四，促进了重点热点民生问题的解决，有助于维护社会动态稳定。"民考官"使各级决策层更加注重掌握民情、听取民意、改善民生，将群众反映强烈的问题作为筹划来年工作的重要参考，并纳入为民办实事的范围加以解决。

（四）问题与前景

青岛市"多样化民考官机制"受制度环境和改革经验的限制，仍然存在一些有待完善的地方：第一，"民考官"的考核结果运用没有定量、硬性的标准，考核结果需要与行政问责、部门奖罚、官员选拔任用之间有明确、直接的联系才可能真正确保"民考官机制"的权威性；第二，群众对考核的参与是被动的"意见收集型"参与，缺乏日常化的民意主动表达渠道，该项目还需要在变"民意收集专业化"至"民意畅通常规化"方面有所突破；第三，考核结果不够公开透明。现有的公开方式是：媒体公开考核等次，考核评价的具体结果只上报党委政府领导层。群众参与的积极性与信息公开透明程度成正比，而且，考核结果公开透明有利于推动政府更积极地回应民众需求。

如果要解决上述问题，则需要在建设绩效政府的同时，打造透明政府、责任政府和民主政府。这已经超越了传统行政体制改革的范畴，走向民主化行政是行政体制改革无法回避的改革方向。在现有的政治体制环境下，青岛市通过一些技术手段和制度平台的搭建进一步探索行政民主的空间。2010年试行以"向市民报告、听市民意见、请市民评议"活动取代公众参与面较窄的第三方独立机构实施"民意问卷调查"的方式来收集民意、扩大公众参与渠道。"向市民报告"指由市政府各部门的主要负责人通过公开述职的方式，面向市民报告全年工作的完成情况、存在的问题及改进措施；"听市民意见"指听取市民代表和社会各界对政府和政府部门工作的意见和建议；"请市民评议"指请市民代表对政府各部门工作进行评议。市民代表以随机抽样与组织推荐相结合的方式，从群众基础好、公道正派、具有较高参政议政热情和较强责任感的市民中产生，主要由城乡居民代表，基层代表，企事业单位代表，社会组织代表，专家代表，人大代表，政协委员代表等构成。市政府各部门主要负责人的述职报告、部门工作职责和年度主要工作目标放置在青岛政务网等网站上，供市民查阅。年底，各部门主要负责人在主会场集中、依次述职报告，并通过视频网络系统向 12 个区市分会场直播，市民代表在各会场听取部门负责人的述职。部门主要负责人述职结束后，将述职视频放置在网站上，供市民观看视频和提出意见建议。市民代表根据市政府各部门工作职责、年度主要工作目标、述职报告，结合市政府各部门负责人现场述职和平时掌握的情况，现场填写测评票。述职结束后，对各会场市民代表填写的测评票进行统计，测评票分值即为 2009 年度市政府各部门目标绩效考核中的社会评议得分。这一新的"民考官"形式扩大了绩效考核的透明度和参与性，是对行政民主的另一种尝试。

三、讨论："多样化民考官"的双重意义

中国政府自改革开放以来历经了几轮行政体制改革，这几轮改革的主要内容是转变政府职能和机构调整，以优化政府内部流程、提高工作效率为主要目标。政府绩效评估隶属于公共行政管理的范畴，自 20 世纪 90 年代在各级地方政府中涌现的政府绩效评估实践是中国行政管理体制改革的一部分。通常来说，公共部门的任务是实现四个基本目标：责任、合法性、效率和公

正，行政改革的关键是如何实现这些基本目标。[1] 绩效评估可以通过制度设计来推动和提高政府的责任、合法性、效率和公正。

历经 20 年的理论研究和实践探索，绩效评估的理念和技术日臻成熟和完善，在这个过程中，绩效管理体制改革是以理顺行政关系、提高行政效率为首要目标。改革有自己不可逆的发展逻辑，随着改革的深入，绩效评估不再局限于行政成本、效率、产出等经济问题，也不再停留于行政体系内部实行技术性的专业化改革。科学的绩效评估既强调绩效观念、重视量化评估方法，更关注政府的公共受托责任，即评估政府如何承担和实现自身的责任和合法性。

现代政府是以公众为导向的政府，以公众为导向的政府必定是服务优先而不是管理优先。建设服务型政府是当下中国政府改革的基调，服务型政府是要强化政府的公共服务职能，以公共利益为目标，以公众的客观需求为尺度，提供高质量的公共产品。政府如何知晓公众的需求？公众如何表达对政府行政行为的意见？解决这些问题，需要的不仅仅是管理技术和管理工具的革新，更需要引入民主机制。在绩效评估中引入公众参与的"多样化民考官"机制因而具备了双重意义：一是通过公众参与推动了政府流程优化，二是探索了行政民主的空间，为民主化行政改革提供了有益范本。

关于中国的改革是行政体制改革为优先还是以政治体制改革为突破口，学者和实践者们具有不同的意见。一种观点认为，行政体制改革与政治体制改革是两个不同的范畴，对于中国来说，只有优先进行行政体制改革，调整行政结构、提高政府执行力，才能进一步推动政治体制改革。另一种观点认为，我国的行政体制改革已经到了瓶颈期，需要通过政治体制改革给深化行政体制改革带来新的发展空间。从理论上来说，将政治与行政二分是传统公共行政的理念，在这一理念下，行政定位于执行国家法律与公共政策，实现

1.　[英] 简·埃里克·莱恩：《公共部门：概念、模型与途径》，谭功荣、马蔡琛等译，北京：经济科学出版社 2004 年版。

政治决定的目标，民主价值以及公共政策制定的事务由政治家们与立法机关完成，行政是单纯的执行性工具。而在当代行政发展中，行政除了重视效率和经济等管理价值外，更强调公民精神、公正、公平、责任等价值。行政本身已成为重要的价值性表达活动。从实践环境来看，在中国"一党执政"的政治体制下，政治和行政无法实现真正的"二分"，行政管理体制改革就是政治体制改革的一部分，行政民主的发展必将意味着政治民主的进步。

（原载俞可平主编：《中国地方政府创新案例研究报告（2009—2010）》，北京：北京大学出版社 2010 年版，第 110—118 页）

预算监督实现的程序与实质

——四川省人大常委会实施"在线监督省级部门预算执行"的调查[*]

陈家刚

（中央编译局比较政治与经济研究中心）

现代监督制度的核心，应当是建立以权力制约权力、以公民权利制约政府权力、以社会权力制约国家权力的长久机制。通过立法机构实现人民对于"钱袋子"即政府财政的控制是现代民主国家的基本监督形式。党的十七大报告指出，要进一步"深化预算制度改革，强化预算管理和监督，健全中央和地方财力与事权相匹配的体制，加快形成统一规范透明的财政转移支付制度，提高一般性转移支付规模和比例，加大公共服务领域投入。完善省以下财政体制，增强基层政府提供公共服务能力。"进一步明确了立法机关监督宪法和法律的实施，监督"一府两院"工作的重要职责。

那么，如何依据法治精神，切实加强预算监督、怎样通过预算监督推动公

* 2007 年 11 月，作为"中国地方政府创新奖"项目组的成员，笔者有幸赴四川省就"在线监督省级部门预算执行"项目问题进行了深入的调研。调研过程所接触到的材料、各种信息，给笔者以深刻的印象，同时也给笔者思考中国政治体制改革的路径选择提供了更多的资源和启发。感谢四川省人大常委会预算工委胥纯主任的关心和支持，感谢郭志强处长、郑树全处长，邓朝金等同志的配合以及为调研所做的周到安排。本文的观点由作者负责。

共财政体制建设，以及促进政府管理体制的改革与发展，从而渗入思考我国政治体制改革等路径选择呢？本文选取获得 2008 年第四届 "中国地方政府创新奖" 入围项目的四川省人大常委会预算工委 "在线监督省级部门预算执行" 为例，结合项目的实施背景、过程与特征，解决了哪些问题、产生了怎样的效果，以及项目的创新性、效益性、持续性和推广性等方面对其进行全面介绍，并在此基础上，对中国立法机构预算监督的完善与发展进行深入的探讨与分析。

一、"在线监督省级部门预算执行" 的缘起与做法

（一）四川省的基本情况

四川省简称川或蜀，位于我国西南，地处长江上游，全省面积 48.5 万平方公里，居全国第五位。自古以来四川就享有 "天府之国" 的美誉。优越的地理条件和经济条件，使四川成为中国经济开发最早的地区之一。2006 年，四川省经济呈现 "高增长、高效益、低通胀" 的运行态势，各项社会事业全面进步，实现了 "十一五" 良好开局。完成生产总值 8637.8 亿元，增长 13.3%。其中第一产业增加值增长 3%，第二产业增加值增长 20%，第三产业增加值增长 11.6%。三次产业对经济增长的贡献率分别为 4.5%、62.2% 和 33.3%。四川省位于中国西南部，是一个多民族的大省，有 55 个少数民族。截至 2006 年底，全省有 18 个地级市、3 个自治州、181 个县（市、区）、4411 个乡镇、249 个街道办事处。基层群众自治组织中，社区居民委员会 5176 个，村民委员会 48036 个。

在经济社会发展的同时，四川同时也成为我国政治体制改革的重要试验基地和观察窗口。在竞争性选举方面，有学者经过详细调查后指出，"2001—2002 年乡村换届选举中，90 年代末出现的乡镇一级竞争性选举试验在全国其他地区基本处于停滞状态的情况下，四川省却出现了约 2000 个乡镇实施竞争

选举的巨大发展。"而历届"中国地方政府创新奖"的入围项目中，都会有四川的项目，例如"公推公选"乡镇党委书记和乡镇长、公开评税、"直选县级党代表"、"基层民主政治建设"等等。可以发现，这些改革都集中于政治体制和行政管理体制两个方面，都集中关注权力结构的调整，即授权方式的改变，以及完善权力的监督和制约。本文分析的"在线监督省级部门预算执行"项目，就是充分利用现代科技的进步，建立起对预算执行过程的实质性监督，从而使"人民的钱袋子更保险了"。

(二)"在线监督省级部门预算执行"的缘起、实施与做法

(1) 缘起。在全国人大常委会设立预算工委的四年后，2002 年 1 月 18 日，四川省九届人大常委会第二十七次会议决定成立了省人大常委会预算工作委员会，截止 2007 年 11 月，全国各省市区人大常委会设立的预算工委有 15 家。四川省人大常委会预算工委成立后，首先选调了熟悉预算工作的同志担任处领导，公开招录了具有财经专业背景的大学毕业生，配齐工作人员；同时，在制度建设方面，规范了工委的基本职能、分工、公文拟制等制度；开始着手编印《预算审查监督信息》，反映预算审查监督动态；编写《预算审查监督手册》，明确预算审查监督的法律依据；加强专业培训与学习，组织《预算法》、预算制度改革、WTO、《政府采购法》等各方面知识的学习和培训。

上述所有这些工作，都还只是在建立起预算监督的基础和框架，而选择怎样的突破点，从而实现实质性的预算监督，当时似乎并没有出现恰当的思路。但契机总是出现在有准备的工作之中。2004 年 2 月 10 日，四川省政协九届二次会议召开。在政协会议上，省政协委员周维民提出了省人大要进一步完善和规范省政府部门预算审议和监督管理的提案。在这个提案中，周维民明确建议省人大要借鉴广东人大的经验和做法，扩大审议部门预算的范围、完善部门预算审议的方法、拓宽部门预算审议的渠道、加大对部门预算实施

的监督力度、实现人大有关机构与财政厅预算信息联网等。实现人大的有关机构与财政部门预算信息联网首次提到议事日程。

所谓的"广东经验",主要是指 2004 年 8 月底,广东省人大财经委与省财政厅实现联网,广东省政府的财政支出将逐步纳入人大监督的视野。截至 2007 年 9 月底,广东省本级及 21 个地级以上市人大与财政全部建立了实时在线监督系统。普遍认为,人大与财政实现联网,使人大能够及时掌握财政资金的收支及预算执行情况,强化了人大监督,也推动了政府依法行政。

四川省人大收到政协委员提案后,财经委、预算工委根据常委会领导的要求,专门组成考察组,赴广东、深圳考察学习人大预算审查监督工作。2004 年 3 月 22 日至 25 日,四川省人大常委会委员、财经委副主任委员、常委会预算工委主任傅应铨带队赴广东及深圳市学习考察人大预算审查监督工作。考察后形成了《赴广东省学习考察人大预算审查监督的情况报告》。报告建议"进一步加强审计监督"、"积极为我省地方各级人大加强预算审查监督工作创造有利条件"、"借鉴广东省、深圳市的做法,逐步开展人大常委会预算工委与省财政的计算机联网工作"等。从而更加明确地提出了"在线监督"预算的初步构想。对此,省人大常委会副主任席义方作出批示,"这次考察进行的很深入,很有收获,广东的一些做法和经验值得我们借鉴。我赞成报告中提出的几点建议。"常委会副主任马开明在 2004 年 4 月"川东川南人大财经工作座谈会"上,做了《从审查监督部门预算入手,实现对预算的实质性审查监督》的讲话,强调"实质性审查监督,就是有效果的监督,起作用的监督,没有效果和作用的监督就谈不上实质性监督。"

四川省人大财经委、人大常委会预算工委根据常委会领导的要求,针对实际情况,在反复研究沟通的基础上,向主任会议提出了《关于进一步推进我省预算审查监督工作的几点建议》。[1] 2004 年 9 月 10 日,四川省第十届人大

1.《四川省人大常委会预算工作委员会 2004 年工作总结》(2004 年 12 月 31 日)。

常委会主任会议第三十三次会议通过了《关于进一步推进我省预算审查监督工作的几点建议》，明确提出"结合省人大加强预算审查监督工作的实际情况，尽快研究开展人大常委会预算工委与省人民政府财政部门的预算信息联网工作。"[1]

（2）实施。为了贯彻落实省人大常委会主任会议通过的《关于进一步推进我省预算审查监督工作的几点建议》，预算工委多次与省财政厅研究有关联网的具体事项。省财政厅高度重视，积极组织有关人员成立软件开发小组。经过充分的准备，在 2005 年 8 月，四川省人大常委会实现了预算工委与省财政国库支付中心计算机的联网，正式启动了"在线监督省级部门预算执行"项目。

"在线监督省级部门预算执行"是以四川党政网（金财网）为平台，在省财政厅网页上增加"人大预算工委信息查询系统"栏目，经省财政信息中心授权后，省人大常委会预算工委上网即可查看省级各单位的支出情况。查看的内容包括：单位使用资金的性质，预算科目和项目名称，资金的支付形式、时间、金额，资金用途等信息。预算工委与省财政厅实现资源共享的是"国库集中支付系统"，这是省财政厅整个支付系统中最重要的一环。人大与国库实现联网，使人大能够及时掌握财政资金的收支及预算执行情况，强化了人大监督，也推动了政府依法行政。

"在线监督省级部门预算执行"的具体做法是：

首先，通过联网，获取预算监督的信息。省人大常委会预算工委与省财政国库支付中心联网之后，安排专人及时查看部门预算的执行情况，根据省人代会批准的部门预算和财经制度进行对比分析，查找预算执行中存在的问题。如，2007 年 6 月至 12 月，预算工委在监督中发现了部门预算执行中有 1800 多笔共计 8053 万元的资金使用不够规范。

---

1. 四川省人大常委会预算工作委员会：《预算审查监督信息》，第 04 期，2004 年 9 月 15 日。

其次，根据所获取的信息进行深入分析，对发现的问题进行归纳整理。在此基础之上，每半个月编制一期《部门预算执行在线监督动态》。而对问题较多的部门，则编制专辑。以 2007 年 7—8 月为例，我们可以发现省级部门预算执行过程中存在的问题（见表5）。

表5　省级部门预算执行中的问题（7—8 月）

时间	主要问题	资金金额	建议措施
7 月 1 日—15 日	未按政府采购管理有关规定采购商品	61.04 万元	请省财政厅将上述情况与相关部门核实，督促其采取措施切实加以改进，并将核实和处理情况及时反馈预算工委
	改变资金的用途或使用性质	164.54 万元	
	单位使用资金用途表述不清	277.97 万元	
7 月 16 日—31 日	超出现金开支范围支付现金	9.82 万元	请省财政厅将上述情况与相关部门核实，督促其采取措施切实加以改进，并将核实和处理情况及时反馈预算工委
	同一部门内部划转资金	23.94 万元	
	改变资金的用途或使用性质	433.66 万元	
	未按政府采购管理有关规定采购商品	49.6 万元	
	单位使用资金用途表述不清	512.6 万元	
8 月 1 日—15 日	改变资金的用途或使用性质	131.97 万元	请省财政厅将上述情况与相关部门核实，督促其采取措施切实加以改进，并将核实和处理情况及时反馈预算工委
	未按政府采购管理有关规定采购商品	82.74 万元	
	超出现金开支范围支付现金	17.78 万元	
	单位使用资金用途表述不清	464.38 万元	
8 月 16 日—31 日	改变资金的用途或使用性质	176.03 万元	请省财政厅将上述情况与相关部门核实，督促其采取措施切实加以改进，并将核实和处理情况及时反馈预算工委
	未按政府采购管理有关规定采购商品	121.97 万元	
	支出使用资金用途表述不清	591.29 万元	

资料来源：根据四川省人大常委会预算工委《部门预算执行在线监督动态》整理。

第三，运用预算监督信息。省人大常委会预算工委在归纳整理相关部门预算执行的基本情况后，将每期《部门预算执行在线监督动态》报常委会领

导，同时转财政厅督促部门整改；并抄送审计厅，供审计部门审查监督预算执行时参考。这样，预算执行情况就会在立法机构、执行机构和审计机构之间形成了一个公开透明的制约关系。

第四、反馈预算监督信息。在财政部门收到省人大常委会预算工委提供的预算执行情况的动态后，省财政厅会根据实际情况，督促各部门将《在线监督动态》所指出问题进行及时整改和处理，处理结果需要及时反馈预算工委。

四川省人大常委会开展"在线监督"以来，已将省级130个一级预算单位、856个二级预算单位每年300多亿财政资金纳入了"在线监督"。"在线监督"实施后，立法机构就能够及时掌握省级政府部门预算执行情况，强化了人大对预算执行的动态监督，提高了监督的针对性、实效性；促进了政府预算行为的规范；为今后拓宽监督范围、丰富监督内容打下了良好的基础；为各级人大加强预算监督，提供了可以借鉴的成功经验。

二、"在线监督省级部门预算执行"的实践动因与基础

（一）预算监督的既有制度框架是实施"在线监督"的基本依据和实践的出发点

《宪法》、《预算法》、《监督法》、四川省人大常委会《关于加强省级预算审查监督的决定》等相关法律法规的实施，为"在线监督"预算执行提供了有力的法律支撑。

预算监督就是国家和地方权力机关按照法定程序对政府预算的制定、执行及调整情况的控制、监督和制约。从1982年《宪法》对人大预算监督的授权，到1994年《预算法》的通过实施；从1998年全国人大预算工作委员会成立，到1999年通过《关于加强中央预算审查监督的决定》，我国的预算监

督越来越具体化，越来越具有可操作性。按照《中华人民共和国预算法》的规定，我国预算监督包括这样几项内容：(1)"全国人民代表大会及其常务委员会对中央和地方预算、决算进行监督。县级以上地方各级人民代表大会及其常务委员会对本级和下级政府预算、决算进行监督。乡、民族乡、镇人民代表大会对本级预算、决算进行监督。"[1]监督主体是国家和地方权力机关。(2)监督方式有三种形式，即重大事项或特定问题调查，询问或者质询，听取和审议预算报告。[2]

2002年5月30日，预算工作委员会起草《四川省人民代表大会常务委员会关于加强省级预算审查监督的决定》，经四川省第九届人民代表大会常务委员会第二十九次会议通过并公布施行。决定要求"加强预算编制工作，加强省级预算的初步审查工作，审查全省及省级预算，批准省级预算，加强对省级预算调整方案的审查监督，加强对省级预算执行情况的监督，加强对省级决算的审查批准工作，加强对省级预算执行的审计，加强对预算外资金的监督，依法执行备案制度，预算工作委员会协助财经委员会承担省人民代表大会及其常务委员会审查预决算、审查预算调整方案和监督预算执行方面的具体工作。"《决定》比较全面地确立了四川省立法机构对于政府预算过程的审查和监督的基本架构，是省人大常委会加强和改进预算审查监督的主要依据。

(二) 人大对预算执行的监督有待改进

预算监督是人大监督权的重要组成部分，但长期以来，现行人大对预算执行监督的乏力及预算执行中存在的问题，极大地制约着人大的宪法权利实现，迫切需要改进人大对预算执行的监督。

---

1. 《中华人民共和国预算法》第66条。
2. 《中华人民共和国预算法》第67、68、69条。

虽然我国的预算监督越来越具体，越来越具有操作性。但是，因为没有从公共财政的角度去把握预算的实质，仅仅把预算理解为一般的技术手段和经济方法，致使预算在实际的决策和监督过程中有形式而无内容、有程序而无实质、有制度而无保障。预算体制、预算监督程序、政府预算的法律责任等各方面都存在着诸多问题。因此，尽管宪法和法律赋予了人大及其常委会预算审查监督职权，但是，多年来，人大在监督政府怎样用钱方面却总是有些措施不力。每年政府各部门的钱到底怎么花，人大并不清楚。由于监督乏力，预算执行中出现不少问题。从近几年审计报告、媒体披露情况以及省人大在调研、视察中所掌握的情况看，预算执行及管理中存在：预算编制不完整，预算约束软化，超预算、擅自追加预算普遍，挤占、挪用财政资金等现象时有发生，甚至发生贪污腐败等问题。2005 年和 2006 年四川省审计厅审计查出全省和省级部门违规及管理不规范资金分别为 129.6 亿元、81.2 亿元。人大代表、常委会委员对人大预算审查监督现状强烈不满，有委员直言不讳地指出，现行的预算审查监督工作是"审查不实，监督不力，队伍不齐"。作为地方立法机构，人大内部强烈要求改善和加强预算监督工作的呼声越来越强。

（三）改革为"在线监督"预算执行创造了条件

2000 年，四川省开始推行部门预算、国库集中收付制度改革，"金财工程"全面实施，部门所有收支行为在网络中都有信息。并且，省级部门预算从 2003 年开始提请省人代会审查批准。

第一，推行部门预算。部门预算是一种与市场经济体制相适应的预算编制方式，由于预算细化到部门和项目，并实行综合财政，能够全面反映预算内外资金的安排，满足了预算的细化和全面的要求。政府预算由本级各部门预算组成，人大审查批准的预算是包括部门预算在内的预算。推进部门预算提交人大审议，是"在线监督省级部门预算执行"的重要基础之一。2000年，省财政开始进行部门预算改革，省级各部门首次有了一本涵盖部门所有收入、支出细化到具体项目的部门预算。2002年省财政厅首次将批复各部门的预算报省人大备案。从2003年开始，将省级部门预算提交人代会审查，从最初的4个部门增加到2007年的87个部门，资金总量已占到部门预算总资金量的90%以上（见表6）。细化了的预算也由过去的薄薄几页纸，变成了厚厚一本"书"，为人大有效地监督预算执行提供了必要的条件。

表6　2003年以来部门预算工作进展情况

年度	提交审议的部门预算（个）	审议的部门预算资金占 所有部门预算资金总额的比例
2003	4	
2004	23	60.54%
2005	42	81%
2006	64	92%
2007	87	

资料来源：四川省人大常委会预算工作委员会2003年以来的工作总结。

第二，推行国库集中收付制度改革。国库集中收付制度，是指财政在中央银行或商业银行开设国库单一账户，所有财政性资金都纳入国库单一账户管理，收入直接缴入国库单一账户，支出由财政部门或预算单位通过国库单一账户直接支付到商品或劳务提供者或用款单位的制度。实行国库集中收付制度，可以简化拨款程序，缩短拨付时间，增强财政支出的透明度，提高财政资金的使用效率。"十五"期间，国务院要求在地方全面推行财政国库管理制度改革。财政部指定四川和安徽作为实行国库集中收付制度改革的试点省份。四川省从2001年11月起，在省级14个部门及其所属的73个二级单位进行财政国库管理制度的改革试点。2002年7月1

日开始，四川省又在省级 129 个部门、272 个二级预算单位全面实施了这项改革。省财政还对 603 个二级预算单位实行了财政资金直接拨付的办法。到 2003 年 5 月，省级纳入国库集中支付改革的支出总额达 166.91 亿元。省级财政国库支付中心共开具支付令 69662 笔，支付资金 78.25 亿元；248 个预算单位通过网上授权支付程序开出支付令 55336 笔，支付资金 88.66 亿元。四川试点的成功，使财政部开始将四川经验向全国推广。

第三，"金财工程"建设。"金财工程"是利用先进的信息网络技术，支撑预算管理、国库集中收付和财政经济景气预测等核心业务的政府财政综合管理信息系统。"金财工程"以财政系统纵横向三级网络为支撑，以细化的部门预算为基础，以所有财政收支全部进入国库单一账户为基本模式，以预算指标、用款计划和采购订单为预算执行的主要控制机制，以出纳环节高度集中并实现国库资金的有效调度为特征，以实现财政收支全过程监管、提高财政资金使用效益为目标。2002 年初，国务院决定将财政部规划建立的"政府财政管理信息系统"定名为"金财工程"，并把"金财工程"列为国家电子政务十二个重点工程之一。

2002 年 9 月 19—21 日，四川省全省财政工作会议在成都召开。会议传达了全国财政国库管理制度改革工作会议、"金财工程"建设座谈会和增收节支工作会议精神，会议讨论研究了推进四川省省以下部门预算改革和建立市、县财政约束机制等问题。关于"金财工程"，会议明确指出，"要搞好'金财工程'建设，为财政改革提供技术支撑。"[1] 从此，四川省人大常委会坚持不懈地大力推进"金财工程"建设，并取得了明显成效。

国库集中收付制度改革的实施和"金财工程"的推进，使政府的所有收支行为在计算机中都有信息，为人大实施"在线监督"创造了有利的技术条件。截至 2006 年底，省本级所有一级预算单位及 856 个二级预算单位的所有

---

1. 四川省人大常委会预算工作委员会：《预算审查监督信息》，第 01 期，2002 年 9 月 28 日。

支出都要通过国库支付中心集中支付。由此，"在线监督省级部门预算执行"项目的实施有了良好的基础。

第四，地方人大的实践探索推动了省人大的制度创新。有媒体在经过详细调查后认为，四川省人大常委会的在线监督，很大程度上得益于四川省威远县人大的探索。威远从 2004 年开始建立财政支出监督体系。县人大从对政府部门财政预算的审查入手，经过试点出台了办法，明确了预算审查的原则、经费和监督的内容及方式。接着，对全县 15 个行政职能部门的各种经费开支进行分门别类监督。因为没有条件建立"在线"监督系统，威远县人大当时的主要监督方式是采取不定期到财政部门复制相关数据，随时进行跟踪分析的办法，进行财政支出的全程监督。威远县人大的这种做法得到了四川省人大的肯定和支持，现在推出的"在线"监督，就是威远县做法的提升。[1]

（四）领导的重视是预算工委的有力支持，同时预算工委的执行力也是落实预算审查监督的保障

省人大常委会的领导高度重视预算审查和监督工作的改进，有力地支持了预算工委的大胆探索和创新，而预算工委的工作团队的执行力同时有力地保证了预算审查监督的落实。2003 年，预算工委在全国率先提出："争取预算工委计算机尽快与省财政厅、省国税局、省地税局网络连通。"2004 年 3 月，预算工委到省外考察后提出了"逐步开展预算工委与省财政计算机联网工作"的建议，得到常委会主要领导的支持。同年 9 月，主任会议通过了"尽快研究开展预算工委与省财政预算信息联网工作"的建议，并转省政府

---

1. 四川省人大常委会预算工作委员会：《预算审查监督信息》，第 07 期，2006 年 9 月 4 日。

研究办理。2005 年 8 月实现了预算工委与省财政国库支付中心计算机的联网，预算工委展开了对省级部门预算执行实时"在线监督"的一系列探索创新。

省人大常委会副主任席义方多次指出，"人民选我们作代表，我们就必须按照法律赋予的职责，为四川 8700 万人民负责。不仅为今天、还要为我们的子孙后代负责。"[1] 常委会副主任马开明也是一位积极支持预算审查监督工作的领导。在谈到加强预算审查监督应抓好的 10 件实质性工作时，他指出，"要利用现代科技手段加强预算审查监督，积极推进人大财经委和预算工委与政府财政部门的预算信息联网工作，强化人大对预算执行的监督。"[2] 同时，在预算工委的胥纯副主任等的领导下，预算工委的工作团队，始终抱着一种责任感和使命感，以一种扎实严谨的工作作风，积极地推进审查和监督工作。

三、"在线监督省级部门预算执行"的成效与特点

四川省人大常委会预算工委以实行"在线监督"为契机，在真正落实立法机构预算审查监督权方面走出了一条值得我们学习和思考的道路，这种探索在实践中日益凸显出其价值和贡献。

首先，"在线监督"对于完善立法机构的预算监督职能发挥了切实的推动作用。（1）"在线监督"的实施，使宪法和法律赋予人大对预算执行的监督职权，得到切实贯彻执行，特别是将《监督法》提出的"对部门预算执行进行重点审查监督"要求落到了实处。"在线监督"使人大监督工作第一次与现代网络技术有机结合起来，提高了人大的预算审查监督能

1. 四川省人大常委会预算工作委员会：《预算审查监督信息》，第 05 期，2005 年 11 月 14 日
2. 四川省人大常委会预算工作委员会：《预算审查监督信息》，第 02 期，2004 年 6 月 10 日。

力，同时，因为信息的准确性、时效性，立法机构监督权的权威性也得以增强，政府部门对于来自立法机构的监督更加容易接受和认同。对于普通百姓和群众来说，他们更愿意看到政府行为受到制约，对立法机构的信任度也有所提高。另外，在省级立法机构实施"在线监督"，为各级地方人大加强预算监督树立了一个样板，提供了可以借鉴的经验。（2）立法机构监督政府预算的机制开始转变。以往立法机构对于政府的监督只能在每年例行议会上审查监督，日常工作中主要通过事后的预算执行月度报表进行监督，不能对预算执行过程进行监督。开通预算执行"在线监督"系统，建立起了人大实时、动态监督政府预算执行的机制，初步实现了由过去的程序性监督，向程序性监督与实质性监督并重、审批监督与执行监督相结合的全方位监督模式转变。（3）立法机构监督政府预算的范围逐步拓展。宪法和法律赋予人大对政府预算执行的监督权，也包括对部门预算执行的监督权。"在线监督"的实施，使部门预算执行纳入了人大监督范围，人大监督范围由此覆盖了政府总预算及部门预算编制、执行、决算全过程；为预算工委下一步拓展对中央、省级各项转移支付资金实施"在线监督"，积累了经验、创造了条件。（4）提高了立法机构对政府预算执行监督的实效。"在线监督"实施后，预算工委上网查看即可知道省财政拨付给省级全部一级预算单位、856 个二级预算单位的每一笔资金，使人大能够及时发现省级各部门是否严格按照省人代会批准的预算执行，掌握部门预算执行中存在的问题，实现实时、动态监督，督促整改。2007 年 6 月到 10 月，预算工委通过"在线监督"系统查看的省级支出达 119.76 亿元，其中直接支付 68.19 亿元，授权支付 51.57 亿元。在授权支付中，不规范支出 7346 万元，占授权支付的 1.42%。对发现的这些问题，预算工委每半月编制一期《监督动态》。对问题较为突出的部门，编制专辑予以反映，如 2007 年 9 月，预算工委针对一部门的问题，编制了一期专辑，引起了财政厅和该部门的高度重视，财政厅派工作人员到该部门调查，对该部门提出了书面整改意见。"在线监督"及时指出并纠正了一批部门预算执行中不规范的支出行为，监督效果明显。统计表明，6月到10月发现的不规范支出分别为2432万元、1509万元、1586万元、1028万元、791万元，呈下降趋势。（表7）

表7　2007年6—10月"省级部门支出预算执行在线监督"情况统计表

（单位：万元）

月份	违规资金	占授权支出比例
6	2432	2.27%
7	1509	1.37%
8	1586	1.81%
9	1028	0.95%
10	791	0.78%
合计	7346	1.42%

资料来源：四川省人大常委会预算工委（**2007**）

其次，"在线监督"的实施，进一步促进了基础预算工作的改进和加强。第一，"在线监督"的实施有利于加强基础财务管理和审计工作，许多职能单位的财务部门可以借助人大的监督来规范内部财务管理。从《监督动态》所反映的情况来看，不规范支出主要在二三级预算单位，不少问题是由于单位财务人员业务不熟悉造成的，有的根本就没有上岗证。在人大的监督下，主管部门纷纷表示，要加强对下属单位财务人员业务培训和考核，加强基础财务管理工作。不少省级部门财务负责人表示，他们将学习借鉴"在线监督"方法，对其二三级预算单位的预算执行进行监督。很多政府部门开始积极鼓励财务机构更深入地学习相关财经知识、财经法规，熟悉并掌握预算编制及执行等环节的知识，提升自觉执行预算的能力和依法执行预算的意识。第二，人大"在线监督"及时发现问题，督促整改，减轻了审计部门的工作量，使其集中精力，查处重大违纪违法行为。预算工委将每期《监督动态》抄送审计厅，为其提供审计线索，有利于提高审计效率。第三，促进部门预算编制的完善。加强预算审查和监督工作的前提条件之一就是要有完善的预算编制。据统计，在 2007 年 6 月至 10 月《监督动态》中，有 178 个预算单位用公用经费、专项经费缴纳社会保险和职工住房公积金，共计 443.39 万元。经过分析，这部分资金主要用于两方面支出：一是为单位聘用人员缴纳社会保险。根据《劳动法》的规定，单位必须为聘用人员缴纳社会保险。但聘用人员保险资金没有纳入预算，只得违规使用其他资金来缴纳保险。二是财政部门预算编制中用来计提住房公积金的基数小于住房公积金中心计算的基数，很多机关单位只得动用其他资金缴纳职工住房公积金。类似这些合法合理而违规的问题，在部门预算编制过程中比较普遍，通过在线监督的实时监控，逐步建立起完善、规范预算编制的意识，监督过程暴露的问题及不合理之处，为以后的法律修订和体制改革提供了一定的方向和依据。有力地促进了部门预算编制工作走向科学化、规范化。

第三，"在线监督"的实施促进了政府及各部门更好地履行公共管理和公共服务职能，使人民群众充分享受经济社会发展成果。"在线监督"的实施，能促使预算编制更加科学，更加符合实际，使人民群众合法权益得到维护，如在监督过程中我们发现的聘用人员劳动保险、单位职工住房公积金问题。预算是数字化的施政纲领，通过"在线监督"，使预算编制更加科学，预算执行更加规范，使之符合党的方针政策和人民的意愿，使人民群众的利益诉求得以更好实现；使政府更好地履行公共服务职能，促使政府解决好广大人民群众关注的住房、医疗、教育、就业、社会保障等问题，从而直接、间接使全省人民受益。

第四，"在线监督"的实施，为预算的公开创造了条件，促进了透明政府建设。现代预算之所以叫公共预算，就是预算必须向公众公开，公众可以监督。公开预算是民主政府应有的义务，是法治政府所必需的。"在线监督"的

实施促进政府各部门更规范地执行预算，同时也提升了领导干部离任审计工作的实效，促进了反腐防腐工作，加强了廉政建设。通过"在线监督"部门预算执行，将逐步促进部门预算编制、执行更加规范，既为部门预算的公开创造了条件，又为运用网络技术逐步向社会公开预算探索了一条有效途径。从 2004 年开始，四川省人大取消了预算草案上的"机密"字样，确保人大代表对预算的知情权；积极推动审计工作报告和决算报告向社会公布，接受人民群众和舆论的监督。2004 年开始，审计工作报告向社会公布；2006 年开始，决算报告向社会公布；2007 年，常委会审查的决算草案不再收回，同时还提出了"逐步公开部门预算"；推动专项资金向社会公布。2006 年共有 6.6 亿元省级专项资金分配明细在《四川日报》详细公布。[1] 这些举措，进一步规范了财政资金的管理方式，提高了资金使用效益。

在四川省人大常委会预算工委实施"在线监督省级部门预算执行"项目之前，其他地方人大如广东省人大就已经实施了联网监督工作。但是，四川省人大的实践依然有许多方面不同于其他的实践。第一，在全国率先由人大系统提出"在线监督"设想并加以实施。实现省人大与省政府财政部门联网的设想，四川省在全国是比较早提出的。从 2003 年提出项目设想，到 2004 年项目批准实施，2005 年项目完成以及目前安排专人查看网上情况，定期编制《监督动态》，该项目在全国始终处于领先地位。区别于其他省市的被动监督，我省人大监督工作具有充分的内在动力。第二，安排专职人员负责"在线监督"工作。预算工委开通与省财政国库支付中心的计算机联网，聘请曾长期在省级部门从事预算管理工作的专业人员及时查看网上预算执行情况，并定期将相关问题整理成《监督动态》，供省人大常委会领导及有关部门参阅，并转省财政厅督促省级部门整改。这一做法目前在全国仅此一家。第三，"在线监督"预算执行成本低廉。该项目所需要硬件是人大、财政的计算机以

1.《四川省人大常委会预算工作委员会五年工作总结》（2007 年 9 月 28 日）。

及已有的党政网络平台，在计算机、网络十分普及的今天，这些都是现有的。因此，实现人大与财政的联网，并不需要多少额外的投入。与此形成鲜明对比的是，这种监督方式在针对性、实效性方面是其他监督方式无法比拟的。正因为如此，为"在线监督"的推广提供了广阔的空间。第四，"在线监督"是人大对预算执行监督在方式、手段等方面的创新。（1）变"报表监督"为"过程监督"，增强了监督针对性。"在线监督"充分利用现代计算机网络技术，将传统的监督方式与现代网络技术有机地结合起来，做到实时同步监督，与传统的单项、专项监督、人工突击检查的报表监督、例行的会议审议监督等方式相比，"在线监督"更注重过程监督，监督也更加快捷、全面、客观、公正，令人信服。（2）变"程序性监督"为"程序性监督与实质性监督并重"，增强了监督的实效。人大与财政联网后，可以对省级各部门的每一笔开支情况进行实时、动态监督，使人大监督由被动改为主动，变静态为动态，把监督的关口前移，监督更具体、更深入，将程序性监督与实质性监督有机地结合起来。（3）变"事后整改"为"及时纠正"，促进了相关问题的整改。"在线监督"有效压缩了政府部门擅自花钱的余地和空间。因为一旦发现政府部门有违纪违规迹象的，可以及时亮起"红灯"，督促整改，堵塞"漏洞"，把隐患消灭在萌芽状态。可预防、遏制乱花钱，促使省政府及其部门在制度的框架内行事，做到"防患于未然"。（4）变"暗箱操作"为"阳光理财"，提高了财政管理的透明度。政府如何花钱，必须接受人大监督。人大"在线监督"增强了花钱的"透明度"，适应了打造"阳光财政"的现实而迫切的需要；这不仅可以将人大监督政府花钱落到实处，完善预防腐败体系，促进政府效能建设，同时，也体现了监督方式的与时俱进。进一步拓宽了人大的监督渠道，提高了人大监督的权威性。

四、可持续性的制度创新与实践拓展

"在线监督省级部门预算执行"虽然是四川省人大常委会预算工委为了加

强预算执行的监督而实施的项目，但它并没有仅仅局限于简单地计算机联网和信息交换。以技术改进和应用为平台的预算监督，在实践中完全超越了技术平台本身。四川省人大的预算监督工作更为广泛和深入，也更具有可持续性。

第一，理论研究的深入、学习考察的思考，以及培训提高的普及是推动四川省预算审查监督工作深入开展的基础和内在源泉。

改革与创新都需要理论的指导，预算制度改革与完善也不例外。四川省人大常委会在推动预算制度改革的同时，着力加强了理论的研究，以及经验的借鉴与吸收。四川省人大经常邀请专家学者开展专题讲座、组织外出考察学习、组织培训班学习、召开理论研讨会，以及开展课题研究等等。通过这些活动，在理论上提高了对于预算监督的认识与理解。

2003 年，四川省人大邀请全国人大常委会预算工作委员会副主任苏宁同志为省人大常委会举办了"加强和改进预算审查监督"的法制讲座。2003 年4 月，预算工委举办了全省人大预算审查监督培训班，全省每个市州分别派出2—4 名同志参加学习。学习内容集中于公共财政和政府预算的理论基础、预算审查监督制度的建立和发展、其他省市区人大预算审查工作的经验、财政预算决算报告中基本概念和基本数据的演变等。学习和培训，对各地人大加强和改善预算审查监督工作起到积极作用。培训后，省内的眉山市、泸州市人大常委会先后成立了预算审查监督工作机构。[1] 从 2003 年开始，连续 5 年举办全省人大预算审查监督培训班。培训市州人大预算审查监督人员 300 余人次。[2]

2002 年 3 月，预算工委的同志在黄寅逵副主任带领下，考察学习了江苏、上海、浙江三省市人大加强预算监督审查的经验。2003 年 9 月，预算工委的

1.《四川省人大常委会预算工作委员会 2003 年工作总结》（2003 年 12 月 31 日）。
2.《四川省人大常委会预算工作委员会五年工作总结》（2007 年 9 月 28 日）。

同志在马开明副主任的带领下，考察了新疆维吾尔自治区人大财经及预算审查监督工作。同时，接待了吉林、河北、湖北、贵州、西藏、重庆、安徽等省市区人大的同志，在相互探讨中学习如何加强预算审查监督。

2004 年，预算工委开展了《推进我省预算审查监督工作的探讨》课题研究。课题结合四川省人大预算审查监督的实际，对省人大常委会建立以来的预算审查监督工作进行了梳理，进行了前瞻性的研究，提出了进一步推进四川省预算审查监督工作的若干措施。2006 年，开展了《四川省预算收入预测模型研究》，初步建立起了预算收入预测模型。2007 年，开展了《地方人大预算审查监督体系建设》课题研究。工作人员积极撰写理论文章，10 多篇文章在《中国人大》、《中国财政》等刊物发表。[1] 2008 年编辑出版了《预算审查监督理论与实践》（四川人民出版社）、《预算审查监督信息辑要》、《预算审查监督手册》等。开展了"人大预算审查监督中公共预算诉求表达机制"研究，开始了对预算需求的诉求表达公开、公平、公正和均等化机制创新的探索。

第二，在理论提高与普及的同时，为了提高审查监督的实效性，开始针对预决算草案提出分析意见，供人大常委会决策参考。

四川省十届人大一次会议前，预算工委先后听取了省国税局、地税局税收征管情况汇报，对部分省级部门预算执行情况进行了调研，掌握财政和预算工作情况。在省财政厅提交 2003 年预算草案后，预算工委就撰写了《关于四川省 2002 年财政预算执行情况和 2003 年财政预算草案的分析意见》，详细分析了预算执行情况中存在的问题，有针对性地提出意见和建议。省十届人大常委会第四次会议在审查批准 2002 年决算前，预算工委对省财政厅提交的决算草案和有关决算资料进行了详细预审，向财经委员会提供了《关于四川

---

1. 四川省人大财经委、省人大常委会预算工委：《积极探索，扎实推进我省人大预算审查监督工作》，2007 年 8 月全国人大财经会上的经验交流材料。

省 2002 年财政决算的分析意见》，分析意见通过定量定性分析，提出了强化部门预算约束力、加强国有资产经营收入管理等九条意见。针对"每年有几十亿经营城市经营土地的资金收入没有纳入预算管理，脱离人大和财政监督，存在不少隐患"，预算工作委员会在分析意见中提出"要依法将经营城市经营土地的收入等基金纳入预算管理的建议"。在省人大常委会的高度重视和有力监督下，各地开始加强对土地有偿使用收入的管理。2003 年 1—10 月份，全省政府性基金同比增长 48.59%，主要原因是纳入预算管理的土地有偿使用收入大幅增长。[1]

第三，继续推进预算细化等工作。

实现预算监督的规范化、科学化，最为重要的是要进一步实现细化和具体化地监督。程序性监督和实质性监督都有细化的要求，因为问题往往在细化、细节当中。没有细节、细化，什么问题都看不到。不知情就会弱化监督，就会失去监督的意义。关于预算细化与监督政府的关系，省人大常委会领导明确指出，"预算细化了似乎有干扰政府、不支持政府的嫌疑，目前这个问题很敏感，处理起来也比较难。我们讲监督也是支持。当然，不能简单地说监督就是支持，也不能把监督和支持截然分开，它们是相辅相成的。我们所要求的细化预算也是按法律法规规定提出的。在预算细化之后，人大的监督也需要突出重点，增强针对性和实效性。绝不是一讲细化，就事无巨细都要监督。政府依法行政，按人大批准的预算执行，不需要事事向人大汇报，也不可能事事向人大汇报。"[2]此外，在省十届人大四次会议预算审查监督专题座谈会上，常委会副主任马开明也指出，"预算包括通俗化问题，要使代表看得懂、弄明白，达到审查的效果，就要改变预算报告过于原则的问题。"

第四，省内各地方人大开始启动预算审查监督工作的完善，"在线监督省

1. 《四川省人大常委会预算工作委员会 2003 年工作总结》（2003 年 12 月 31 日）。
2. 四川省人大常委会预算工作委员会：《预算审查监督信息》，第 05 期，2005 年 11 月 14 日。

级部门预算执行"的示范效应、延伸效应初步显现。

2002 年，四川省眉山市、雅安市预算审查监督制度启动改革。眉山市洪雅县的国库集中收付制度改革在坚持资金使用权、财务自主权、单位预算编制权"三权不变"的前提下，以会计核算为平台，对已纳入国库集中支付中心核算的单位实行"集中管理、统一开户、分户核算"的运作方式，从根本上改变了过去财政资金管理分散，部门、单位多头开户的混乱状态，提高了财政资金的使用效率。雅安市的芦山、天全通过国库集中支付改革，增强了政府的宏观调控能力，提高了财政资金运行的透明度，促进了廉政建设。[1] 同年 1—9 月，眉山市财政收入完成 36217 万元，为预算的 82.3%，增长 18.92%。雅安市财政收入实现 39878 万元，同比增加 5396 万元，增长 16.65%。两市的财政改革进展顺利。2005 年，乐山、威远等市县人大先后成立了预算审查监督机构。[2]

与此同时，成都市青羊区人大常委会也开始实施在线监督预算执行。青羊区面积 67.78 平方公里，人口 58 万，有 14 个街道。2006 年，全区实现地区生产总值 253 亿元，同比增长 13.8%。地方财政收入 10.6 亿元，同比增长 39.9%。青羊区对预算执行的监督，过去沿用的方法主要是听取汇报。"我们感到，在实践中，这两种监督方式存在不及时、不详细且时间滞后等问题，极大地影响了人大对预算执行情况的监督实效。"[3] 2004 年，青羊区全面启动了综合预算改革。2005 年，按照事权和财权相结合的原则，全区 14 个街道办事处也纳入预算改革。全区共 168 个单位和部门实行综合预算改革。一、细化预算编制。2005 年 9 月青羊区财政局要求全区各部门和单位提前编制 2006 年的预算，最后，《成都市青羊区 2005 年部门综合预算汇编》达到 488 页。二、实行国库集中支付。青羊区将区内各个部门的出纳集中起来，砍掉了 68 个部

1. 四川省人大常委会预算工作委员会：《预算审查监督信息》，第 04 期，2002 年 11 月 19 日。

2.《四川省人大常委会预算工作委员会 2005 年工作总结》（2005 年 12 月 31 日）。

3. 2007 年 11 月，调研访谈。记录编号：2007 - 11 - 2A

门自立的 250 个银行账户，先后经过 3 次清理，将 1.43 亿元部门资金收归财政。全区共 213 个一、二级预算单位正式进行国库集中支付改革。三、人大实时监督。区人大财经办与财政国库集中支付系统进行了联网。通过联网，区人大财经办成员每天都可以看到财政资金使用明细情况。人大监督政府有了"更好、更直接的渠道"。[1]

2006 年 3 月，宜宾市人大常委会顺利完成了与市财政国库支付中心的信息联网工作。通过信息联网，可及时了解财政预算执行进度和部门、单位预算资金拨付的数额和去向等情况，为强化预算审查监督奠定了基础。[2] 广元市苍溪县人大首次审批部门预算并实现实时"在线监督"。2008 年 3 月 12 日，县人大财经委与财政国库支付系统实现了计算机联网，开通了"金财网"。[3] 首次将县法院等 10 个县级部门预算（草案）提交人代会审查。

第五，以公开保证预算审查监督的规范性，促进透明政府建设。

2006 年 10 月 29 日，四川省南充市高坪区浸水乡骑龙村村民杨康信，以及其他 350 名"五保"对象、特困群众的名字刊登在《四川日报》上。这是四川省民政厅、财政厅联合发出的一份关于在 2006 年底彻底解决农村"五保"对象、特困群众住房困难补助的公示。2006 年，省财政厅及相关部门将本年度多项与人民群众切身利益密切相关的专项资金安排情况向社会公布，其中包括扶贫资金项目、农村户用沼气建设、农村"五保"户和特困户住房困难补助、农业综合开发土地治理项目等，涉及省级预算资金 66361 万元。

这一切，都与四川省人大常委会对财政专项资金的监督密不可分。2004 年 7 月，省十届人大常委会第十次会议上，四川省审计工作报告首次公开，直陈专项资金使用中的问题：4500 多万元扶贫资金被挤占挪用，9500 多万天然林保护工程资金使用中存在违法违规，等等。因此，分组审议中，常委会

---

1. 四川省人大常委会预算工作委员会：《预算审查监督信息》，第 04 期，2005 年 10 月 20 日。
2. 四川省人大常委会预算工作委员会：《预算审查监督信息》，第 02 期，2006 年 4 月 26 日。
3. 四川省人大常委会预算工作委员会：《预算审查监督信息》，第 01 期，2008 年 3 月 17 日。

委员建议改进专项资金管理办法，提高专项资金的公开性和透明度，使专项资金专款专用、发挥实效。省扶贫办积极采纳委员建议，将涉及群众切身利益的专项资金安排首次向社会公开。2004年底，资金总额为22亿的扶贫资金，包括"新村扶贫"涉及的1188个村民和金额、"教育扶贫"涉及的246所中小学和金额等全部项目明晰，通过《四川日报》向全省公告。

2005年1月，预算工委以扶贫办公开专项资金为契机，在《预算分析意见》中明确提出"建议将涉及广大人民群众切身利益的专项资金安排情况向社会公布"。2006年3月，省人大常委会预算工委与省财政厅就专项资金公布的具体项目、公布方式等进行座谈，提出了两种公布方式：通过《四川日报》公布专项资金分配的具体项目；对具体项目较多的，可以通过《四川日报》公布相关的分配办法、程序、标准等，具体明细项目清单在公开的网站上公布。

省人大要求加强对专项资金的监督，促进了财政资金的公开、透明，是民主政治建设的必然要求。财政部门将财政资金和涉及群众利益的专项资金向社会公布，还知情权于百姓，还监督权于社会，是其义务和职责所在。省财政厅副厅长王一宏说："这项工作2005年我们尚在探索阶段，2006年走上正轨。在公开的过程中，我们遇到的主要问题是技术上的问题，公开什么内容？采取什么形式公开？应当根据群众对政府工作关心的重点与热点来确定，要公开老百姓最想了解的事，而且要明白易懂，这都需要深入调查和仔细分析研究。"

四川省人大常委会预算工委的探索和创新引起了国内新闻媒体的广泛关注。《人民日报》、新华社、《新京报》、《21世纪经济报道》等媒体相继进行了报道并发表评论。人民网评论说，"'在线监督'政府花钱之新举措，适应了打造'阳光财政'的现实而迫切的需要，不仅可以将人大监督政府花钱落到实处，完善预防腐败体系，促进政府效能建设，同时，也体现了监督方式的与时俱进。进一步拓宽了人大的监督渠道，提高了人大监督的权威性、有效性、高效性。可以说是一举多得，有百利而无一害。"此外，该项目在一些省（市）和省内市县人大预算监督工作中产生共鸣，先后有黑龙江、河北、安徽、浙江、上海、重庆等 19 个省市人大来川考察学习。

结论："在线监督省级部门预算执行"的挑战与前景

"在线监督省级部门预算执行"项目在四川省已经开始产生了普遍性的影响，同时也对国内其他地区的立法机构产生了影响。选举与预算监督是现代民主制度的两翼，当我们从村级到乡镇，以至县市等层面积极推动选举改革的同时，实现立法机构对于政府预算执行的监督，能够有效地促进立法机构权威的复位，推动政府管理体制的改革，改善民众、社会与政府和立法机构的关系。四川的经验对于我们进一步推动有中国特色的人民民主的发展具有极为重要的意义。

但我们也必须看到，建构现代公共财政体制、完善立法机构的预算审查和监督制度，在我们目前工作的基础上，还需要做更进一步的努力。

首先，预算审查监督的立法工作有待加强。我国目前已有的宪法和法律框架为立法机构审查和监督预算过程提供了基础性的制度保证，但是，完善的制度建设还需要更细致更系统更全面。近年来，广东、深圳、江西、安徽、湖南等省市的预算审查监督、地方经济立法工作等已经走在了全国的前列。而四川省在地方经济立法方面还应该加强。例如加强预算审查监督条例的制定。

其次，在监督部门预算执行的基础上，推动部门预算编制工作的规范化，并扩大"在线监督"的范围。目前来看，预算编制还不够细化。"外行看不懂，内行说不清"。目前提交人大的全省和省级预算草案是按功能分类的收支总账，一般只列大类，在省级总预算中，补助下级支出的数通常只是一个大数，既没有细分具体项目，也没有分到各地区的数字，代表们难以进行实质性审查。

第三，预算和决算"两张皮"的现象依然存在。从2005年7月对部门决算的审查情况看，2004年人代会审查批准的23个部门的收支预算都发生了变动，其中9个部门支出决算数是预算的2倍以上。23个部门汇总的收入决算数比年初预算数增加53.5亿元，增加数占年初预算的36.6%。影响因素包括：中央专款、年初未能及时编入部门预算的"增收增支"、"削峰填谷"支出，部门基本支出正常增加以及机构调整。也存在诸多非正常因素：年初预算到位率不高，预留过多、财政与部门共管资金过大，部门对预算外等收入预测不准及部门业务工作计划与编制不同步、项目计划落实较晚等。

第四，预算透明度需要进一步提高，增强社会监督的水平和广度。目前，提交给代表审议的预算草案有限，预算草案代表无法带走，无法继续认真研究；审查批准的预算未向社会公布，纳税人无法监督资金使用。[1]

第五，资金使用效益不高。使用不合理、效益低下、损失浪费等情况依然存在。2003年国家审计署对全国28个省市区的526个利用国债资金建设的城建环保项目建设效果进行审计，有269个项目不符合要求，四川省就有56个，占不符合要求项目总数的20%。

第六，监督力量不足。有专家学者指出，在全程监督重大项目资金、专项资金、细化预算编制、促进预算透明之外，"应加强省人大预算审查监督机构和队伍建设"。省人大代表、民革自贡市委副主任曾朝章认为，"要充分发挥人大专委会的审查监督作用，特别是常委会预算工作委员会的作用。建议专委会配备懂预算工作的专家或专业工作者，且是专职常委或专委会委员。"省人大代表、绵阳市政府采购中心主任郭兴林建议"大幅度增加省人大预算审查监督工作机构的行政编制，配备20—30人的审查工作人员，组成一支专业性强的审查队伍"。[2]否则，依靠现有的人员力量，不足以对预算过程进行有

---

1. 四川省人大常委会预算工作委员会：《预算审查监督信息》，第05期，2005年11月14日。
2. 四川省人大常委会预算工作委员会：《预算审查监督信息》，第01期，2006年3月6日。

效的审查监督。

财政预算反映了整个国家政策，规定着政府活动范围和方向。加强各级人大及其常委会对政府财政预算的监督，既能够充分体现对政府的监督和制约，又能够促进我国公共预算体系的建构，实行绩效预算，推动我国社会经济健康协调发展，推动中国特色社会主义民主的正确发展。

（原载俞可平主编：《中国地方政府创新案例研究报告（2007—2008）》，北京：北京大学出版社2009年版，第240—259页）

网络时代的官民互动新机制
——辽宁省民心网案例研究*

宋　艳

（吉林大学行政学院）

在信息时代，政府如何通过网络与公民互动？如何回应公民日益多元化的诉求？辽宁省民心网提供了一个很好的范例。依靠理念创新、力量整合、综合分析、全面互动、量化考评这几方面的创新，民心网不断拓展着为民解忧的范围，不断实践着为民服务的宗旨。

一、项目的起因

进入 21 世纪，新一届政府的施政理念发生了转变，以人为本的科学发展观和构建和谐社会成为新的发展目标。在科学发展观与构建和谐社会的民本

* 2011 年 11 月 20—23 日，"中国地方政府创新奖"调研组一行 5 人（中央编译局世界发展战略研究部主任何增科研究员，吉林大学中国地方政府创新研究中心主任李靖教授、副主任宋艳副教授，国家行政学院邓名奋副教授，《瞭望新闻周刊》李俊杰记者），对"辽宁省民心网"项目进行实地考察评估。借此机会，调研组对辽宁省纪委韩玉起副书记、民心网的工作人员及辽宁省有关方面对调研组的大力支持表示衷心的感谢。

施政理念指导下，尊重公民权利成为影响地方政府改革的一大因素。[1] 与此同时，公民参与法律框架的成型，村民自治、社区自治中选举实践的积累及社团组织的日益活跃，使公民权利意识逐渐萌发，越来越多的民众开始看重自身参与公共事务的权利，尤其是参与那些与他们的利益息息相关的公共政策的制定、执行与评估等公共管理领域的事务的权利。公众日益高涨的参与热情，需要一个有效平台予以承载，而 2003 年前后网络在中国的兴起恰逢其时地满足了这一需求。网络成为人们参与社会公共生活的一个崭新平台，成为人们行使法定的知情权、参与权、表达权和监督权的重要渠道。但由于以往缺少一个公众认可的网络平台，公众借助网络反映问题、表达诉求时只能在各大网站及论坛随意发帖，有时为引起重视，发帖人甚至会夸大言辞、扭曲事实，而这已经对社会的和谐与稳定造成了不利的影响。因此，建立一个主流网站，对公众的诉求与建议进行有机的承载和有效的引导，将网络优势切实转化为执政生产力，就成为地方执政者在新时期必须思考的问题。

为了对这种强大的社会需求做出有效的回应，辽宁省纪委、监察厅于 2003 年 12 月开始筹建"民心网"，希望充分利用现代网络信息技术的便利搭建起一个省、市、县三级政府部门与广大人民群众的联系平台，通过网络渠道解决群众的各种诉求，提高政府的办事效率，降低管理成本。"倾听民声、实现民意、服务民众"是"民心网"建立之初就确立的宗旨，为了更好地践行这一宗旨，民心网的工作团队不断地拓展、丰富着这一平台的功能性。现在的"民心网"已经发展成为一个以"民心网"为核心，涵盖《民心》杂志、手机报、电台、电视台的"民心播报"栏目等在内的复合型工作平台，并在辽宁省 14 个市和 10 个省直部门建立了分平台，与 2245 个单位实现了联网，其处理的诉求覆盖了纪检监察、教育、卫生、建设、劳动、人事、交通、通信、旅游等所有热点部门和行业。截至 2011 年底，民心网共受理群众举

1. 陈芳、陈振明：《当代中国地方治理中的公民参与》，载《东南学术》，2012 年第 3 期。

报、投诉和政策咨询24.5万件次，转办14万件次，直接答复9.3万件次，还利于民3.88亿元，促进公益性投入6.47亿元，收缴违规违纪金额1.6亿，群众满意率达98.28%。[1]民心网的经验也得到诸多方面的认可：它先后获得了全国纪检监察系统先进集体、全国政务公开先进集体、全国五一劳动奖状等荣誉，并在2005年亚太地区反腐会上交流经验，其创新行为亦得到了全国20多个省、市、区的响应。民心网已逐渐成为辽宁省各级党委和政府执政为民、贯彻落实科学发展观的一个具体而有效的工作载体。

可见，民心网的建立有其深厚的时代背景和强大的社会需求，而创新者坚定的创新愿望则为其不断壮大提供了动力。

二、项目的主要内容与创新之处

民心网是利用现代网络信息技术汇集民意、畅通民情、解除民忧的有效平台。其研发的民情民意信息采集处理系统是这个平台的核心环节，其工作流程如下图：收到群众诉求后，由民心网承办人经过认真的梳理、甄别、筛选，对问题进行定性，找准责任主体，确定由哪个地方、哪个部门负责承办并设定办理时限，然后通过联网系统分转到承办的责任部门，同时在网上公开。责任部门接到转办件后，开展实地调查，进行处理，并将办理结果反馈回中心。中心收到办理结果后，随即向诉求人进行回访，根据群众满意度和办理单位的办理情况进行评价，并在网上公开评价结果。如果诉求人对办理结果不满意，将由纪检监察机关进行"二次督办"，直到群众满意或取得较好效果为止。在整个诉求办理过程中，省、市、县三级纪委统一发挥监督作用。

---

1. 2012年3月22日补充调研资料。

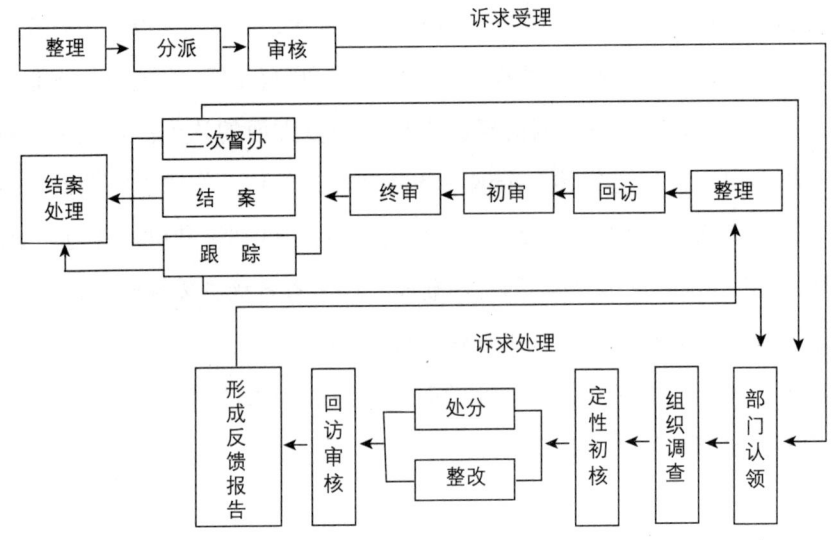

图 15　民情民意信息采集处理系统运行流程图

资料来源：2012 年 3 月 22 日第二次补充调研资料。

"民心网"的改革创新主要体现在以下几个方面：

一是革新了各级政府面对问题的理念，推动了政府工作作风的不断改进。长期以来，各级政府、职能部门和行业都害怕暴露问题，认为出了问题对集体、对个人来说都是件不光彩的事情。问题一旦暴露，领导们惊慌不已，怕丢了面子、丢了先进、丢了升迁的机会。这种心态多年来已经形成了一种惯性。所以，问题发生时封锁消息、欺上瞒下等行为屡见不鲜。而民心网在创建之初就彻底颠覆了这一惯性思维，提出暴露问题是解决问题的前提，没有问题的充分暴露，就很难找到解决问题的办法；只有将问题通过举报投诉反映出来，各级各部门才能找到问题解决的切入点，才会有解决问题的实效这一新理念。同时，民心网确立了对各部门办理诉求绩效的评价标准，即不是以问题的多少，而是以部门面对问题的态度、解决问题的速度以及公众的满意度为标准。这就实现了各级政府部门在面对群众诉求时的思想解放，解决了各级政府惧怕问题、回避问题、遮掩问题的不良倾向。正是因为这种理念上的革新，"暴露问题不可耻，解决问题最重要，为民办事最光荣"才成为各级政府部门的共同信条。

二是在省域范围内实现了各种监督力量的有机整合，实现了监督效力的倍增。辽宁省纪委监察厅利用民心网直接受理群众的举报投诉，统一进行转办和督办，使各种监督力量在民心网这个平台上得到了有效的整合与合理的分配。一方面，整合了纪检监察机关内部的信访举报、执法监察、纠风、查办案件等各部门的力量，进一步明确了职责分工，增强了协作配合，提高了工作效率。另一方面，督促各派驻纪检监察机构加强了对驻在部门履行职责、解决群众反映问题情况的监督，较好地发挥了派驻机构的作用。同时，民心网还通过网络、杂志、电视台、广播电台、新闻发布会等复合媒体，对群众诉求热点和办理结果，采取月通报、季度通报、半年通报和年度通报等形式进行公开，对不作为、乱作为、推诿扯皮、欺骗群众的行为进行曝光，并依托民心网开展网上评议基层站所和部门行业风气，真正实现了群众监督、纪检监察机关监督、媒体监督和行政监督的有机结合，构建了社会化的监督格局，保证了每一件群众诉求的办理都同时受到体制内和体制外的合力监督，有力地促进了群众诉求的解决。

三是实现了对民情民意的综合分析，推动了各级政府自身决策的调整与完善。民心网在受理和办理群众诉求的同时，还独立开发了一套功能强大的民情民意分析系统。利用这个系统，民心网实现了对辽宁全省每天受理投诉内容、地理坐标、联网单位登录在线信息、问题领办情况、办理结果反馈等信息的实时监控。根据这些信息，民心网工作人员会对省域内各地区、各行业诉求办理情况、群众反映的普遍问题、热点问题、难点问题等以文字、图表、案例等形式进行动态分析，形成民情民意分析报告，进而实现对倾向性、苗头性、典型性问题的有效预警，推动损害群众利益突出问题的专项治理。同时，民心网还会定期编制《民心网内参》，就某些带有共性的政策性问题提出改进和完善的相关政策建议，报送各级党委和政府领导，推动对损害群众利益的不正之风进行源头治理，为实施民生工程、解决民生问题提供决策参考。

四是形成了官民全面互动的机制，实现了官民间的零距离沟通。目前，民心网已经建立了下连平民百姓，上通省级首脑机关，横贯各职能部门的官民互动机制。一方面，畅通了群众表达诉求的渠道，并建立了沟通回访、见面会、公开发布等制度，形成良好的与民互动的格局；另一方面，把群众反映的问题、办理诉求的情况，通过分析报告、五星专报、专题通报、专题内参等形式，报"一把手"和相关部门，以引起重视，推动问题解决，进而构建了顺畅的与官互动的平台。正是通过在民心网上的这种双向互动，最终实现了党和政府与人民群众间的零距离沟通。正所谓与民互动、与官互动，进而达到官民互动。这样一个互动格局是民心网的创新，亦是民心网赢得各方信赖、获得发展动力的重要保证。

五是建立了一套科学的考核评价机制，提高了各级政府部门办理群众诉求的主动性。首先是量化考核。对各职能部门办理诉求的情况，建立了以群众满意度为主导的"五星评价制度"，即对满意度、办结率、查实率、综评分、优秀率等五项指标进行量化考核，并将最终的排行结果在网上进行公开。其次是公开评议。即对每一件群众诉求的办理情况，都在民心网上组织群众进行评议。对评议满意度达到90%以上的部门进行公开表扬，同时发表扬信向办理部门"一把手"进行反馈。对群众评议中发现的虚报瞒报、查办不到位的情况，公开通报批评。最后是面访评价。即为直接了解群众对诉求办理的意见建议，民心网开展了"诉求办理工作县区行"和"走进社区"活动，组织近百人走访100个县（市）区和500多个社区，定期召开诉求人见面会。通过这一系列的机制，使群众直接参与到对各级政府部门办理工作效果的评价活动中，进而促成了各级政府部门为民办事主动性的提高，和为民办事良性竞争格局的形成。

三、项目成功推进的原因分析

中国地方政府创新的成功取决于创新领导者及其团队是否具有强烈的创新意识、高超的创新技艺、旺盛的创新需求，以及其所处创新环境是否良好。这些因素共同促成了特定创新项目的产生与延续。[1]

民心网这一地方政府创新行为的成功，主要得益于以下三个层面的助力。[2]

第一，创新者层面。

荣迪内利（Dennis A. Rondinelli）通过对西方政府创新经验的总结，认为创新的动因部分源于"政治领袖和政府外精英的战略构想，政治领袖的战略构想有时能为政府设置全新的方向和日程，带来创新"。[3]何增科研究员也曾指出，中国地方政府创新是一种典型的地方党政领导发起和推动的精英驱动型创新模式。这与中国各级政府权力高度集中的党政领导体制和政府主导的强势地位分不开。[4]民心网的创建和成功推进与创新者强烈的创新愿望和高超的创新能力密不可分。

一是创新者所拥有的朴素的政治理想及由此产生的创新愿望是项目推进的原动力。有学者通过问卷调查得出了地方官员在政府改革与创新方面的认知水平与他们的政治能动性的正比关系，"即政治能动性越高，对政府改革与创新的认知理性程度越高，推动和参与政府改革与创新的积极性也越高"。[5]

1. 何增科：《深圳市社会组织登记管理体制改革的案例研究》，载《甘肃行政学院学报》，2010 年第 4 期。
2. 此三个层面的设计，借鉴了何增科博士的《成功的中国地方政府创新的理论分析框架》。参见何增科：《深圳市社会组织登记管理体制改革的案例研究》，载《甘肃行政学院学报》，2010 年第 4 期。
3. 陈雪莲、杨雪冬：《地方政府创新的驱动模式——地方政府干部视角考察》，载《公共管理学报》，2009 年第 6 期。
4. 何增科：《深圳市社会组织登记管理体制改革的案例研究》，载《甘肃行政学院学报》，2010 年第 4 期。
5. 杨雪冬、陈雪莲：《政府改革创新的社会条件与发展状态——地方干部的视角》，载《政府创新的中国经验——基于五届"中国地方政府创新奖"的研究》，北京：中央编译出版社 2011 年版，第 166 页。

民心网的发起人韩玉起书记在《与民心同行（第一卷）》中提到："我们的各级党委和政府想了很多办法，去消除这些障碍（官民沟通的障碍——作者注），办信访，搞接待日，开热线，代表群众利益之热心可敬可嘉，也让我们看到了所取得的实效。然而有没有更好的办法，让政府部门和群众面对面，让沟通、理解的桥梁直通群众的心坎。我们想搭起这样一个平台，于是有了民心网。"[1] 正是这种为百姓办点实事的朴素的政治理想和政治认知，推动其有了改革与创新的愿望，促成了其对民心网锲而不舍的构建。可以说，民心网的诞生就是其将自己的政治抱负与造福人民、服务人民的理念和时代需求恰如其分地结合在一起后创办起来的惠民政绩工程。

二是创新者"政治"企业家的务实精神和高超的政治智慧是项目持续发展的关键原因。西方最早提出创新理论的熊彼特（Joseph Alois Schumpeter）将经济发展与创新视同一物，认为"创新"就是突破一种僵化均衡进而寻找另一种新均衡的过程。他认为创新活动的发生源于企业家的创新精神，也就是企业家精神。[2] 约翰·金登（John W. Kingdon）研究了企业家精神与政策创新间的关系。他指出，一般而言，具有企业家精神的"政治"企业家，即推进政治变革和制度创新的基本主体。他们对于创新具有创新的直觉、果断的判断力和睿智的决策，善于吸收新技术和新知识、利用新方法和新思维，对原有的资源进行创造性组合，从而找到解决实际问题的突破口，实现政府创新。[3] 民心网的发起人便秉承了这种"政治"企业家的精神，他不再泛泛的讲不正之风，而是通过民心网的平台将问题具体化、现实化；他不再简单地纠风，而是力求从源头上、根本上解决问题；他不再简单地运用外部压力解决

1. 韩玉起：《我们一同走过·与民心同行》，沈阳：辽宁人民出版社 2011 年版，第 2 页。
2. 约瑟夫·熊彼特：《经济发展理论——对于利润、资本、信贷、利息和经济周期的考察》，北京：商务印书馆 1990 年版，第 139—145 页。
3. 约翰·W.金登：《议程、备选方案与公共政策》（第 2 版），丁煌等译，北京：中国人民大学出版社 2004 年版，第 226—231 页。

问题，而是更加注重培养精神所产生的内在动力；他不再按照问题的多少来评判部门行业之风的好坏，而是以对待问题的态度和解决问题的效果作为重要的评价标准。在调研中，我们印象最深的是韩玉起书记经常说的两句话，"只要能做大民心网，只要能通过民心网为百姓做点事，我不在意个人一时的妥协与输赢"，"民心网是要做事的，而不是与人为难的。"正是这种务实的精神与智慧的理念减少了民心网发展过程中的阻力，促成了民心网的做大做强。

三是创新者对制度化、标准化和机制的推崇是项目良性发展至今的重要因素。韩玉起书记一直强调，改革不能与某个人联系在一起，而应与制度联系在一起，否则不利于改革的持续。在民心网的调研中，我们也能时时处处感觉到项目发起人及项目团队对制度化、标准化和机制的渴望：诉求办理标准、网上评议标准、调查工作标准、信息加工标准、复合媒体运行标准、技术维护与技术开发标准、财务管理制度、劳资管理制度、考核制度、后勤保障服务制度、对外接待制度等等。这些标准和制度是项目发起人和项目团队八年来不懈努力的见证，而他们的努力也取得了成效，标准的不断细化与制度的不断完善使民心网在这八年中不断地发展与壮大。2010 年，辽宁省委、省纪委将民心网作为民意诉求系统纳入到全省惩治和预防腐败五大系统中，由此，民心网融入到一个更大的制度体系中，完成了制度建设的重要一步。

第二，创新团队层面。

创新团队是否有足够的能动性为创新营建宽松、有序的内外氛围，将直接影响到项目的启动与深化。从民心网的实践来看，其创新团队具备了这一能动性，它不仅为自己争取到了有效的外部支持，还通过自身建设的加强推动了创新项目的发展。

一是创新团队争取到了上级领导的积极支持。中国地方政府创新多是一种以解决实际工作中遇到的问题为目标的问题驱动的创新。[1] 这往往会造成创新项目对现有法律法规的突破，而这时，如果能获得上级领导的肯定与支持，则会保证创新的政治合法性或正当性，减少其可能遇到的政治风险和法律风险。民心网的创新团队清醒地认识到了这一点，并有效地争取到了中央、中纪委和辽宁省委、省政府主要领导的信赖。民心网先后得到四位中央政治局常委的肯定。2005 年 6 月 6 日，原中央纪委书记吴官正视察民心网。2011 年 2 月 20 日，时任中央政法委书记周永康在"省部级主要领导干部社会管理及其创新专题研讨班"上肯定了民心网对社会管理模式创新的作用。2011 年 4 月 16 日，时任中央纪委书记贺国强视察民心网并做重要批示。原国务院副总理李克强（现任国务院总理）在辽宁工作期间对民心网做出过 9 次重要批示，在任国务院副总理期间，还亲自写信到民心网，要求把民心网这项民心工程继续抓好。[2] 辽宁省委、省政府亦高度重视民心网，省委书记王珉、省长陈政高都很关心民心网，经常对民心网的工作做出批示，并帮助解决民心网发展中的问题。

二是创新团队自身不断的专业化与职业化支撑着项目创新的进行。创新团队自身的素质是创新项目得以持续的重要人力保障。尤其是对于民心网这样一个每天都要汇集海量信息的平台而言，其组成人员是否具备针对信息的甄别、定性、分类以及深入分析、增值开发的专业能力，就显得至关重要。目前，民心网总平台已经建立起了一支 171 人的专业化诉求承办人队伍，这些承办人均具有大学本科以上学历，并经过严格培训。他们负责对每天受理的举报投诉进行准确甄别，科学分析，并明确每个诉求的责任主体。民心网分平台及与民心网联网单位同样设有专门的受理人员，负责诉求的办理和结果的反馈。这支专业化的队伍有序疏导着群众的诉求，确保其得到快速有效

---

1. 陈雪莲：《地方政府创新的驱动模式》，载陈雪莲、杨雪冬：《地方政府公共管理创新：经验与趋势》，长春：吉林大学出版社 2009 年版，第 58—61 页。
2. 第六届中国地方政府创新奖申报表《辽宁省纪委、监察厅、省政府纠风办：民心网》，引自中国政府创新网：http://www.chinainnovations.org/item/33598.aspx

的处理。

第三，创新环境层面。

环境是创新项目生成与深入发展的制约力量。环境是否友善、和谐，将直接影响到创新项目的成败。民心网的发展历程表明，它既充分利用了环境变化中的有利因素，同时又利用自身的优势促进了所处环境的和谐。

一是新型网络技术的发展为民心网的发展与普及提供了有效而便捷的渠道。2003 年是中国互联网高速发展的一年。根据 CNNIC 的调查，2002 年底中国网民总数为 5910 万，2003 年上半年，上网用户总人数为 6800 万人。在半年的时间里，网民人数净增了近 1000 万，全年网民人数净增约 2000 万，增长率约达 34%。另外，与 2002 年相比，上网计算机增加 44%，网站数量增加 35%，IPv4 地址使用数量增长 25%，国际出入口带宽增加了 2.9%，国家顶级域名注册数量增加 59.3%。中国互联网上网人数已经超过日本居世界第二位，占全球比例 11% 左右。[1]2003 年恰恰是民心网的筹建之年。互联网的普及改变着人们的社会生活方式，也改变了人们参与公共生活的方式，而民心网则适时地发现了环境发生的这些变化，并合理地利用了这些变化，搭建起了一个受理群众诉求、纠正行业风气的平台。而且民心网还在不断地发掘着网络强大的交流与便民功能，争取在更广泛而深层次的官民互动方面发挥更大的作用。可以说，没有网络技术的发展就没有民心网的今天。

二是各方面力量的广泛参与是民心网得以成功并持续发展下去的推动力。一方面，民心网巧妙地利用了纪检监察部门所特有的权威性争取到了合作单位的支持与参与。目前，很多问题的产生有其复杂的历史原因和社会背景，很多还涉及机制性、体制性的障碍。面对这样的问题，一般的部门往往无能为力。但在现有的体制下，纪检监察机关却因其特有的权威性而具有解决此类问题的优势。民心网的主办单位是辽宁省纪委监察厅、省政府纠正部门和行业

---

1. 第十三次《中国互联网络发展状况统计报告》（2004/01），中国互联网络信息中心（CNNIC）。

不正之风办公室，纪检监察机关的权威性就成为民心网处理类似问题最有力的支撑。为了做到对群众的诉求"有求必应"，民心网建立了以群众满意度为主导的"五星评价制"、"督办制"、"公开通报制"等一系列制度，使省纪委、监察厅的监督力量直接作用于责任主体。同时，民心网还通过量化考评后的排行公布制度，将纪检监察机关的威慑力转化为基层部门解决民生问题的推动力，即不是简单地使合作单位参与，而是使他们愿意参与、积极参与，使"为民办事最光荣"内化为他们的信念。

另一方面，民心网显现出的处理诉求的有效性成功聚拢了广大群众的力量。信任来自于解决问题，解决问题是民心网的生命力所在。目前，民心网以省级网平台为中心，在 14 个市和 10 个省直部门建立了分平台，与 2245 个单位实现了联网。在民心网这个平台上，群众的诉求可以直达责任单位。便捷的诉求反映与处理渠道大大提高了诉求的办理实效。据统计，截至 2011 年底，民心网共受理群众举报、投诉和政策咨询 24.5 万件次，转办 14 万件次，直接答复 9.3 万件次，其余均作为意见建议转交相关单位，还利于民 3.88 亿元，促进公益性投入 6.47 亿元，群众满意率达 98.28%。[1] 不断增加的受益人群和不断扩大的受益范围，为民心网的继续发展赢得了广泛的社会支持。

四、项目取得的成效与可持续性

一个创新项目能否持续下去，取决于受这一创新行为影响的各方能否从项目的实施中受益或者即使利益受损也能得到适当的补偿。只有实现了多方互利共赢的创新项目才能得到相关方面的真心支持与拥护，项目本身才具有持续下去的可能。纵观民心网八年的发展，其利益相关方——党和政府、广

---

1. 2012 年 3 月 22 日补充调研资料。

大的人民群众、民心网均从这一项目的创新中获得了收益。多方的共赢表明，民心网这一政府管理创新形式具有较高的可持续性。

一是民心网增进了党和政府与人民群众间的互信，重塑了党和政府的形象。通过受理处理群众举报投诉，民心网化解了群众因切身利益问题得不到有效解决而对党和政府产生的怨气与不解；通过解答政策咨询、收集政策建议，民心网使广大群众进一步了解了政府部门的职能分工、工作流程和相关政策，使群众更深入地参与到公共管理之中，消除了因信息不畅而产生的误解，增强了双方间的信任；通过各级纪检监察机关对各类问题的督查督办，民心网促成了各级政府部门为民办事的积极性与主动性，促成了各部门为群众办实事的竞赛局面的形成。一个个问题的妥善解决，一件件咨询的有效答复，一项项建议的真诚采纳，使群众的怨声变成了赞美声，党和政府的各级部门也从这些赞美声中真正体会到了为民办事的荣誉感。八年来，通过民心网转给各级政府部门的群众意见和建议，有978条得到了采纳，转化为具体的政策。截至目前，民心网共收到群众对办理单位留下的满意留言8万余条。民心网这一群众同党和政府之间的桥梁和纽带，拉近了官民之间的距离，实现了双方间的直接交流与真诚沟通，增进了双方的互信，进而重塑了党和政府在人民群众心中的形象。

二是民心网为群众搭建了一个表达诉求的有效平台，使群众的权益得到了切实维护。民心网自开通以来，始终坚持用群众的观点思考问题，站在群众的立场处理问题，并把工作的出发点和落脚点放在解决群众最关心、最直接、最现实的利益问题上。除在网上开通24小时受理窗口外，对于不能上网的群体，还开通了96515热线和手机短信平台，连同各地政风行风热线一起，共同搭建了一个受理办理各类群众的各类诉求的有效平台，并进一步通过其专业的承办人队伍、强大的任务分派系统、信息反馈系统保证每个诉求都能得到及时、准确、有效的处理。八年来，通过民心网为群众解决的实际问题达10余万个，使群众直接或间接获益数亿元。比如，在教育乱收费问题上，辽宁省纪委监察厅通过民心网发现并解决了 6504 个具体问题，给予党政纪处分 343 人，收缴违规违纪金额 1.05 亿元，退还违规收费 3033.5 万余元；在损害农民利益问题上，各地政府共解决实际问题 2697 个，还利于民 3164.15 万元；在解决群众供暖问题上，2010 年，利用夏秋季节开展供暖排查大会战，各地政府累计投资 40 亿元用于供暖改造，使群众对供暖问题的满意率由 87% 提升到 96%。[1]

三是民心网自身表现出良好的互动效应，其功能得到不断的拓展。民心网的互动是一种全面的互动，这种互动不仅仅表现在其日益成熟的与民互动功能上，还表现在其日益强大的与官互动功能上。民心网会定期将群众诉求的最新分布情况、问题变化态势等信息，以民情分析报告、《民心网内参》等形式发送到各部门、各地区及省市领导，报告或内参中所包含的强大的信息分析功能为有针对性的解决问题提供了强有力的支撑。截至目前，民心网已经形成 1000 多篇分析报告，仅省委书记、省长在分析报告上批示就达 45 次；共发送内参 1286 期，涉及拆迁征地、粮食直补、滥收费、学校搬迁、拖欠农民工工资等近百个群众反映的热点问题，有 627 位"一把手"在《民心网内参》反映本地区、本行业问题的分析报告上批示，涉及教育、卫生、城建等领域的 106 个难点问题在"一把手"的推动下得到解决。2009 年，《关于民心网反映的侵害农民利益问题分析》的内参得到省委书记批示后，引发辽宁全省对三农问题的大排查，使 1304 个涉及村干部贿选、土地补偿、惠农政策等问题得到有效解决。2011 年，民心网提交的一篇《关于供暖诉求问题及分析》的内参引起辽宁省主要领导的重视，促使全省投入 105 亿元改造供暖管线，使辽宁的冬季供暖状况得到改善。民心网显现出的这种日益强大的功能性，使其赢得官民的共同信赖，也为其自身的发展赢得了广阔的空间。

1. 第六届中国地方政府创新奖申报表《辽宁省纪委、监察厅、省政府纠风办：民心网》，引自中国政府创新网：http://www.chinainnovations.org/item/33598.aspx

五、项目的前景展望

民心网改革项目具有较强的持续性和较高的可推广性。该项目启动八年来，得到了中央领导和中纪委领导的关注、支持与充分肯定。时任中央政治局常委、国务院副总理李克强（现任国务院总理）2009 年写信给民心网，对民心网的工作予以肯定，希望民心网更好地发挥党和政府同群众联系的桥梁作用。2011 年 4 月 16 日，时任中央纪委书记贺国强亲临民心网视察并批示指出，民心网拓展了纪检监察机关履行职责的渠道，要进一步做好完善和提高工作。2011 年 2 月 20 日，时任中央政法委书记周永康在"省部级主要领导干部社会管理及其创新专题研讨班"上讲话时，把民心网作为社会管理创新模式予以肯定和推广。原中央纪委书记吴官正，中央纪委副书记何勇、马馼，监察部副部长屈万祥等领导均亲自到民心网视察指导工作，充分肯定民心网在维护群众利益、落实惩防体系实施纲要中发挥的重要作用。[1]

2011 年，辽宁省委、省纪委把民心网作为民意诉求反馈系统纳入到全省惩防体系五大系统建设中，为权力运行制度系统、公共资源交易系统、行政绩效管理系统、行政权力电子监察系统等四个系统提供民意反馈，推动源头治理和科学决策。从 2012 年 2 月 1 日起正式实施的《辽宁省政务公开工作规定》亦明确规定，省政务公开信息处理中心通过民心网，受理政策咨询和群众投诉及公开反馈办理结果。可见，民心网作为辽宁省汇集民意、反映民情、服务民心的主流平台，将发挥越来越重要的作用。

当然，作为一个仍在进行中的改革项目，民心网的发展还面临着一些需要解决的问题。首先，由于经济发展水平、知识水平等因素的限制，互联网在

---

1. 第六届中国地方政府创新奖申报表《辽宁省纪委、监察厅、省政府纠风办：民心网》，引自中国政府创新网：http://www.chinainnovations.org/item/33598.aspx

广大农村地区的普及率远远地低于城镇，据中国互联网络信息中心（CNNIC）的调查资料显示，截至 2010 年 12 月底，互联网在城镇的普及率为 50.0%，而在农村地区仅为 18.5%[1]。这样低的普及率势必会限制广大农村居民通过民心网与党和政府的互动，限制民心网的影响力和功能性在农村地区的发挥。另外，在第一次调研中我们发现，"涉及贪污腐败问题"属于民心网不予受理的举报投诉情况之一。但是，通常来说，群众身边的腐败行为与大案要案相比，对群众的影响更直接、对其利益的损害更大。因此，这一受理范围的限制势必会影响到群众对于民心网的评价与信赖，进而影响到对政府诚意的评价与信赖，这不能不说是民心网功能性的一个缺憾。

一个改革项目是否具有持久的生命力，关键是看它是否具有不断完善自身和持续创新的能力与愿望。对于上述问题，项目发起人韩玉起书记有着清醒的认识。在获得第六届中国地方政府创新奖后，韩书记提到了他对民心网前景的构想，亦对上述问题做出了回应：

一是广泛而深层次的政民互动模式的打造。未来的民心网将不仅仅是一个监督办事的平台，还要成为民众政治参与的有效平台。这就需要将民心网的互动细分为以下几个模式：（1）纠风方面的举报投诉办理。扩大诉求受理的范围，[2]通过专业化、及时性的受理、回访、反馈、公开，切实维护群众利益；（2）政策咨询的解答；（3）网上评议，使省直各部门，各市、县政府，公立的学校、医院，各个基层站所，各个窗口单位都能在民心网上接受群众的监督与评议；（4）政府工作报告的评选。经过两年的实践，这种方式被证明是百姓评议政府的良好载体，对于促进政府履行承诺、取信于民、加强与民众的互动都具有积极的意义。

二是复合媒体的完善。民心网的一大创新在于将诉求作为信息来处理，

1.《2010 年中国农村互联网发展状况调查报告》，中国互联网络信息中心（CNNIC）。
2. 日前，我们已经欣喜地看到，"干部廉洁自律问题、腐败问题"已经成为民心网的主要受理问题。

在进行科学分类分转的同时，强化了对诉求信息的分析功能。由此产生的海量的、经过处理的、有价值的信息是需要一个强大的平台予以承载和辐射才能真正发挥作用的。因此，复合媒体就成为民心网将来着力打造的重点，即首先通过网络（民心网）将民情民意信息经过加工集中起来，汇集成一个信息库，再通过其他的媒体，如报纸、杂志、手机网络、电台、电视台、LED等多种途径，将信息源源不断地传递出去以发挥其效应。

三是力争成为辽宁地区反映与解决诉求的主流网络。民心网的本质是官方网站，因此，它与社会上一般性的网站、论坛就要有所区分，它要发挥主流网站引导民心向上、民意向善的作用，即不仅要快速、有效地处理民众的诉求，而且要通过其面对问题的态度、处理问题的效果赢得民众对民心网的信赖，并由此赢得民众对党和政府的信赖；同时通过对诉求的理性分析，引导民众全面正确地看待各种社会问题，全面正确地看待党和政府。

可以看出，对于民心网，无论是它的主旨，还是它的效用以及效用发挥的途径，韩玉起书记都有着清晰的规划。基于此，我们有理由对民心网的前景持乐观的态度，相信民心网在服务民意、互动官民、促进社会管理体制创新方面将发挥更加积极的作用。

附录

党内民主监督的积极探索

董 强 崔绍亚

射阳县探索推行的以党代表问责制为核心的党内民主监督制度，走出了一条以扩大党内民主带动人民民主，推进基层社会管理创新，化解基层社会矛盾，促进经济社会和谐发展的新路子。射阳县"党代表监督"从2004年开始在海通镇试点，2008年4月在全县所有乡镇全面推开。对新形势下党代表监督职能、途径、方法的创新，使虽然没有职务，但活跃在基层与群众联系最密切，对群众意见把握最及时、最充分的党代表在推进科学发展、创新社会管理、促进社会和谐中较好地发挥了作用。

一

为了充分发挥党代表的民主监督作用，射阳通过多种方式和途径开展系列活动，使党代表的作用向经济、社会生活中的各个领域渗透。一是党代表调研和巡视活动。全县各乡镇每年都组建工业经济、新农村建设、城镇建设、党的建设等几个党代表专题小组，通过安排看、听、问、说等多种形式，确

保党代表掌握尽量多的信息，鼓励党代表为监督对象"挑刺"。二是党代表提案提议活动。重点围绕当地经济社会发展中的重大问题、党员干部作风建设中存在的突出问题以及基层群众反映强烈的热点难点问题提出意见建议。三是党代表询问和质询活动。党代表到基层党员群众中广泛收集意见，梳理归类后由党委举行质询会议，并据此对相关人和事提出处理意见。如海通镇党代表今年以来，就农村公路建设、城镇规划、项目推进、工作作风等问题以会议的形式向党委政府提出询问和质询 6 次，单个或几个党代表不定期直接询问质问 8 次，共涉及 49 个方面，均取得了较好的效果。四是党员评议活动。党代表对与老百姓密切相关的窗口单位行风进行评议，指出发现的问题并监督纠正。五是党代表听证活动。在研究讨论城镇规划、大额度资金使用、工程招投标、案件查处等重大事项时，请党代表列席党委、纪委会，并提出意见。六是重大工程和项目全程跟踪监督活动。重大工程聘请两名以上党代表参与全程监督。

党代表监督没有先例可循，射阳县坚持从实际出发，科学设计、循序渐进，分步实施，逐步完善各项制度，保证党代表监督长效化、规范化。一是以乡镇党代表监督办公室为纽带，联络县、乡、村三级监督人员的网络，形成"有人办事"的组织机制。射阳县建立了党委领导、纪委牵头协调，相关部门配合的党代表监督工作领导机制。县纪委在每个乡镇各聘请一名县党代表作为党代表监督工作的联络员，同时又在镇党代表中聘请 10 到 20 名兼职党代表监督员，轮流在党代表监督室值班。各村再明确 2 至 3 名党代表为村务监督员。二是赋予党代表知情权、参与权、建议权、质询权，形成"有权办事"的责任机制。通过党代表列席会、听证会、质询会、评议会、调查会等"五会"形式，保证权力延伸到哪里，党代表监督跟随到哪里。洋马镇还实行以党代表为纽带的上连书记、党委，下连党员、群众的五级联系制度，在完善监督渠道的同时，也加强了党代表自身建设。三是出台多项制度确保党代表监督活动顺利开展，形成"有制度办事"的保障机制。县纪委规定，党代表在监督中如实提出问题，不受任何追究，任何人不得打击报复。2008年4月，射阳县在全面总结党代表监督工作实践的基础上，出台了《射阳县乡镇党代表监督工作办法（试行）》，目前在射阳县已形成县、镇、村一体化的党内民主监督体系。

二

射阳县拓宽党内民主监督渠道的实践探索，激发了基层民主的活力，为基层党组织服务人民群众提供了载体，为党员发挥作用搭建了平台，为创新社会管理，化解基层矛盾开辟了途径。

架起了基层群众知情诉求的新桥梁。一些地方的一些工作得不到群众拥护、支持，许多矛盾引发往往是因为群众不知情，诉求渠道不畅通。党代表生活在党员、群众中，知道群众的所思所想所盼，在发挥监督职能的过程中，能及时把群众的意见、群众的要求、群众的期盼集中起来，反映到镇党委、政府和有关部门，起到了群众代言人的作用和群众的桥梁纽带的作用。创出了基层党组织服务人民群众的新路子。党代表监督增强了基层党组织的活力，拓展了党组织和党员联系群众、服务群众的渠道，密切了党同人民群众的血肉联系。通过发挥党代表监督作用，能够更好地问政于民、问计于民、问需于民，能够站在人民群众的立场上看问题、拿计划、作决策，使决策规划更好地符合人民群众的根本利益和长远利益，能够及时地调整工作思路，改进工作方法，解决人民群众最关心、最切身、最现实的问题，拉近党组织和广大人民群众的距离。

搭建了基层党员发挥作用的新平台。党代表监督把党建工作、经济社会发展各项事业和社会管理紧密结合在一起，引导广大党员共同参与各项活动。既增强了党建工作的针对性和实效性，也为基层党员发挥先锋模范作用提供了有效载体。在实施党代表民主监督的过程中，广大党员进一步增强了党员意识、使命意识、责任意识、服务意识，较好地发挥了先锋模范作用。他们既是引领群众致富的带头人，又是推进科学发展的实践者；既是反映群众利益诉求的贴心人，又是基层民主政治建设的推进者；既是妥善化解矛盾的调解人，又是社会稳定和谐的维护者。

找到了有效化解基层矛盾的新办法。党代表监督有效带动了人民群众参与，使人民群众人人都有机会、有权利、有途径批评和监督政府工作，扩大了党务、政务、村务、财务公开，有效解决了信息不对称的问题，保障了群众的知情权。特别是当面锣、对面鼓的询问、质询活动，把问题摆到桌面上来，进行民主平等的交流，共同探讨解决问题的办法措施，有利于消除误会，澄清事实，增加共识。把矛盾化解在萌芽状态，把问题解决在基层。避免小问题酿成大失误，小纠纷引发大矛盾，增强了化解矛盾的时效性和实效性。

三

射阳县党代表监督的探索实践，为加强新形势下党的基层民主建设，推进科学发展，改善服务民生，创新社会管理提供了有益启示。

把党内监督与人民监督结合起来，就要切实发挥党委的领导和统筹推动作用。党内民主如何向人民民主推进，是一个重大的现实课题。不能把党内监督与人民监督割裂开来，党内监督实际就是人民监督的一种形式。通过党内监督带动人民监督，各级党委高度重视、发挥好领导和统筹推动作用至关重要。射阳县的实践表明，形成党委统领，纪委牵头，政府强力推动，部门分工负责，党员干部带头，人民群众广泛参与的民主监督模式，具有旺盛的生命力、持久力、战斗力。

把化解基层矛盾与推进科学发展结合起来，就要充分发挥党组织、党员的战斗堡垒和先锋模范作用。发挥党代表监督作用，最终体现在推进科学发展、促进社会和谐上。射阳县的实践表明，推进经济发展、改善民生、服务百姓、创新社会管理，离不开基层党组织和党员作用的发挥。在党内民主监督中充分发挥党组织的主导作用、党员的主体作用，真心实意地服务群众，才能最大程度地激发群众推进科学发展的积极性、主动性、创造性，最大限度地增加社会和谐因素，最大限度地减少社会不和谐因素。党代表监督才能受到群众欢迎，更加富有成效。

把改进基层党员干部作风与改善服务民生结合起来，就要建立健全长效机制，发挥制度的保障作用。党代表监督不能只停留在解决几个具体问题上，不能靠一两次监督就能解决所有问题，也不是靠一两次质询活动就能使党风政风得到全面改进。射阳县的实践启示我们，党代表监督工作只有起点，没有终点，必须建立一种长效、常态的体制机制，必须把改进党员干部作风与改善服务民生结合起来。通过党风政风的改进营造服务民生的浓厚氛围，通过改善民生实绩来检验党风政风改进的成效，让人民群众得到实实在在的实惠。只有建立健全长效机制，党代表监督工作才能在服务群众改善民生中彰显生机活力。

（原载《群众》，2011 年第 7 期）

网络监督经典案例回放

峻　岭

1. 县委书记指派警察进京拘传记者。2008年1月2日，《法制日报》所属的《法人》杂志刊发了《编短信讽刺县委书记，女商人被羁押》一文。1月4日，认为"受到诽谤"的辽宁省西丰县县委书记张志国指派该县公安局警察进京拘传《法人》有关记者。此事经网络媒体曝光后，引起社会舆论强烈关注。张志国由此被网民称为"最牛县委书记"。2月5日，辽宁省铁岭市委宣布，在"进京拘传记者"事件中，张志国身为县委书记，法制意识淡薄，对事件负有不可推卸的直接领导责任，责令其引咎辞职。

2. 女市长公车私用撞死女童。2008年3月17日早晨，湖北省当阳市市长范晓岚驾驶一辆丰田越野车将小学生王继杨撞死。范晓岚向孩子的父母跪求宽恕，赔偿20万元及2万元安抚费，与孩子的父母签订协议要求"不再追究"。20多天后，网上悄然出现一个题为《惊曝当阳市长公车私用撞死女童后被接走》的帖子。4月14日，当阳警方认定范晓岚在事故中负全责。4月22日，当阳市人大常委会接受范晓岚辞去当阳市人民政府市长职务的请求。

3. 被问责副区长复出任区长助理。2007年5月，山西黑砖窑虐工案被破获后，纪检监察部门给予洪洞县广胜寺镇原党委书记、现任尧都区副区长段春霞党内严重警告处分，建议给予其行政撤职处分。2008 年 3 月，在没有进行任何公示的情况下，段春霞被任命为尧都区区长助理，成为黑砖窑事件之后第一个在受处分期限内被起用的干部。2008 年 4 月 14 日，媒体刊发《女官员撤职后负责某工程仍配专车》的新闻，各大网站对此事的评论多达数万条，网友纷纷要求有关部门给出一个合理的解释。4 月 15 日，临汾市委责成尧都区委废止关于段春霞工作安排的决定。

4. "最无耻区委书记"一夫二妻。在被网上举报前，江苏省徐州市泉山区区委书记董锋的劣迹已被信函实名举报了两个月，但没有得到相关部门的任何答复。于是，受董锋的妻子睢传侠之托，举报董锋的中国矿业大学副教授王培荣将战场转到了网上。2008 年 7 月 6 日傍晚，他开始在网络论坛发帖，揭发"全国最荒淫无耻的区委书记和全国最牛的黑恶势力"。文中描述了董锋一夫二妻的种种劣迹。7 月 8 日上午，徐州市纪委就派人到学校找王培荣了解情况；7 月 17 日，董锋被"双规"。徐州市委承认，网上的帖子促使市委加快了对董锋的调查处理。2009 年 1 月 16 日，董锋因受贿 250 万元被判处有期徒刑 13 年。

5. 粮食局长贱卖国有资产。2006 年 11 月，一张题为《江南商城正被肆意侵吞国有资产》的帖子在网上流传。发帖人在帖子中称，2005 年，时任湖南省株洲市粮食局局长的何智将固定资产 5000 万元、地产价值 8000 万元、年经营收入 1500 万元的江南商城，以 1130 万元的超低价格卖给了个体户戴某。株洲市纪委根据网民提供的线索与内容，逐一核实何智的贪污腐败问题。2008 年 8 月 12 日，市委常委会议决定给予何智开除党籍、开除公职处分，对涉嫌犯罪问题移送司法机关依法处理。何智因犯受贿罪等 6 种罪行被判合并执行有期徒刑 20 年。该案成为湖南网络反腐第一案。

6. 区委书记称病出国不归。2008 年 9 月 19 日，由浙江省温州市市委常委、鹿城区区委书记杨湘洪带队的鹿城区经贸考察团开始了为期 11 天的瑞士、奥地利、法国之行。活动结束后，杨湘洪借口腰椎病痛严重坚持不回国。

此消息在网络上引起轩然大波。11 月 12 日，浙江省纪委决定给予杨湘洪开除党籍、开除公职处分。杨湘洪出国不归事件发生后，引起中纪委、浙江省委的高度重视。经调查发现，杨湘洪的妻子游捷存在利用职务之便收受贿赂的犯罪嫌疑。2009 年 3 月，游捷被依法逮捕。

7. "节约局长" 嫌酒贵扇老人耳光。四川剑阁县人事局局长曹正直在饭店就餐后，因为怀疑茅台酒质量有问题和价格等原因，在众人面前掌掴卖酒大爷。此事被网民揭发后，该局办公室负责人竟称 "曹局长主要还是想节约用钱"。2008 年 9 月 21 日，剑阁县委常委会根据调查情况，决定免去曹正直县委组织部副部长、县人事局党组书记、局长等党内外领导职务。

8. 海事局官员酒后行为不检。2008 年 10 月 29 日晚，深圳海事局党组书记、副局长林嘉祥与友人在深圳新梅园酒楼科技园店聚餐并醉酒。晚上 8 时 50 分左右，林嘉祥起身上厕所，途中涉嫌猥亵引路女童。面对女童父母的斥责，林嘉祥竟拿自己的身份叫嚣。此事一经披露，立即引起网友的极大愤慨，网友发动 "人肉搜索"，将林嘉祥的个人信息在网上曝光。11 月 5 日，深圳市公安局举行新闻发布会，认定以林嘉祥涉嫌猥亵罪立案理由不成立，该事件属林嘉祥酒后行为失当。交通运输部党组给予林嘉祥撤销党内外职务的处分。

9. "公务出国考察" 清单被曝。2008 年 11 月 26 日，一名网友在猫扑等论坛发帖，称捡到江西省新余市、浙江省温州市公务考察团在美国、加拿大考察时的消费票据，并拍下来发在网上。账单显示，温州团赴美 21 天游遍 10 大城市花费 65 万元，新余团 14 天的考察则基本是在旅游景点内度过的。愤怒的网友将其邮寄给了相关省份纪委。此事被网友称为 "出国考察门" 事件。随后，两地多名当事官员或被免职，或被警告处分。

10. 房管局长深陷 "香烟门"。2008 年 12 月 11 日，南京市江宁区房产管理局局长周久耕关于 "房地产开发商低于成本售楼要被查" 的一席话被媒体报道后，引起网络热议。不久，有网友爆料，称周久耕所抽的烟是 150 元一盒的南京"九五至尊",随后又有网友查出周久耕戴的是价值 10 万元的江诗丹顿名表。12 月 28 日,南京市江宁区委对媒体称,鉴于周久耕擅自对媒体发表不当言论,且存在用公款购置高档香烟的奢侈消费行为,决定免去其房管局局长职务。2009 年 3 月 20 日,周久耕因严重违纪并涉嫌犯罪,被"双开"。

11. 多名干部开会打瞌睡被免职。2008 年 12 月 18 日,湖南衡阳市委、市政府在市政府会议中心召开纪念改革开放 30 周年大会,有多名干部在会议期间打瞌睡,此事随即被网络热炒。12 月 25 日上午,衡阳市委作出决定,对市轻工总公司总经理、党委书记刘梓恒等 6 名开会打瞌睡的"瞌睡干部",免去其党内和行政职务,并取消这 6 名干部个人及所在单位当年度的评优评先资格。

12. "抽烟文件"下达"抽烟任务"被废止。2009 年 3 月份,湖北省公安县下发了一份"抽烟文件",将香烟纳入政府采购范围,并给各部门下达"公务用烟"任务,视完成情况进行奖惩考核,而且通过"查烟头"的办法搞检查落实。此事在网络上曝光之后,批评之声如潮。5 月 4 日,公安县政府发文废止了这份文件。

（原载《领导科学》,2009 年 6 月下）

"淮河卫士"通过公众参与创建"莲花模式"

刘善敏

（中共淮南市委党校）

河南境内的淮河沙颖河段，逐步恢复了往日的生机。一些多年不见身影的珍稀鸟类又在此地繁衍生息；两岸也成为人们休闲健身的好去处。甚至河面上还依稀闪现着打渔者的身影，这一切的变化都与一个人、一个组织有关。这就是霍岱珊与他领导的民间组织——淮河水系生态环境科学研究中心（简称"淮河卫士"）。

"淮河卫士"的最大贡献，就是与莲花味精的合作引发了一个新模式的出现——"莲花模式"，莲花模式的核心就是绿色诚信，精髓是公众监督，灵魂是科学发展，重点是合作共赢。它们的合作起点在于一个共同的利益结合点——治理淮河污染。合作使重度污染的淮河水质大大改善，还群众一个休养生息的"母亲河"。同时，也给企业带来了更大的经济效益和社会声誉，莲花味精重塑了企业形象，避免了当地群众因环境污染而引起的一触即发的群体过激举动，在合作中，达到人水和谐、人境和谐的目的。

为此，霍岱珊和他的"淮河卫士"也获得了许多荣誉。其中，霍岱珊个人获得"2007绿色中国年度人物"奖、"中国十大民间环保杰出人物"奖、CCTV 2007年度三农人物提名奖等；淮河卫士作为NGO也获得了2009年世界银行的"可持续发展奖"、第三届"SEE·TNC 生态奖"二等奖等。

一、动因及过程

20 世纪 90 年代中期，淮河水污染成为震惊全国的大事件。1994 年，因为水质遭到严重污染，沿河各地的自来水厂停止供水达 54 天之久。1995 年，国务院颁布了《淮河流域水污染防治暂行条例》，规定 1997 年达标排放，承诺 2000 年实现总体水质变清。

当时，在周口报社担任摄影记者的霍岱珊，萌生了去看看"达标排放"的淮河到底是什么状态的想法。1997 年 12 月 31 日，他来到淮河"第一支流"的沙颖河段。岸边的死鱼形成白色链条，和死鱼形成鲜明对比的是黑色的河水，同时伴随着阵阵臭味。眼前的一切与宣传报道大相径庭。看到这种景象后，霍岱珊决心将对淮河的关注进行到底。于是他作出了一个现在看来都极具勇气的决定：辞职去做淮河保护。辞职后，霍岱珊拿到了《中国环境报》的特约记者证，自费考察了淮河沿线 20 多个县市，自淮河源头到淮河尽头行程，拍摄了 20000 多幅有关淮河流域水污染的作品。

2001 年，霍岱珊的一组照片获得了"中国环境警示教育影展"三等奖。在前往北京领奖之后，他第一次知道了 NGO 的概念，并打开了他的思路。为了保卫母亲河，经过他的一番筹备，2003 年 10 月，淮河卫士作为民间环保组织正式注册成立。

（一）最初目标，掌握信息、披露信息，增强环保意识

为了提高公众参与环保的意识，霍岱珊一方面把自己拍摄的照片制作成展板，到淮河流域各地及全国各大高校进行巡展；另一方面办起"淮河卫士"网站，宣传国家的环保政策，唤起社会对淮河流域生态环境建设的关注。让

严峻的现实惊醒人们，唤起人们的环保意识。

事实1：那是一个现在已人尽皆知的村子——黄孟营村，从1991年到2005年的14年间，癌症和死亡的阴影笼罩着这个村庄，5年间，村里死于癌症的有105人，占死亡总人数的51.5%，病因大多和污染水有关：食道癌、胃癌、肠癌……霍岱珊以这个村庄为题材，拍摄了《污染造成肿瘤村》的图片，获得由中宣部、环保总局等主办的"环境警示教育图片展"大奖。

事实2：一张《花朵抗拒污染》的照片，不仅让社会各界对环保工作有了更深刻的认识，也引起了人们对水污染的关注。照片反映的是作为淮河最大的支流——沙颖河的污染状况。当沈丘县槐店大闸开闸放水时，臭气熏得人睁不开眼。而在离沙颖河不足百米的一所中学里，整整齐齐坐在教室里听课的孩子们，为了抵御臭气的侵袭，竟然都戴着口罩上课。2000年6月5日世界环境日，中央电视台特意邀请了照片中那位戴着口罩上课的小姑娘乔佩冉，面对全国亿万观众控诉水污染给人们带来的灾难。

"淮河卫士"坚定地站在非法排污企业的对立面上，用民间组织瘦弱的躯体与非法排污企业进行着顽强的抗衡。在"淮河卫士"的精神感召下，很多群众自发地参与到环保行动中去，为他们提供企业违法排污的证据，以及沙颖河水质的变化情况。草根组织发挥了它得天独厚的优势。

事实3：为了逃避监督，应付检查，淮河流域很多企业都精心设计了隐蔽的排污口。但是，这些排污口，能瞒住上面的领导和职能部门，却瞒不住当地人的眼睛。淮河卫士和群众一起总结出了它们弄虚作假的三十六计，并一一给予揭露：有一次，淮河卫士的一份举报，让解振华亲自到了河南，视察淮河流域的污染。当地政府的对策是，花巨资购买清水将污水冲走——解振华刚离开的当天夜里，工厂就恢复排放污水。老霍要求检查组再杀个回马枪，可风声走漏，排的污水又被换成了清水。后来，心思细密的检查组长长了心眼，折腾了几个来回，终于在排污口发现了证据，最终使排污者受到了重罚。

事实4：在淮河卫士与群众的监督和揭露下，2003年年初，国家环保总局环境监察办组织人员，对淮河上污染大户——周口市莲花集团进行了8天的暗访。发现该集团采用欺骗手段，将大量严重超标的废水通过暗道排入沙颍河，使沙颍河水的污染程度加重3—4倍。为了惩处莲花集团的环境违法行为，河南省环保局对该企业作出了停产治理、罚款、追缴排污费、截断暗排口等处理决定。同时，因当地环保部门对莲花集团的偷排及出现的污染问题放任自流，不加监管，有关部门决定，免去项城市环保局局长的职务，责成周口市分管环保工作的副市长作深刻检查。

（二）进行对话，合作创建"莲花模式"

到了2005年，莲花味精领导班子大洗牌之后，终于开始接受"淮河卫士"的环保主张，并诚恳地邀请"淮河卫士"进行监督。监督与被监督终于找到了一个合作的基准点，就是还子孙后代一片蓝天和一河清水。双方从对抗走向了合作，形成了一个协商互动机制。

在双方的协商下，"淮河卫士"更是富有创意地在莲花味精污水处理厂门口放置了一块环境信息公示牌，标注出每天的排污信息，使群众监督常态化。

NGO环保组织与企业由对立到合作，淮河卫士完成了一个升华。因为通过这样的合作，调动了企业和公民的两方面积极性，使监督与被监督形成合力，让环境改善了，企业也赢利了，达到了共赢。过去，莲花味精每天排放12万吨污水，现在经过污水处理和循环利用，每天才排放几千吨，减少了10万余吨的负荷，淮河在那一段的水质有了明显好转。

特别是莲花味精通过改进工艺，把污水里的有机物做成了有机肥。那些以前被排掉、造成了很大污染的物质被再利用。现在每年仅这一项，企业就净赢利2200万元，使莲花味精的环保已经从投入型转为收益型，改变了这个企业的形象。甚至，现在国家正在用莲花味精的排放标准来制定整个味精行

业的标准。人们把莲花味精在公众参与下实现企业环境治理成功的做法称为
"莲花模式"。

（三）复制模式，密切与地方政府的合作

为了复制"莲花模式"，2009 年 4 月，"淮河卫士"又联络了由媒体、人
大代表、志愿者、普通民众等组成的考察团，对淮河源头桐柏县境内的生态
现状实地考察。因为，"淮河卫士"深知一个道理：河流是有生命的，而河流
源头的生态对整条河流的生命至关重要。

然而，考察团在淮河的源头却看到了一幕幕让人痛心的场面。他们看到
被疯狂盗伐的林木，看到利益链条上的烧炭者，更看到了当地政府对毁林现
象的视若无睹。于是，《林之殇——桐柏县林木盗伐调查》、《斩首淮河》等
重磅文章接连出炉。这一切迫使桐柏县坐不住了——县委、县政府召开联席
办公会，成立由县长任组长、县委副书记任副组长的"深化整治林木盗伐现
象领导小组"，展开为期 100 天的集中整治行动。

针对淮河源头的环保乱象，"淮河卫士"又促成了"公众参与生态立县"
研讨会于 2010 年 6 月 14 日至 15 日在河南省桐柏县举行，由桐柏县政府、民
间环保组织"淮河卫士"主办、民间环保组织"环友科技"和"达尔问"协
办的研讨会，是继民间组织和企业对话的成功案例——"莲花模式"后，淮
河卫士主办的又一次"环境圆桌对话会议"，这次会议由原来的和企业对话上
升到和政府对话。国内从事生态研究方面的专家学者、关注生态保护的记者、
民间环保组织人士及当地承包林业的农民数十人和相关的政府官员聚首淮河
之源桐柏县，在充分发表意见、积极参与讨论、兼顾多方利益，促进决策的
公正、公开、公平的气氛中，我们仿佛看到了政府、民间环保组织、林业承
包户、生态环境多赢的前景。

到今天，"淮河卫士"的志愿者队伍壮大到 1038 人，从淮河源头到洪泽

湖建立了 8 个生态保护站，项目也逐渐固定下来。除了对淮河水污染的长期跟踪，"淮河卫士"还对污染村提供清洁饮水救助和医疗卫生救助。"淮河卫士"通过基金会的资助，募集到 350 台滤水器，发放给流域内的两个癌症高发村——黄孟营村和东孙楼村。他们一共募集到 100 多万元的治疗药物，救助癌症患者 200 多名，还为 28 名患先天性心脏病的孩子找到了救助资源，做了心脏手术。

（四）从环境保护走向多元救助

为了让沿沙颖河两岸的村民能喝上干净水，"淮河卫士"现在做的是用生物装置技术来净化水。它通过一个自动运行的装置来对地表水进行处理，不加任何药物，清洁环保。这个技术是一个留日华侨提供给他们的。这个华侨是做技术工作的，他知道淮河周边很多村民饮水极其困难、疾病高发，他把技术免费捐赠给"淮河卫士"。得到技术之后，"淮河卫士"从 2004 年开始试验，到 2008 年，四年中经过五个版本的升级，终于试验成功。通过这个装置净化的表层地下水（10 米左右），达到了国家最新的饮用水标准；而且 2.5 万元就能建一座可供一个村庄使用的生物净化水装置。他们这个装置获得了国家专利，2009 年还获得了世界银行的"可持续发展奖"和"康师傅水创意金奖"。现在，已经在 11 个村庄建造了这种生物净化水装置，使用效果非常好。他们希望把"生物净化水"项目能从民间项目扩大为国家项目，由国家投资去做，将它纳入农村安全饮水工程的范畴，这样经费的问题就解决了。经费问题解决之后，发展起来会很快。

二、形式特点与社会效果

"淮河卫士"公众参与创建"莲花模式"从形式上看，经历了"一个人，

一个家庭，一个组织"的发展过程；从职能来看，也由对淮河排污口进行长期跟踪、调查和监督，不断扩展到对沿岸村庄进行清洁饮水救助和对水污染造成的癌症村实施医疗卫生救助；从工作关系看，经历了从与污染企业的对抗到对话、合作，现在又发展到与地方政府的合作；从工作的范围来看，由关注沙颖河一段到淮河的全流域。这为民间组织的生存发展提供了一个可行的路径选择。

一是他们以相机为武器，用事实说话，顽强地与环境污染者抗衡。河南莲花味精股份有限公司是个大企业，霍岱珊一直紧紧地盯着这家企业不放，一度成了它的敌人。终因多方的支持和企业环保意识的提高，促使莲花味精接受了他们的环保主张。

二是选定绿色项目，依法成立组织。"淮河卫士"是淮河流域最早成立的民间环保组织。淮河是中国水污染最为严重的一条河流，工业发展迅速、GDP 至上、众多企业的无序发展和超标排放是造成淮河水污染的主要因素。中国政府 1994 年把淮河列为流域治理的重点项目，1995 年颁发了《淮河水污染防治暂行条例》，但却长期治理未果。企业排污有三十六计，政府监管部门力不从心，许多地方官员与排污企业关系暧昧，环境信息不公开，增加了水污染治理的难度。于是代表公众利益和呼声，由当时报社摄影记者霍岱珊牵头，于 2003 年成立了民间环保组织——淮河卫士，与各种造成淮河污染的破坏环境的行为进行了一场持久的博弈。

三是形成机制，合作共建。"淮河卫士"民间组织与莲花味精企业双方因为环境问题长期对抗，一度关系紧张。2005 年，双方在人的环境需求一致的前提下开展谈判，使对立、对抗走向对话，形成协商机制。通过对话协商，"莲花"味精接受了"淮河卫士"的环保主张，认真进行环境治理；淮河卫士则通过公众监督验证"莲花"味精进行环境治理的效果，于是双方开展了"绿色诚信、合作共建"活动，保障了企业废水治理的达标排放。

四是公众深度参与，企业深度治理。"淮河卫士"为了引导公众深度参与环境保护，他们在"莲花"味精污水处理厂门前悬挂了"环境信息"公示牌，把每天排放污水的总量、排放的去向、COD，氨氮含量是多少等环境信息对外公示，接受公众的全天候的监督。"莲花"味精企业继续进行深入的环境治理，在对排污沟渠进行清淤，防止次生污染的基础上，又改进工艺，做到余热和循环水的再利用。2008年又实现了"循环经济"——从污水中提取"氨基酸复合肥"，变废为宝，仅此一项，全年实现纯赢利2200万元；污水排放量由每天的12万吨降低到0.1万吨，87眼深水井向生产线供水减少为3眼井，8个排污口减少为3个，排放的污水中COD含量由3600mg/L减少为50mg/L，氨氮由120mg/L减少为3mg/L。变环保投入为产出。

五是模式复制，扩大效果。"淮河卫士"不满足"莲花模式"在一地的成功，又吸引了更多的志愿者参与，在淮河源头桐柏山至下游洪泽湖之间800公里的河段上建立8个"淮河自然生态保护站"，形成淮河排污口公众监控网络、建立淮河上、下游的公众联防机制。通过这个网络，"莲花模式"得到复制推广，公众的深度参与促进企业的深度治理正在发挥其示范作用，将寄希望于整个淮河流域的水质明显好转，生态逐步得到恢复。

为了确保公众参与取得成效，"淮河卫士"还特别注重多方关系的协调，形成保障机制。（1）建立联系群众的机制，"淮河卫士"利用自己草根组织的特点，以志愿者为纽带，广泛团结和发动群众，注重收集来自群众的诉求，维护群众的利益，保障了环境监督无处不在。（2）形成与企业的协商机制，巩固了双方环保的伙伴关系。通过对话，沟通了企业与社会的信息交流的渠道，使企业的环保举措和成效得到公众的理解和支持，也使群众的要求很快变为企业的行动。（3）注重建立与政府环保部门信息共享机制，赢得政府部门的支持。作为民间组织，"淮河卫士"始终保持与政府的环保机构之间的信息交流和共享，保持随时交流环境变化的新信息，以便更好地协调行动。

三、点评

党的十七大报告强调：要健全党委领导、政府负责、社会协同、公众参与的社会管理格局。党的十七届五中全会也要求：发挥群众组织和社会组织作用，形成社会管理和服务的合力。公众参与创建"莲花模式"的最大创新点，就是在于民间组织对社会建设活动的深度参与，对企业的污染监督，从对抗转变为对话、合作，实现合作共赢；同时，在公众深度参与过程中，使民间组织与政府环保部门形成了作用互补、信息资源共享的合作关系。具体可概括为如下特点：

一是治理主体的多元化。"莲花模式"说明了环境保护要调动多方面的积极性，做到治理主体的多元化，既要有企业的主动性治理，又要有政府的依法监督，还要有公众及民间组织的深度参与，三者缺一不可。

二是治理过程中的互动性。"莲花模式"成功的关键就在于多元的对话、合作，协调、互动，交流、沟通，在互动中逐步建立诚信，把敌对关系逐步转变为合作伙伴，最终走向共同治理。

三是治理效果的多赢化。由于"莲花模式"的成功，"莲花"味精走出倒闭的阴影，职工及其被抚养人口是直接受益者；"莲花"味精的成功，致使全国100多个生产味精的企业免遭企业倒闭之苦，是间接受益者；由于淮河流域生态状况好转，沿淮村民生存质量得以提高，以及得到"清洁饮水救助"的部分村庄村民因为吃上了干净水，是直接受益者；由于淮河水质状况好转，显示出治理成效，众多地方政府官员面对公众"由被责备到被夸赞"，是间接受益者。可谓是一举多赢，共建共享。

四是民间组织运作的可行性。"莲花模式"的成功，进一步证明了民间组织在社会建设中的重要作用，同时也验证了民间组织参与社会治理的可行性。"淮河卫士"从一个人、一个家庭发展到一个组织，从一个地方、一个企业的参与治理，发展到一个流域的参与治理，从监督污染，到治理污染，为群众提供"清洁饮水救助"解决了沿河村庄地下饮用水污染问题，等等，这都说明了在不断参与社会治理事务中民间组织自身也在不断的发展、成长，为我们走出了一条民间组织成长发展之路。

当然，"淮河卫士"和它创造的"莲花模式"的做法不仅在一些地区内推广，也得到了国内有关方面的关注。比如，"淮河卫士"反映问题之后，卫生部在 2008 年启动了淮河流域癌症综合防治工作项目，原来的民间项目转化成了国家项目，这是对民间组织工作的最大认可。清洁饮水救助也是一样，国家启动了安全饮水工程，国家打了那么多深水井，村民有了干净的水。但是，调查中我们感到，民间组织的声音在地方政府仍然得不到应有的重视。民间组织所做的工作得到了"两头"的认可——高层领导非常支持，所有能够给予的奖励都给了环保民间组织，社会同样也非常认可；而和 NGO 直接面对面的地方政府，由于之前的发展观念问题，因而对待民间参与和民间活动，没有做到与时俱进。而且很多地方至今认为环境保护是一个政治敏感问题，是一个地方形象问题，这对民间组织的发展非常不利。最近几年，随着大环境的改变、科学发展观的逐步深入，地方政府在对民间组织的认识上要有观念上的大转变。

首先，要建立起全社会共同参与的工作机制。目前，"淮河卫士"设想，先从河流沿岸 8 个淮河自然生态工作站起步，慢慢把村民带动起来，成立自发关注当地环境的"农民环保合作社"。这一想法很值得重视，农村过去大家忙着发展，忽视了相互间的协作和对自己的家园进行保护。有了组织，形成了工作机制，既实行对环境的保护，也可以共同管理本地的公益事务，共同讨论本地经济社会的协调发展。

其次，要帮助孵化和催化更多的民间组织。"淮河卫士"在桐柏县委、县政府的支持下，成立了"桐柏自然生态保护站"。项目的参与者为桐柏山村民，他们从事淮河源头的绿化事业，累计投入逾千万元。"桐柏自然生态保护

站"组织村民护林队上山巡逻，遏制盗伐、毁林之风蔓延，维护淮河源头生态。他们的行动开始走向区域公益化之路。这样的"基层环保力量"，一要珍惜，二要帮助孵化和催化。

最后，要争取多方的资金支持。2009 年 6 月，一份以"淮河卫士"名义发出的项目申请书，送到了致力于资助中国民间环保事业的"阿拉善 SEE 生态协会"秘书处的办公室里，该机构项目官员，开始与"淮河卫士"的团队反复沟通、仔细讨论项目的目标、运作思路、预算和管理。淮河卫士是这个项目的总协调机构。民间组织通过基金会的支持，有利于把更多的社会力量引入本地环境保护活动中来，使公众监督达到散点分布、形成网络、覆盖流域、全面治理的效果。

（原载王平、何增科主编：《社会创新蓝皮书》，北京：中国社会出版社 2012 年版，第 234—241 页）

参考文献

1. 俞可平主编：《地方政府创新与善治：案例研究》，北京：社会科学文献出版社 2003 年版。

2. 俞可平主编：《中国地方政府创新案例研究报告 2003—2004》，北京：北京大学出版社 2006 年版。

3. 俞可平主编：《中国地方政府创新案例研究报告 2005—2006》，北京：北京大学出版社 2007 年版。

4. 俞可平主编：《中国地方政府创新案例研究报告 2007—2008》，北京：北京大学出版社 2009 年版。

5. 俞可平主编：《中国地方政府创新案例研究报告 2009—2010》，北京：北京大学出版社 2010 年版。

6. 俞可平主编：《科学发展观与政府创新》，北京：社会科学文献出版社 2009 年版。

7. 俞可平主编：《和谐社会与政府创新》，北京：社会科学文献出版社 2008 年版。

8. 俞可平主编：《中国政府创新年度报告 2006》，北京：中央文献出版社 2006 年版。

9. 俞可平等：《中国公民社会的兴起与治理的变迁》，北京：社会科学文

献出版社 2002 年版。

10. 俞可平主编：《中国治理变迁 30 年》，北京：社会科学文献出版社 2008 年版。

11. 俞可平等：《政府创新的理论与实践》，杭州：浙江人民出版社 2005 年版。

12. 房宁主编：《中国政治参与报告（2011）》，北京：社会科学文献出版社 2011 年版。

13. 王平、何增科主编：《社会创新蓝皮书》，北京：中国社会出版社 2012 年版。

图书在版编目（CIP）数据

民主监督／何增科主编. —北京：中央编译出版社，2013.8

（中国的民主治理：理论与实践／俞可平主编）

ISBN 978 – 7 –5117 –1735 –1

Ⅰ.①民…

Ⅱ.①何…

Ⅲ.①民主监督 – 研究 – 中国

Ⅳ.①D630.9

中国版本图书馆 CIP 数据核字（2013）第 177886 号

民主监督

出 版 人	刘明清	
出版统筹	薛晓源	
学术统筹	陈家刚	
责任编辑	李媛媛	
责任印制	尹 珺	
出版发行	中央编译出版社	
地　　址	北京西城区车公庄大街乙 5 号鸿儒大厦 B 座（100044）	
电　　话	（010）52612345（总编室）	（010）52612335（编辑室）
	（010）66161011（团购部）	（010）52612332（网络销售）
	（010）66130345（发行部）	（010）66509618（读者服务部）
网　　址	www.cctphome.com	
经　　销	全国新华书店	
印　　刷	北京印刷一厂	
开　　本	787 毫米×960 毫米　1/16	
字　　数	224 千字	
印　　张	19.5	
版　　次	2013 年 8 月第 1 版第 1 次印刷	
定　　价	60.00 元	

本社常年法律顾问：北京市吴栾赵阎律师事务所律师　闫军　梁勤

凡有印装质量问题，本社负责调换。电话：（010）66509618